同胞

リトアニアのホロコースト
伏せられた歴史

ルータ・ヴァナガイテ
エフライム・ズロフ――著
重松尚――訳

TOYO SHOTEN SHINSHA

イツハク・アノリク

一九〇三年シャウレイ生まれ
一九四三年、カウナス第九要塞にて殺される

リトアニアのユダヤ人で最も才能あるスポーツ選手の一人。自転車選手。一九二五年および二六年、一〇キロメートルのロードレースでリトアニア王者となる。二四年のパリ五輪と二八年のアムステルダム五輪にリトアニア代表として参加。

リトアニアの雑誌『スポルタス』は、パリ五輪での競技の様子を次のように伝えている。

　我らが自転車選手J・アノリクもまた、七度のパンクにより完走できなかった。彼はスタート時、懸命にタイヤに空気を入れ、イギリスやフランスの選手を驚かせた。実のところ、彼の身体の調子は良く覇気も強かったのだが、コース途中にあった石のせいですぐにパンクしてしまった。コース沿いには、替えのチューブを貸してくれる人どころか売ってくれる人すらいなかったため、走行を続けることはできなかった。他国の選手は面倒を見てもらえていて、各チェックポイントでは食料や替えのチューブなど必要なものをすべて手に入れることができた。数台の車が選手を追っていて、必要なものをチェックポイントで用意していたからである。[1]

バリース・ノルヴァイシャ

一九〇八年生まれ

中尉。一九四一年一一月より特別部隊隊長。四一年から四三年までリトアニア各地で殺害作戦の指揮にあたった。特別部隊はポナリ〔リトアニア語でパネレイ。一九三九年までポーランド領であったことから、ホロコーストに関する研究書などではポーランド語の地名であるポナリがよく用いられる。本書もこれに倣い、「ポナリ」とする〕で約七万人の人びとを殺害。四三年〔正しくは四二年一二月一日〕、ノルヴァイシャは自警大隊に転籍した〔そこで第一一大隊の隊長を務める〕。その後の足跡は不明。四四年に米国もしくは英国に移住したと考えられるが、〔四五年二月のドイツ・〕ドレスデンでの爆撃により死亡したとの情報もある。[2]

私たち、神の恩寵の下にあるリトアニア大公アレクサンデルことヴィータウタスは、[…]私たちの国に住むすべてのユダヤ人に権利と自由を与えた。[…]夜中、いずれかのユダヤ人が必要に迫られ声をあげてもキリスト教徒がこの者を助けに向かわなかったときには、ユダヤ人を含む隣人全員が三〇シリングを支払わなければならない。

——一三八八年、大公ヴィータウタスがブレストのユダヤ人共同体に与えた特権[3]

凡例

［　］　原著者による挿入
〔　〕　訳者による挿入および註

略語一覧

IHRA　国際ホロコースト記憶同盟
KGB　国家保安委員会
LAF　リトアニア人行動主義戦線
LCVA　リトアニア国立中央文書館
LLV　リトアニア臨時政府
LYA　リトアニア特別文書館
NATO　北大西洋条約機構
NKVD　内務人民委員部
OKW　国防軍最高司令部
PPT　補助警察大隊
SD　親衛隊保安部
SS　親衛隊
TDA　民族労働防衛大隊
VLIK　リトアニア解放最高委員会

同胞　目次

第1部 闇への旅

第2部

敵との旅

旅　243

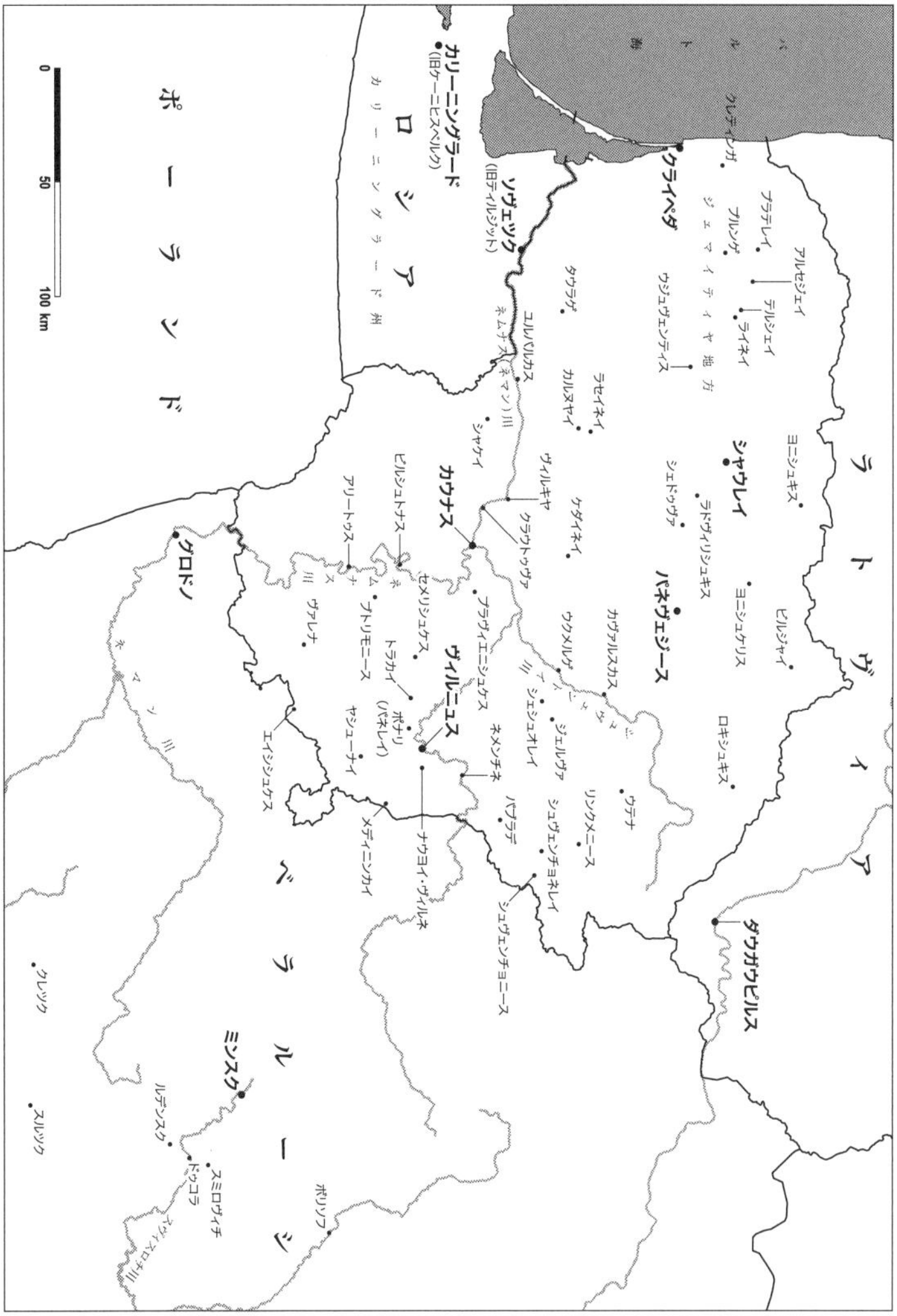

現在のリトアニアとその周辺

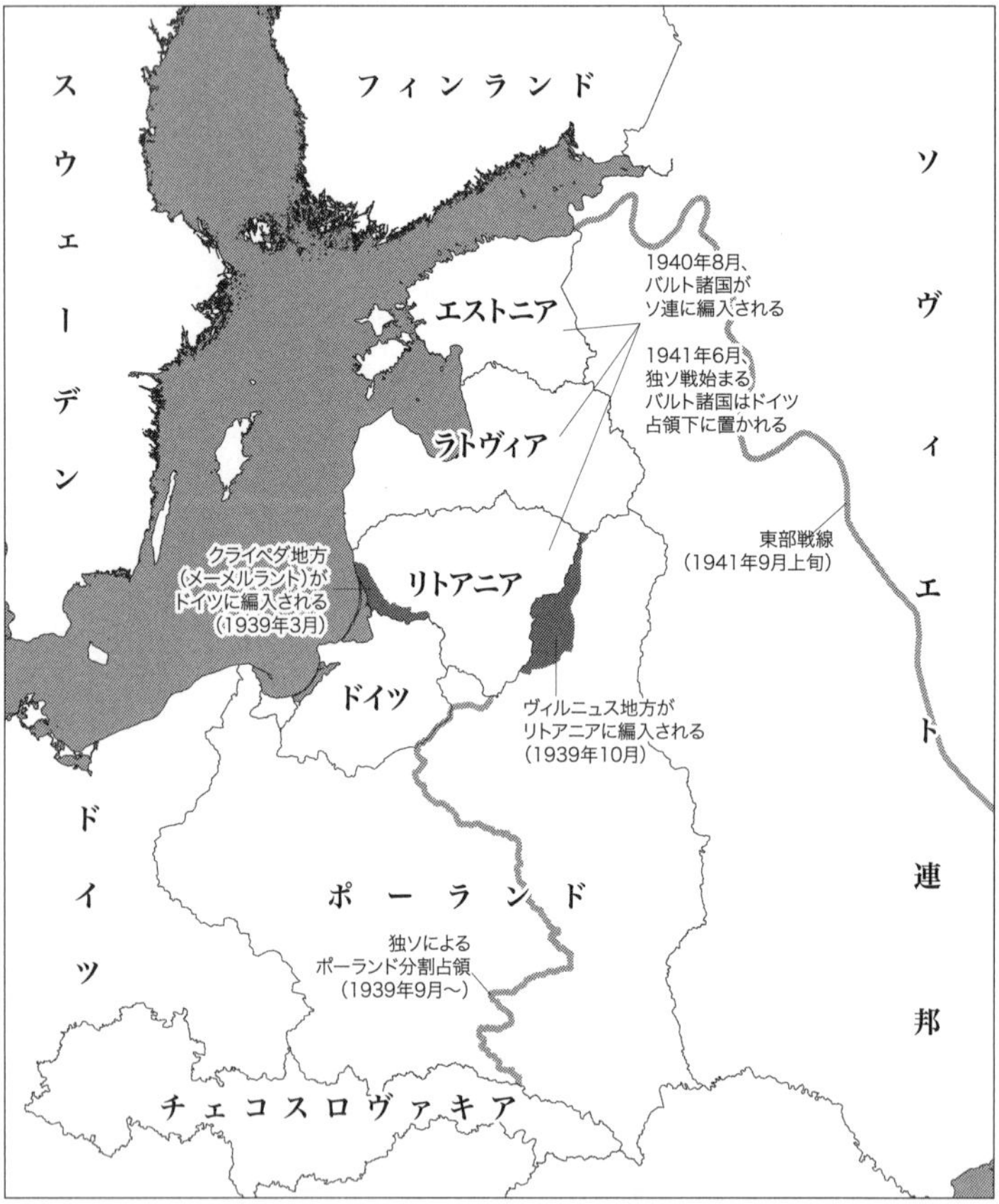

東欧地域とリトアニア（1939 〜 41 年）。なお、国境線は、1939 年 1月 1日時点のもの

第1部

闇への旅

第1章　「またユダヤ人の話？」

すべての始まり

ヒトラーはユダヤ人のことが嫌いで、ユダヤ人をドイツに連れていった。それから、えっと、穴に入れて、ガスを吹きかけた。だからユダヤ人はもういないんだ〔本書でこれから語られるとおり、このような認識は、実際にリトアニアで起きたホロコーストの経緯からは大きく乖離している〕。

——私の友人のダイニュカス（一五歳）

私は、どこにでもいる普通のリトアニア人だ。ホロコーストについては、ほかの普通の人と同じくらいしか知らないまま、今まで生きてきた。この節のはじめに紹介したダイニュカスよりは多分知っているけれど、でもそんなにたくさんは知らない。私は、ソヴィエト当局の嘘と独立リトアニアの沈黙の産物、「ソヴィエト・リトアニア的人間《ホモ・ソヴィエティクス・リトゥアヌス》」なのだ。

新聞社で働いていたあるとき、読者にとって最もつまらない記事はなにかというニュースを読んだ。世界で最もつまらない記事は、「チリで小規模の地震が発生、死者は数名」というようなものらしい。その特徴は、遠くのできごと、他人に起きたこと、そして犠牲者が少ないこと、だそうだ。ユダヤ人殺害もそんな感じだろうか。大昔に、他人に起きたできごとで、犠牲者は多かったかもしれないが、でも私たちは犠牲者についてなにか知っているだろうか。犠牲者数は世界で六〇〇万人、リトアニアで二〇万人――これはただの統計でしかない。ゼロがたくさん並んでいて、でもそのゼロは私たちの心にも頭にも響かない。スターリンが述べたように、「一人の死は悲劇だが、数百万人の死はただの統計」なのだ。

私が演劇祭LIFEの実行委員長をしていた一五年前、一見たいしたことでもないようなことが、私を大きく変えた。スターリンの統計とリトアニアの無関心という領域から人道のほうに、私は一歩踏みだした。一歩だけだったが、その一歩を踏みだす人はほかに誰もいなかったし、私も、ほかの人と同じように、ホロコーストというテーマがそれ以上気になることもなかった。

一九九八年、人生で初めてユダヤ人について文章を書き、週刊誌『エクストラ・ジニョス〔エクストラ・ニュース〕』に載せたのだった。

以下がその文章である。

リトアニアに残る感染の危険

ポナリに行かないか、とゲストが尋ねた。彼の名はクリストフ・ベルトノー、フランスの芸術家だ。世界的に有名な花火師であり、〔ヴィルニュス市内の〕ヴィンギョ公園で開かれ一〇万人が参加したLIFEの開会式も彼が組織した。ポナリとは、ヴィルニュス〔の中心部〕から一二キロ、一〇万人が殺された、ユダヤ人殺害の現場である（『ヴィルニュス・イン・ユア・ポケット』〔ガイドブック〕による）。いいよ、と答えたけど、結局行かなかった。道を知らないからだ。別の日には、ヴィルニュス・ゲットー跡を歩こうと誘われたが、はぐらかした。ゲットーの境界がどこだったか知らないからだ。〔ヴィルニュス市内の〕カルヌー公園のユダヤ人墓地だって？私たちリトアニア人には悲劇も記念碑もないというのか。なぜ彼はそれについては尋ねてこないのか。それとも——何度か彼の目を見てみた——彼はフランス人ではなくユダヤ人なのだろうか。

いや、彼はただ、教養ある西側の人間なのだ。

私たちの世代は、健康なソヴィエト精神によって育てられた。ユダヤ人のホロコーストの歴史についてはなにも知らず、その代わりにユダヤ人に関するおもしろい冗談はたくさん知っていたし、ユダヤ人であることを隠している人を一瞬で見抜く方法も知っていた。私たちの子どもたちも健康な——リトアニア的——精神によって育てられている。リトアニア民族の悲劇が最も大きく、リトアニア民族の苦痛が最も重要なのだ。なぜなら、それは私たちのことだから。五年生の教科書には、一九四一年に起きたユダヤ人のホロコーストについて少ししか書かれていない。でもそれで十分。ユダヤ人なんてリトアニア語を話しもしなかった人たちなのだから。

私の周りにいる教養ある知り合いは、もっとたくさん知っている。「ユダヤ」という単語を口にしただけで、彼らの目には聖なる憎悪の炎が燃えあがる。ユダヤ人がモチーフの劇を我慢して演じきった国立青少年劇場の著名な劇団員は、パリにあるアメデオ・モディィリアーニ〔ユダヤ系イタリア人の画家、彫刻家〕の美術館には入る気になれなかった。なぜなら、入り口で知ってしまったからだ。旅行家でもあり、消滅しそうな諸民族を守ろうとしていたモディィリアーニは、あるとき興奮して思わず、「私は世界の支配者を支配する」と述べた、と。リトアニア人知識人たちは、気分が悪くなるようなことがないように、相当苦労している。映画館にも行かないのだろう。そこにはチャップリンもホフマンもスピルバーグもいるのだから。ヴィルニュス・ゲットーの入り口にはこう書かれていた――「注意――ユダヤ人　感染の危険あり」。

リトアニアでは、〔ソヴィエトから〕独立して二〇年ですべてが変わってしまった。しかし、トマス・ヴェンツロヴァ〔詩人で現在は米国イェール大学名誉教授〕が一九七八年に書いた記事「ユダヤ人とリトアニア人」からはなにも変わっていない。ただ、ユダヤ人はほとんどいなくなってしまった。

ヴィルニュスの人口の約三分の一にあたる住民の、九五パーセントがヨーロッパ最大のユダヤ人殺戮で抹殺された。その後、国外移住の波もあった。リトアニアに残ったユダヤ人は五〇〇〇人。数十年が経った今、誰に罪を着せ、誰を蔑むというか。誰を消毒するというのか。

私の先祖も両親もヴィルニュスには住んでいなかった〔ヴィルニュス（ポーランド語でヴィルノ）

は一九三九年までポーランド領だった。そのため、現在ヴィルニュスに住むリトアニア人の多くは、ヴィルニュスがリトアニアに編入されたのちに移住してきた人たちやその子孫である〕。私は、数年のうちに三回も引っ越しをした。三つのアパートはいずれも、ここから逃げたユダヤ人から購入したものだった。価格は安かった。私は、彼らの混乱を利用して儲けたのだった。リトアニア人でユダヤ人のことを気にする人なんていなかった。

「リトアニア政府は反ユダヤ主義的ではない」――あるテレビ番組で、〔ユダヤ系リトアニア人の〕作家グレゴリー・カノヴィチがそう主張していた。そう、確かに反ユダヤ主義的ではない。〔一八世紀のユダヤ教指導者であるヴィルナ・〕ガオンの記念祭に予算をつけているし、ブラザウスカス大統領〔当時〕は〔一九九五年に〕イスラエル〔の国会《クネセト》〕で懺悔《ざんげ》の言葉を述べた。ヴィルニュスの副市長は、ユダヤ人墓地をスポーツ宮殿の土地から別の静かな場所に移すことに認可を出すとした――ただし、市の予算では行わないという条件で〔ヴィルニュスのスポーツ宮殿は、ソヴィエト時代に、かつてのユダヤ人墓地を整備して建設された。そのため、リトアニアの独立回復後に敷地内に埋葬されているユダヤ人の遺骨の問題が浮上した〕。

　政治家たちは、次の選挙でも当選するためには賢くふるまわなければいけない。私たちも、他人からそのように見られている。サイモン・ヴィーゼンタール・センターによれば、私たち〔リトアニア人〕は「誰もユダヤ人殺害に参加した戦争犯罪者ではないし、リトアニアで裁かれた人もまだいない。だからガオンの記念祭はボイコットすべき」と考えている、という。リトアニアにとっては、〔ヴィルニュス市内の〕トゥスクレナイで〔ソヴィエト当局の残虐行為により〕犠牲となった〔リトアニア人〕七〇〇人のほうが、ポナリで殺された一〇万人よりも大事なのだ、と『USニュース』は報じた。

〔リトアニア出身のユダヤ人でカウナス・ゲットーに収容された〕ジョージ・カディッシュがコートのボタンの穴から自作のカメラで撮影した写真二〇〇〇点が、ワシントンDCで開かれた「カウナス・ゲットー秘史」という展示会で展示された。この展示がリトアニアに来た場合に採算はとれるだろうか。アンネ・フランクの日記やユダヤ史の教科書を一万五〇〇〇部出版してリトアニア人学校に配布するというホロコースト教育プロジェクトを、推進する人などいるだろうか。減り続ける五〇〇〇人の票など誰が必要としているというのか。〔ユダヤ系リトアニア人議員のエマヌエリス・〕ジンゲリスには必要だろう……彼はその票をすでに気にしているわけだが。

有権者のためとか人類共通の価値観から行うのではなく、ただ実利という観点から考えてみてほしい。義務でやらざるをえないから、信念があるから、あるいは有権者の大半が望んでいるからやるのではなく、それ以上のことを私たちが行ったとしよう（例えばヴィルニュス市の予算でユダヤ人の遺骨を移すとか）。その場合、〔リトアニア〕国家にはどのような利益があるだろうか。やつら〔ユダヤ人〕は世界を支配していて、支配層のうちの数千人はリトアニアにルーツがある。しかも南アフリカ共和国のユダヤ人の八五パーセントはリトヴァク〔リトアニア・ユダヤ人のこと〕なのだ〔とすれば国家に利益があるのではないか〕。真のリトアニア人は否定してこう答えるだろう。世界におけるリトアニアのイメージは、〔リトアニア人画家で作曲家の〕チュルリョニスの作品やバスケットボール選手のスローで作っていく、と〔リトアニアはバスケットボール大国として知られ、多くの有名選手を輩出している〕。そして〔真のリトアニア人は〕「こんなことを言うのだから、こんな質問を思いついたのだから、この人自身ユダヤ人なのではないか」と思うに違いない。

そうだ。私の母方の曽祖父は、セラジンスキ。〔ラトヴィアの首都〕リーガの靴職人だった〔「セラジンスキ」はユダヤ系と思わせる姓であり、また靴職人は伝統的にユダヤ人の職業であった〕。

私の親戚は犠牲者だったはず

疑っている読者を失望させなければならない。私は普通のリトアニア人で、ユダヤ人の血は入っていない。しかも、私はただのリトアニア人ではなく、名誉あるリトアニア人だ。なぜなら、父ヨナス・ヴァナガスの父、つまり祖父のヨナス・ヴァナガス〔親子で同姓同名〕は、反ソヴィエト活動により有罪となった政治犯であり、死ぬほど凍てつく収容所《ラーゲリ》に半年間収容されていたからだ〔ソヴィエト時代に政治犯として収容された人物は、現在のリトアニアでは、なんらかの形でソヴィエトに抵抗した名誉あるリトアニア人とみなされる〕。祖父の家族は全員追放され、〔シベリアの〕クラスノヤルスク地方で苦しい思いをした。私はいつも、祖父のことをとても誇りに思っていた。祖父は〔ドイツ軍がソヴィエト・リトアニアに進攻してきた〕一九四一年、〔リトアニアの小都市〕カヴァルスカスで、〔ロシアに〕撤退する赤軍の退路をふさぐために木を切ったという。祖父は、学校の壁にあったスターリンの肖像画も破り捨てたそうだ。当然のことだが、近隣に住むリトアニア人の通報により彼は逮捕されたのだった。

私は、リトアニア特別文書館〔主にソヴィエト時代の当局の資料を保管する国家機関〕で祖父に関する九六ページの極秘ファイルを読み、祖父や祖父とともにソヴィエトに逮捕された隣人の自白、供述、事実確認に関する調書に目を通した。ドイツ占領期にヨナス・ヴァナガスがユダヤ人のリストを作成した委員会のメンバーだったという情報を見つけ、祖父の偉業が少し霞《かす》んだ。祖父はユダヤ人殺害には参加しなかったし、十分裕福だったのでユダヤ人の財産を欲しがったりもしなかった。取り調べを受けた人の証言では、リストに掲載されたカヴァルスカスのユダヤ人一〇人は全員、一九四一年八月に〔近隣の都市の〕ウクメルゲに送られたという。ソヴィエトに逮捕され、祖父とともに取り調べを受けた隣人のバリースは、カヴァルスカスのユダヤ人を殺害現場へと輸送し、対価としてユダヤ人の家屋一軒と四・五ヘクタールの土地を得た、とファイルには書かれていた。

私はただのリトアニア人ではなく、ソヴィエト時代に苦難を味わったリトアニア人だ。成熟した社会主義の陰鬱な時代、四人の従姉妹や若い女性たちは、お洒落をしたかったしビートルズも聴きたかったけれど、ジーンズもレコードも持っていなかった。でも、アメリカには父の姉、つまり伯母と、その夫のアンタナスがいた。アンタナスおじさんは言葉では言い表せないほど優しい人だった。昔はよくおじさんたちに手紙を書き、欲しい物リストを送ったものだった。伯母はとても忙しい人で、歯医者として働いていたが、アンタナスおじさんは、ソヴィエト時代を通してずっと、ジーンズやレコード、さらに歯の詰め物まで箱に入れて送ってくれた。美しく心温まる手紙も送ってくれた。手紙には、なぜかいつもアンタナスではなく「アントセレ」と書かれていた。ソヴィエトがアンタナスおじさんを探しているからどこにも氏名を載せないほうがいいのだ、と両親は私たちに言っていた（海外からの手紙はソヴィエトの保安当局が目を通していた）。伯母は夫とともに幸せに暮らしていた。おじさんはすばらしく、尊敬できる人であり、正真正銘の軍人だったのだから。独立期はリトアニア軍の大佐で、ドイツ占領期はパネヴェジース保安警察の署長を務めていた。

アントセレおじさんが送ってくれたジーンズはとうの昔に履かなくなった。今はもうおじさんも伯母もいないし、ソヴィエトだってなくなった。ドイツ占領期にリトアニアの警察がパネヴェジースなどの諸都市でなにをしていたのか、なぜソヴィエトがそれほど必死にアンタナスおじさんを探していたのか、この本を書いている今では知っている。ソヴィエトは、おじさんを見つけられなかった。アントセレおじさんは、フロリダの、海の近くにある、大きなマンゴーの木がある庭付きの美しい家で亡くなった。リトアニアのある町には、おじさんのための記念碑もある。残念なことだが、おじさんの姓は、ユダヤ人が作成したリトアニアの加害者五〇〇〇人のリストに掲載されている。

では、私、ルータ・ヴァナガイテは、何者なのだろう。偉大なリトアニアの英雄の子孫か、それとも、親戚のなかに人道に対する罪という汚点がある、ユダヤ殺しの卑しい民族の一人か（「ユダヤ殺し」（žydšaudys）は、「ユダヤ人」（žydai）を「撃つ」（šaudyti）人のことを指す。したがって、直訳すれば「ユダヤ撃ち」となるが、「無実の市民の殺害という犯罪に手を染めた者」といった非常にネガティヴなニュアンスを含む言葉であることから、本書では「ユダヤ殺し」と訳した。ユダヤ人を殺害した個人を指して用いられる言葉であるが、リトアニア人としてのホロコーストに対する責任が他者から問われる際には、リトアニア人全体が「ユダヤ殺し」の民族として非難されているなどと捉えられ、「実際にユダヤ人殺害に関与したリトアニア人はごく少数だった」といった反発が起きることも少なくない。自民族のホロコーストへの関与という過去を扱った本書がリトアニアで出版された際にも、「リトアニア人全体がユダヤ殺しの民族だと言いたいのか」という反発が起きた〕。

そうだ、私には母もいた。母はパネヴェジースの、下宿人たちを置く大きく美しい家で生まれ育った。母は、厳しい祖母だけでなく、パネヴェジースの女学校でドイツ語を教えていた下宿人のツィレおばさんにも育てられた。ツィレはドイツのユダヤ人だった。ナチから逃げてきたのだろうか。きっとそうだろう。母が一四歳のときに戦争〔独ソ戦〕が始まり、ドイツがリトアニアに進攻した。おばさん《タンテ》――母は親しみを込めてツィレのことを〔ドイツ語で〕そう呼んでいた――は急いでリトアニアから逃げだした。でもどこに？　おばさん《タンテ》が住んだことのある場所はすべてあたったけれど、彼女の足取りを見つけることはできなかった。ツィレおばさん《タンテ》は、どこの穴に、どこの炉に放りこまれたのだろう。

母が失ったのはおばさん《タンテ》だけではなかった。母が住んでいた家は、パネヴェジースのスメトナ通り四七番地にまだ残っている。近くにはユダヤ人知識人の一家が住んでいた。子どもは、母より一歳若い、イツィク一人だけだった。母は幼いころ、母の家の庭で二人でよく遊んだという。それから一九四一年になり、ドイツの占領が始まると、ある日この一家は姿を消した。その日、ユダヤ人たちがゲットーからどこかに連れていかれるのを見ていた人がいた。その日、パネヴェジースに近いジャリョイの森で、八〇〇〇人のユダヤ人が射殺された。一六〇九人の子どもたちが穴のなかで横にされ、射殺された（あるいは、射殺されてから横にされたのだろうか）。ジャリョイの森の、そんなに深くないところで、ほかのパネヴェジースの子どもたちと一緒にイツィクの遺骨は眠る。

では、私は何者なのだろう。母がホロコーストで身近な人を二人も失ったのであれば、私もある意味で犠牲者なのだろうか。

私はただ、ソヴィエトとナチの占領期を生き延びた祖父母や両親をもつリトアニア人でしかない。そして、国民の悲劇はすべて受けとめ、それを自分のものと他人のもの、大きい悲劇と小さい悲劇に区別したりはしない。過去のできごとを非難したり美化したりせず、親戚の罪も喪失も受けとめる。彼らと私たちになにが起きたのか、そしてなぜ起きたのかを知りたいのだ。私のリトアニアで、私のリトアニア人たちと私のユダヤ人たちに起きたことを。私の子どもたちがそれを知り、理解し、記憶するために。

あなたの親戚には、なにかに参加したような人もユダヤ人の知り合いがいるような人もいないというのであれば、別の統計について考えてほしい。戦時中、リトアニアのユダヤ人が二〇万人以上も抹殺された。つまり、五万軒の家、それに店やシナゴーグ〔ユダヤ教の礼拝のための会堂〕、学校、図書館、薬局、病院などが破壊されたのだ。ドイツ人はユダヤ人の金《きん》を奪い、歯を抜いた。殺されたユダヤ人の家に残されたそのほかの財産――箪笥《たんす》、ベッド、時計、シーツ、枕、靴、ブラウスなど

――は、リトアニア全土でどれくらいだっただろう。それらすべてが窓から投げ捨てられ、あるいは町の広場で安く売られたとき、それを奪ったり荷車で運んだりしたのがあなたの祖父母ではないことは言うまでもない。あなたの祖父母ではなく、ほかの誰か、もっと悪いリトアニア人の祖父母だ。しかし、良いリトアニア人のあなたは、殺された人たちが所有していた骨董のベッドが今どこにあるのか知っているだろうか。そこで寝ているのは誰か。夢見ているのは誰だろうか。

「ユダヤ人になる」

五七歳のとき、私は人生で初めてホロコーストでお金を稼いだ。稼ぎは少なく、半年間の最低賃金と同じくらいだった。でもたくさんのことを行った。「ポナリの子守唄」というプロジェクトは欧州委員会から資金が得られたので、すばらしいイベントをヴィルニュスで一〇回実施することができた。アイディア自体はシンプルで、四〇人を集め、彼らにユダヤ人として一日過ごしてもらうというものだった。シナゴーグでユダヤ教について知り（ヴィルニュス市民でシナゴーグに行ったことがある人は少ない）、ゲットー跡を周り、隠れ場に入り、ユダヤ音楽を聴き、ユダヤの歌と踊りを学んで、彼らが食べていたものを食べる。ユダヤ人でいることに慣れ、笑ったり踊ったり食べたりして半日楽しく過ごしたあと、バスに乗りユダヤ人が殺された現場に行く。ポナリだ。しかしこれで終わりではない。ポナリに向かう途中、ゲットーに収容されたタミルがつくった歌「ポナリの子守唄」を学ぶのだ。タミルは、一九四三年にゲットー内で行われた歌のコンクールで優勝した、一一歳の男の子だった。

二〇一二年、私は人生で初めて、イディッシュ語〔東欧ユダヤ人の言語〕で読んだり話したり歌ったりしたのだった。それは四〇人の参加者も同じだった。

静かに《シュティレル》　静かに《シュティレル》
静かに　静かに　静かにしよう　ここはお墓が生えてくるから
悪い人が蒔いていった　ほら　花が咲く
すべての道はポナリに通じ　帰り道はない
私たちの父も消えた　幸せは父とともに

静かに　ぼうや　泣かないで　涙は助けにならないから
私たちの不幸は　悪い人にはわからない
海に岸があるように　牢屋にだって柵がある
だけど私たちの痛みには　終わりがなくて光もない

〔ヴィルニュス出身のユダヤ人作曲家アレクサンデル・ヴォルコヴィスキ（タミル）（一九三一〜二〇〇

九年）が一一歳のときに作曲し、同じくヴィルニュス出身のイディッシュ語詩人シュメルケ・カチェルギンスキ（一九〇八～五四年）が作詞した子守唄。この作品は、一九四三年四月にヴィルニュス・ゲットー内で開かれたユダヤ評議会《ユーデンラート》のコンクールで優勝し、現在でもホロコーストを題材とする歌曲として広く知られている」

私たちの多くにとってポナリの森を訪れるのは初めてだった。バラの花と石を手にした私たちは、立ちどまり、ユダヤ人殺害について話を聴いた。そして歌を歌った。それから静かに、六つあった死の穴のうち一番大きな穴にバラの花を置いた。その穴を覆う雪には足跡があった。ポナリに住む野ウサギが、粉々になった数千人の遺骨の上で跳ねていたのだろう。

まだこれで終わりではない。ポナリからヴィルニュスまでの帰りに、思い切った実験を行った。ポナ

「ユダヤ人になる」プロジェクトの集まり（ポナリ、2015 年）。ケーストゥティス・クリエニュス撮影

リでこれだけのものを見て体験したあと、ヴィルニュスまで沈黙しながら戻るべきだろうか。それとも逆に、みんなでなにか感銘を受けたり、連帯感を共有したりして戻るべきか。私たちは、ポナリでホロコーストに直面したあと、バスのなかでイスラエルから届いたコシェル〔ユダヤ教の食事規定〕のワインを開け、自家製のお菓子インベルレフ〔生姜の入った甘いお菓子〕を配った。そして、ユダヤ楽団の音楽家であるミハイルが「トゥンバラライカ」を演奏してくれた。そのときの気持ちは格別だった。日曜日の夕方、北のイェルサレム〔ヴィルニュスのかつての別名、ユダヤ文化の中心地の一つだったためこう呼ばれた〕の、ユダヤ人もリトアニア人もいない街をバスで走り、「トゥンバラ、トゥンバラ、トゥンバラライカ！」と歌い、「乾杯《レハイム》！」と繰り返す。ほかの四〇人とともに声を立てるのだ。今朝ユダヤ人のことをほとんどなにも知らなかった四〇人のリトアニア人たちは、夕方の今では、感動し、感銘を受け、悲しく、そしてとても幸せだった。

遺体を燃やすための構造物。1943〜44年ごろ撮影

ヴィルニュスに到着しても参加者たちは立ち去ろうとせず、私たちのガイドのシモナを質問攻めにして、次の日曜日に誰それの母やら兄弟やら叔母やら友だちのために来てほしい、などと頼みこんでいた。それから、ユダヤ人について見聞きしたことを家族に話した。話を聞いた家族のなかには、話を疑い首をかしげる者

もいた——まあ、あいつらがお前に魔法をかけたんだろ、お前はカルト教団に入信したみたいに話してるぞ、とにかくあいつらには気をつけろ、小指を渡せば全部持っていかれるんだから、と。
一年が経った。「ユダヤ人になる」は、カウナスやヨーロッパのほかの都市に移ったが、残念なことに、すべてがもっと官僚的に、「ヨーロッパの予算を使う」ために行われた。しかし、カウナスは……カウナスは衝撃的だった。〔カウナス市内の〕スロボトケ、今のヴィリヤンポレでの一時間は、私にとって衝撃的だったのだ。

スロボトケにはかつてリトアニアで最大のゲットーの一つがあり、カウナスのユダヤ人数万人が暮らしていた。いくつかの「作戦」（うち一つは子どもを対象とした作戦だった）が行われ、全員が殺害された。

ユダヤ人のシモナスに連れられたカウナスの教師三〇人が、カウナス・ゲットー跡地の中心地に立っていた。ここにあるのは、家屋や倉庫、そして山積みの薪。戦時中、ナチに連行されたユダヤ人数千人がここで肩を寄せ合い、ユダヤ人の子どもたちが中庭で遊び、そして皆、広場やカウナスの要塞〔カウナス市内には帝政ロシア期に作られた要塞が十数カ所ある〕に送られ射殺された。家屋や倉庫は建て替えや改築が行われ、今はカウナスの市民が住んでいる——住んでいるところがどういう場所なのか、移り住む以前になにがあったのか、なにも知らないままに。どこで知るというのだろう。そんなことはどこにも書いていないし、保存もされていない。ただ地区の入り口に石が置かれているだけだ。かつて店だった建物も、すでに改築されていた。ゲットーのラビ〔ユダヤ教の宗教指導者〕

の首が切り落とされて、その店の窓に飾られていたという。彼は、祈りを捧げている途中に首を切り落とされ、その首はタルムード〔ユダヤ教の聖典〕の上に置かれていた。

一台のアウディが私たちの近くで停まった。スキンヘッドの男が窓を開け、「おう、なんだユダヤ人か、どこをうろついてる、なにを探してるんだ」と叫んできた。私たちのガイドが丁寧に返答――それは謝罪に近かった――すると、その男はゲットーの通りをまっすぐ走り去っていった。しかし数分後に引き返してきて、アクセル全開で私たちのほうに向かってきた。私たちのグループに突っこむかというところでブレーキ音が鳴り響き、車は停まった。なにか良くないことが起こりそうなのはわかったので、私は車のほうに向かって事態を落ち着かせようとした。シートの上に飲みかけのビール瓶があるのが見えた。私は、「怒らないでください。私たちはユダヤ人ではないです、ただのツアーなんです。ここに昔ゲットーがあったことをご存知ないですか?」と男に話しかけた。初耳だったようで、ゲットーがなにかもよくわかっていない様子だった。私がスキンヘッドの彼に「運転はやめたほうがいいと思います。酔っぱらっていらっしゃるじゃないですか。警察に捕まりますよ」と言うと、男は「この俺が警察なんだぞ」と言い返してきた。結局彼は、私たちになにも悪いことはせず、そのまま走り去っていった。

「ユダヤ人になる」で最もすばらしかったのは、ヴィルニュスのコラール・シナゴーグで行われた、ユダヤ教に関するシモナス〔・グレヴィチュス〕の講義だろう。参加者のなかでこのシナゴーグを訪れたことのある人はほとんどいなかった。

読者の多くも、シナゴーグには行ったことがなく、ユダヤ人やユダヤ教についてもあまり知らないのではないだろうか。ウィットに富み、悲しく、ためになり、皮肉を交えた、実にリトヴァクらしいシモナスの話を聞いたことがある人もいないだろう。私たち二人でそれを再現してみた。

ユダヤ人とは

シモナス――現在〔原著が出版された西暦二〇一六年〕は、ユダヤの暦で五七七六年です〔ユダヤ暦五七七六年は、西暦二〇一五年九月一四日から翌一六年一〇月二日まで〕。これがなぜかと言いますと、私たちの暦は、ある種の価値観を示しているんです。私たちは、キリスト教徒のようにイエスが生まれたときから暦を数えるのではなく、最初の人間、つまりアダムのときから暦を数えます。私たちは書物の民ですから、トーラー、つまり〔キリスト教徒にとっての〕旧約聖書を丹念に読むことでアダムが生まれた年がわかります。私たちにとってはごく簡単なことです。最初のユダヤ人である預言者アブラハムからではなく、最初の人間から暦を数えることで、最も大事なのは人間であり、信仰などはそのあとにくるということを示しているのです。

神の十戒のなかに、イエスが復活した日である日曜日を祝う〔安息日を聖別する〕という戒律があります。しかし、私たちにとって第七の日とは、旧約聖書にある古い解釈、つまり土曜日なのです。私たちは、新約聖書は読みません。

――あなたがたユダヤ人は、なぜイエスを認めないのですか。

ユダヤ人がイエスを受け入れなかったわけではありません。彼の弟子はユダヤ人でしたし、彼らはイエスを受け入れていました。キリスト教と称するようになってから、分かれたのです。私たちが読むトーラーには、メシアはイェルサレムに入城し、生者も死者も彼のあとにやってくると書かれています。イエスのあとに生者も弟子もやってきましたが、死者はやってきませんでした。また、私たちがイエスを認めない理由として最も重要なのは、「私を信じなさい。私は神の子だ」という彼の言葉です。ユダヤ人は神を信じ、そのほかのものは信じません。もしイエスが「神を信じなさい。なぜなら私は神の子だから」と言ったのであれば、私たちも理解できるでしょうね。また、イエスの生まれについてもです。古代アラム語では「処女の」と「若い」は同じように綴りました。ですので、次の文は二通りに解釈できます。「若い女マリアは男の子を身籠った」と「処女マリアは男の子を身籠った」といったように。キリスト教徒が採っている後者の解釈は、私たちには変な感じがします。

――シャバット〔ユダヤ教の安息日〕とはなんですか。

私たちのシャバットは、金曜日の日没に始まり土曜日の日没に終わります。これもまた、書物の民であることの意味を示しています。トーラーの最初のページを丹念に読んでみると、そこには世界が創造された第一の日に「夕べがあり、朝があった」とあり、第二の日にも「夕べがあり、朝があった」と書かれています。つまりどういうことか。これは、私たちの暦では毎日が夕方から始まり、次の夕方に終わるということを意味しているのです。

シャバットの夕食では皆、最もきれいな格好をし、最も美味しい料理とワインを用意して、家族のなかの女性が蝋燭《ろうそく》に火を灯します。シャバットのあいだはテクノロジーを一切使いません。電話もテレビもコンピューターも使いませんし、車も運転しなければ料理もしません。ただそのままに、休息をとるのです。会話をしたり祈ったり、散歩をしたり子どもと遊んだり、読書や食事をしたりして、楽しむのです。毎週そのような時間を二四時間過ごすのです。人類がテクノロジーに依存すればするほど、ユダヤのシャバットはますます有意義になるでしょうね。

——あなたがたのシャバットは私たちのクリスマスのようです。年に一回か週に一回かで違いますが。ところであなたがたは、選ばれし民なのですか。

ユダヤ人は自分たちのことを選ばれし民と呼んで自惚《うぬぼ》れていると多くの人が思っています。「選ばれし者」という言葉はヘブライ語で「より多くのことを行うために選ばれた」という意味です。これは特権ではなく義務なのです。子どもたちにはいくつかの逸話を通して価値観を伝えていきます。逸話の一つに次のようなものがあります。どの民族を選ばれし民とするか神が選んでいたとき、トーラーを受け入れるように言われたのはユダヤ人が最初ではありませんでした。トーラーを受け入れることで私たちはなにを得ることができるのでしょうか、と人は尋ねました。けれどトーラーは義務を集めたものです。トーラーに書かれている義務の多さを見た人たちは皆、断ったのです。しかしユダヤ人は、トーラーの価値を理解し、これを受け入れました。そのためユダヤ人は、義務を行うために選ばれたのです。それは、世界を修復する《ティックーン・オラム》という義務です。

トーラーは普遍的な助言集です。六一三カ所に、なにをすべきでないかが書かれています。神はモーセに語りかけ、アブラハムに語りかけました。私たちは、トーラーを丹念に読みます。キリスト教徒は神の戒律は一〇あると言うでしょうが、私たちには六一三もあるんですよ。

――なぜトーラーは本ではなく巻物なのですか。

ユダヤ人はエジプトを脱し、祖国を求めて動物たちとともに砂漠を彷徨《さまよ》いました。当時まだ本はなかったので、トーラーは当時と同じように動物の皮に記すのです。トーラーは手で書き写され、もし一カ所でも書き間違えたら巻物すべて最初から書き直します。シナゴーグでは、一人の信者がトーラーを読み、二人が近くに立って正しく読まれているか確認します。

――あなたがたはどのようにして自らの罪を償うのですか。

ユダヤ教は、信仰というより書かれていることを実現することに近いです。なによりもまず、生き方なのです。その古典的な例を挙げるとすれば、罪をどう認識するかということでしょう。キリスト教徒の人にどのようにして罪を償うか尋ねれば、司祭のところに懺悔しに行ったり、教会に寄付をしたり、誰かと一緒に「マリア様」と唱えたりして、赦《ゆる》しを得るのだ、と答えるでしょう。ユダヤ教では違います。誰も赦しなど与えません。ラビは神と人間の仲介者ではなく、むしろ教師のようなものです。もし私が罪を犯したならば、悪いことをしたことを自らが理解しなければなりません。それから謝罪し過ちを正し、道徳的被害に対して補償しなければなりません。四つ目にやらなければならないことは、その罪を二度と繰り返さないと約束することです。

——なぜユダヤ人は祈りを捧げるときに揺れるのですか。

祈りのあいだは全身全霊で祈らなければならない、と聖書に書かれているからです。ユダヤ人は跪《ひざまず》いたりはしません。シナゴーグで祈るのには定数があり、最低一〇人の男性が必要です。私たちは互いの存在を感じながらともに祈ります。学習も、一人ではなく二人ずつで行います。ユダヤ教の学習に関してはもう一つ大事なことがあります。私たちは、答えを見て学ぶだけではなく、自ら問いかけながら学ぶのです。

——ユダヤ人は、私たちの子どもとは違って、暗記しようとするのではなくいつも議論し問いかけをしながら学ぶ、というのは本当ですか。

権威をどのように見るのか、キリスト教とユダヤ教の教えは実際かなり異なります。私たちの預言者たちが皆、神と議論していたことに注目してください。私たちは議論が好きなのではなく、議論のなかに真理が見つかるからこそ議論するのです。ユダヤ人は全人類の三パーセントにすぎませんが、ノーベル賞受賞者のうち二〇パーセント以上はユダヤ人なんですよ。ところで、リトアニアにルーツをもつ、あるノーベル賞受賞者のユダヤ人は、なぜそんなに賢いのかと尋ねられてこう答えました。それは母のおかげです、と。私の母は、私が学校から帰ってきたときにいつもほかの母親とは違うことを訊いてきました。母は、私が学校でどんな調子だったか、成績はどうだったかなんて尋ねませんでした。母がいつも尋ねたのは、いい質問を一つでもしたかということです。二と二を足せば四になることは皆知っていましたが、私たちが考えるのは、二匹のネコと二匹のネズミがいた場合に本当に二と二を足して四になるのかという問題です。アインシュタインはこう言いました。干し草のなかから針を探すよう言われたとき、普通の人は諺《ことわざ》を知っているので探したりはしません。しかし幸運は、干し草のなかから針を探すような人のもとにやってくるのです。そして針も見つかります。アインシュタインによれば、もし針が一本見つかれば、さらに多くの針があるだろうと思い、さらに探します。そして二本、三本と見つかるのです。その点で、私もほかの多くの人とは違います。ユダヤ教の教えとは、常に真理を追究することなんです。

――男子の割礼の伝統はどこからきているのか、教えていただけますか。

それも聖書のなかにあります。最初のユダヤ人であるアブラハムと妻のサラは長らく子どもに恵まれませんでした。神はアブラハムに言いました。子は神との契約のもとでのみ生むことができるのだ、と。男性の身体のなかで、ここは子どもを生むことに関わる部分です。だから子どもは、神との契約によって始められなければならないのです。ユダヤ人の男子は生まれて八日目に割礼を受けます。現在では、衛生の観点から割礼が行われていると考えられています。

――コシェルとはどのような食事なのですか。

トーラーにある六一三の戒律のなかに「仔ヤギをその母の乳で煮てはならない」というものがあります。トーラーの説明にあたるタルムードの権威を認めないカライ派〔ユダヤ教の一派で、現代のリトアニアではユダヤ人とは別の民族とみなされることが多い〕は、この文をそのまま理解します。しかし、ユダヤ人にとっては、肉製品と乳製品を混ぜてはいけないということを意味します。次に、どのような肉を食べることが禁じられているかですが、蹄《ひづめ》が分かれていて反芻する動物の肉は食べることができます。ブタは不浄な動物なので、ユダヤ人はブタを食べません〔ブタは反芻しないため不浄とされる〕。ブタがほかの動物よりも汚いのは確かです。また、ブタが人の健康に良くないことは現代の科学でも証明されています。肉がコシェルであるためには、できるだけ痛みを与えないよう正しい方法で切られたものでなければなりません。それは、儀式屠殺者という専門の人が行います。これだけ年月が経った今トーラーを読み返してみると、そこに書かれていることは科学で証明されています。動物が苦しむとその肉には毒素が生じるんです。トーラーには理解できないことが多く書かれていますが、今の科学ではそれが良いことだと証明されていますよ。

――ユダヤ人はキリスト教徒の子どもの血をマッツァーというパンに入れるという俗説はどうですか。

この俗説は、魔女狩りと同じく、中世の異端審問の時代に広まりました。一般的に言って、私たちの食べ物のなかに血は入ってはいけないことになっています。マッツァーは宗教的目的により作られる薄いパンで、ペサハ〔過越《すぎこし》〕の祭〔毎年三月下旬から四月ごろに行われるユダヤ教の祭〕が行われる八日間ずっとこれを食べ続けます。ユダヤ人たちはエジプトを脱するときにパン生地に酵母を入れる時間がなかったため、水に小麦粉を入れて太陽のもとで焼くこのようなパンができました。ペサハの祭のあいだは、裕福な人も貧しい人もエジプトを脱した先祖のことを思い起こし、小麦で作られるものはマッツァー以外なにも食べません。

――なぜユダヤ人男性はキッパという帽子を被るのですか。

それには、子ども向けの説明と、真面目な理由があります。私の母はよく、神が上から眺めたときに誰がユダヤ人かすぐにわかるようにキッパを被るんだと言っていました。古代キリスト教では聖職者は皆小さな帽子を被っていましたが、現在ではキリスト教会の高位にいる者のみが被ります。ユダヤ人の場合は全員が着用するのです。敬意を払ったりあるいはそこが神聖な場所だったりする場合に帽子を脱ぐキリスト教世界とは対照的に、ユダヤ人にとって帽子を被るということは敬意を示すことなんです。

――ユダヤ人は死者をどのように弔うのですか。

死者は、亡くなった日か遅くてもその次の日には埋葬されます。スーツなど美しい服を着せることはありません。遺体は普通の布に包《くる》まれます。この世でどのような人間であったとしても、あの世には皆同じように送りだすのです。葬儀のあとの七日間、遺族は家で喪に服し、友人や知人が遺族を訪れます。現代の文化では、遺族が葬儀の会食を用意しますが、ユダヤ教では逆で、友人や知人が遺族に食事を持ってきます。三〇日経てば墓石や記念碑を建立することが認められます。お墓には花だけでなく石も持っていきます。これは永遠や悲しみを表しています。石は破壊されたイェルサレム神殿の一部のように見えるので、神殿の破壊を思いだして悲しい気持ちになるんです。私たちの信仰では、神殿はメシアがやってくると再建され、そのとき死者は復活し、生者とともに神殿に入るとされています。

――ユダヤ教徒は神をどのように想像するのですか。天にいる老いた存在か、あるいは、なにか力のようなものでしょうか。

シナゴーグに来れば、そこに神や聖者などを描いたものが一切ないことに気づくでしょう。私たちは〔神そのものとは〕別のなにかに祈ったりはしないのです。神はすべてを包む存在です。私たちは、神を物質的な存在として捉えたりはしません。比喩として、例えば私たちが地を歩きまわるアリで、空を飛ぶ巨大なボーイングを突然目にしたとしましょう。私たちが神をどう理解するかは、まさにそのような次元の話なのです。空を飛ぶボーイングを見たアリに、なにが理解できるでしょうか。空を飛ぶ鳥を見たことがあるために、大きな鳥が飛んでいると答えるアリもいるでしょう。また、雷だとか多くの光だかと言うアリもいれば、それがなんだかまったくわからないアリだっているでしょう。これは単純でありながらも適切な比喩です。私たちはできるだけのことはやらなければなりませんが、同時に、私たちの理解にはどのような限界があるのかも知っていないといけません。

シモナスは、話の終わりに二つの短い物語を語ってくれた。

チョウ

まるでなんでも知っているかのようにふるまっているラビを子どもたちが打ち負かそうとし

ていた。チョウを一人の子どもの掌《てのひら》に入れ、ラビに尋ねることにした——「このチョウは生きているか、死んでいるか」と。もしラビが「生きている」と答えれば、掌を握ればチョウは死ぬ。もし「死んでいる」と答えれば、掌を広げればチョウは飛び立っていく。つまり、ラビに正解のチャンスはないというわけだ。

子どもたちはラビのもとを訪れ、掌のなかのチョウが生きているか死んでいるかを尋ねたところ、ラビはこう答えた。「生きているか死んでいるかはわからない。ただ一つわかることは、すべては君たちの手中にあるということだ」。

二匹の獣

私たちのなかにはそれぞれ獣が二匹ずついる。一匹は悪く、もう一匹は良いやつだ。悪いとは、憎しみ、嘘、嫉妬、残虐さのこと。良いとは、すべての良い性質のことであり、寛大さ、高潔さ、愛のこと。ある若い男が老人に「どちらの獣が勝つのか」と尋ねたところ、老人はこう答えた。「人間のなかでそれぞれどちらが勝つのかはわからない。ただ一つわかることは、君が養ったほうの獣が勝つということだ」。

一九四一年、私たちの同胞はどちらの獣を養っていたのだろう。ユダヤ人のリストを作成した人、輸送した人、監視した人、そして、射殺した人。射殺した人にいたっては、自分自身が獣になってしまったのだろうか。

敵との対面

「ユダヤ人になる」プロジェクト終了後、ホロコースト教育に関するカンファレンスを行うことになった。

「カンファレンス」という言葉は嫌いだし、「プロジェクト」も「教育」も嫌いだ。カンファレンスなど一度も企画したことがないし、たいていそんなものから逃げてきた。私を待ち受けているもの——それは、招待状のデザインに参加者登録、配付資料の作成、発表内容の翻訳、それから、つまらない登壇者にあくびをする聴衆。しかも私が司会をしなければならないなんて……ああ、もう。まあ、休憩時間に音楽を聴きながらユダヤらしい昼食をとれば、退屈なイベントでも多少気分転換になるかもしれない。コシェルのワインも用意したほうがいいだろうか。

講演者として誰を呼ぶべきか。詳しい人に訊く必要があったので、いろんなホロコーストの専門家と何杯もコーヒーを飲んだ。彼らは、リトアニアの歴史家のほかに、海外に住むリトアニア人を二人カンファレンスに招待することを提案した。〔リトアニア史を専門とする米国ミラーズヴィル大学名誉教授の〕サウリュス・スジエデリス（そんな名前初めて聞いた）と、トマス・ヴェンツロヴァ（すごい！　でも来てくれるだろうか）だ。あとは、ワルシャワに新しくできたユダヤ博物館からもう一人誰か呼ぶべきとのこと。絶対に呼んではいけないのは、リトアニアの評判を貶《おとし》めている〔ユダヤ人人権活動家の〕ドヴィド・カッツとナチ・ハンターのエフライム・ズロフ。どうしても「論争を呼ぶ」ような人を呼びたくても、ズロフだけはやめておけという。彼は最近、イェルサレムを訪問したリトアニアの教員たちを「ユダヤ殺し」と罵って泣かせたらしい……かわいそうに。もしどちらか一人、あるいは二人ともがカンファレンスに来るときは、殴り合いの喧嘩になるだろうか。こう尋ねると、さすがにそれはありえない、という。ズロフは頭が切れる人だから、誰も泣かせないという同意くらいはできるだろう、と。しかし、カッツとズロフが来れば学術界からは誰もカンファレンスに参加してくれない、なぜなら、二人はプーチンのために働いていて、プーチンは二人に資金提供しているんだから、とのことだった〔現在、リトアニア国民の対ロシア感情は非常に悪く、特にロシアの対外政策は非常に否定的に捉えられている。ロシア政府はリトアニア国内で諜報活動を行っているとも伝えられており、プーチン大統領はその首謀者とみなされている〕。

なるほど、それはまずい、と思った。プーチンのスパイなんてリトアニアには要らないし、もし彼らを招待すれば、私がスパイだと責められてしまう。悪人二人にプーチンの資金が提供されたことをどこで知ったのか、私は助言者たちに一応確認してみた。すると、ある人は米国大使からの情

ナチ・ハンターのエフライム・ズロフ。ズロフの個人アルバムより

報だと誰かから聞いたと言い、別の人は、ズロフはフェイスブックで〔リトアニアの左翼活動家である〕アルギルダス・パレツキスと友だちだから間違いないと言う。パレツキスが友だちならプーチンも、ということらしい。

なんだか楽しくなってきた。帰宅して、リトアニアの敵二人に関する情報をリトアニア語で探してみた。やはり、彼らが長年世界じゅうで私たちの評判を貶めているのはプーチンから賄賂を得ているからに違いない、とのこと。彼らはいつもホロコーストの殺人者の責任を追及しろと私たちに指図し、カウナスやヴィルニュスの中心部で行われる極右団体の行進を認めないよう指示してくるらしい〔リトアニアでは毎年、独立回復記念日に極右団体による行進が行われる〕。ズロフは特に好戦的で、リトアニアの文書館に行っては穢れた指で資料を掘りだしてくる、と書かれていた。それから私はリトアニア語以外の情報も見てみた。怪物ズロフは、世界じゅうで講演に招かれ、執筆した三冊の本は一八言語に翻訳されたそうだ。セルビアのナチを捕まえるのに尽力したとして、ノーベル平和賞の候補にもなった。受賞はならず、そのとき〔二〇〇九年〕はバラク・オバマが平和賞に選ばれたのだった。

その日の夕方、私はリトアニアの評判を貶める二人にメールを書いた。おもしろくなりそう――もうワインは必要なさそうだ。だいたいユダヤ人抜きのカンファレンスなんて、なにになるというのだろう。翌日、返信があった。二人とも、どのような条件での招待なのか訊いてきた。条件はほかの講演者と同じで、渡航費とホテル代、そして謝礼五〇〇ユーロ、と答えた。

あとでわかったことだが、二人ともとても驚いたという。リトアニアが独立してから今まで、まだ誰からもなんの公式行事にも招待されたことがないというのに、ヴィルニュス市のイベントで、しかも滞在費はすべて負担してもらえるし、さらに謝礼まで出るというのだから。私がそれを知っていたら、二人を招待しても謝礼までは出さなかっただろう……もう遅い。

エフライム・ズロフは、三月一一日〔リトアニアの独立回復記念日〕のネオナチの行進を監視するためまもなくリトアニアを訪れるので、短時間なら会えるだろう、と伝えてきた。公共の場で会えば殴り合いにはならずに済むだろうが、私もリトアニア人としてリトアニアの罪により十字架に架けられるに違いない、と思った。我慢しよう――どこかの教師みたいに泣いたりなんかしないんだから。

カフェに入り怪物を見つけると、なぜこの人がリトアニアだけでなく世界じゅうで恐れられているのかすぐにわかった。私たちは、ユダヤ人というのは背が低く、たいていチビかデブだと思っている(でもそんなユダヤ人をどれくらい見たことがあるだろうか)。しかし、私の目の前にいるのは巨人だ(後日、ズロフはマムートのようだと南アフリカの新聞に書かれているのを読んだ)。彼からできるだけ離れて坐りたかったので、大きなテーブルの席に坐ることにした。青く鋭い目が、不信感も隠さず、ユダヤ殺しの民族である私の様子を伺っている。まずズロフが、いきなり核心をついてきた。「なぜこのプロジェクトをやっているのです。ＥＵが出すお金のためですか」。「違います」。私は言い返した。「ホロコーストにおそらく関与した人が私の親戚にいることがわかったからです。殺されたユダヤ人を想起し、彼らに対して哀悼の意を示すことで、親戚が抱えていたかもしれない罪を少しでも償えればと感じています」。それから私は、祖父と伯母の夫について語った。「リトアニアで自分の親戚の罪を認める人に会うのは多分初めてです」とズロフは言った。「二五年間リトアニアで活動してきて、そのようなことを言った人には一人も出会わなかった。リトアニアは、最も難しく、最も達成感の得られない国です。ここでは真実が隠されていますから」。ミネラルウォーターを飲むと、私の攻撃の番がやってきた。「ズロフさんがプーチンのために働いているという噂は本当ですか。リトアニア人はナチだと世界に知れ渡るのは、プーチンにとって好ましいことです。ズロフさんもそうおっしゃっていますよね。プーチンはいくらお金を渡してきたんですか」。

ズロフは驚かなかった。そしてたくさん語ってくれた。彼の反ソヴィエト活動について、そして、彼を利用しようとしたロシアのプーチン政権との関係について。パレツキスについても説明した。パレツキスは五〇〇〇人いるフェイスブックの友だちの一人にすぎない、と。互いの攻撃が済んで、ようやく普通の会話が始まった。ズロフは、カンファレンスにはとても参加したいが、残念ながらその時期は米国で講演があると述べた。そして、代わりに別の人の名前をいくつか挙げた……なにを言っているんです、ズロフさんが参加してくれたらとてもおもしろくなるのに。

「リトアニアや東欧全域でホロコーストについて包み隠さず語ることがいかに難しいか語るつもりでした……理由は二つあります。ナチとの協力が現地住民による積極的なユダヤ人殺害への参加を意味するのは、東欧だけです。西欧のユダヤ人は、隔離されても殺されはしませんでした。西欧のユダヤ人は、東欧に移送されてから殺されたのです——まずはポーランドの強制収容所、それからリトアニアにも。次に、第二次世界大戦後、東欧諸国は占領されたりソヴィエト体制の勢力圏におかれたりしました。そしてソヴィエト時代、ホロコーストに関する真実の黙殺や歪曲が行われました。私は、リトアニアが独立してから十数年で、自国の歴史の汚点に勇気をもって目を向けられるくらいに成長できると考えるほど、狂信的な馬鹿ではありません。フランスは、戦後五〇年経ってようやく、それができるようになりましたよ。それでもやはり、リトアニア人も遅かれ早かれそれを行わなければいけないんです」。

なんだ、ズロフはなにもおそろしい人ではない、と思った。そして、カンファレンスにマムートが来れないのを残念に思った。そこで私は、シンプルな解決策を彼に提示した。彼がリトアニアにいるうちに講演を録画しておき、カンファレンスでそれを流す。これなら一石三鳥ではないか。マムートは参加して、リトアニア人の歴史家もボイコットしない。そして殴り合いも避けられる。

このようにして、リトアニアの評判を貶め教師を泣かせた人間との交流が始まった。四半世紀にわたって世界じゅうでナチを懸命に追ってきた彼は、実際は一人で追跡している。〔イェルサレムにある〕小さな事務所のための資金を米国〔サイモン・ヴィーゼンタール・センターの本部はロサンゼルスにある〕から受けつつ、イスラエル政府からは支援を受けていない。彼がヴィルニュスに滞在しているあいだ、駐リトアニア・イスラエル大使は、ズロフがいろんなところに現れては人の気持ちを悪くさせるとして、事実上「召喚」したのだった。

駅近くのホテルの、ロシア人観光客がうるさく話すロビーで、ナチ・ハンターの講演を録画した。録画が終わると別れを告げた。互いに強く手を握り、私は彼にこう伝えた。「私の夢がなにかわかりますか。いつか、今回のようなホロコーストに関するカンファレンスで、ズロフさんとカッツさんがホールを出てドアを閉める。私がお二人に時間が来たと告げると、私たちリトアニア人は自ら、あなたがたの手も借りずに、自分たちの過去の汚点について語るのです」。彼は答えた――「すばらしい。それは私の夢でもあります」。

帰宅途中、ズロフが語ったことについて考えた。東欧におけるユダヤ人殺害に関する彼の話はどれくらい真実なのだろう。カンファレンスでリトアニア人の講演者たちはリトアニアの人びとの罪についてなにを語るだろうか。そして突然、ある考えが浮かんだ。リトアニア各地のユダヤ人が殺された現場をエフライム・ズロフと一緒に回る――まだ生きている証言者を探し、真実を探しながら。これはおもしろくなるに違いない。ポナリで射殺された彼の曽祖父母の故郷、リンクメニースから始めよう。ドキュメンタリー映画も作れそうだ。映画のタイトルは「敵との旅」にしよう。リトアニア人とユダヤ人、私たち敵どうしは、この旅でなにを見つけるだろうか。リトアニアのホロコーストに関して正しいと判明するのは、どちらの見解だろう――リトアニアの教科書的真実か、それとはまったく異なる、おそろしく、ゆえに黙殺された真実か。ズロフは、もし怪物でないとしたら、何者だろう。そして、当時怪物だったのは誰なのだろう。

私たちは自分たちの歴史に責任があるのか

すばらしい問いではないだろうか。思いもよらない問いだけど、でも一理ある。教育科学省推薦の歴史教科書の、ホロコーストに関する節のタイトルがこれだった。二〇〇七年にブリエディス社が出版した一〇年生〔日本の高校一年生に相当〕向けの歴史教科書『ライカス』だ。

私は、丹念に読んだ。

> リトアニアのユダヤ人とユダヤ人を助けた人たちは、一部のならず者のリトアニア人によって犠牲となった。その数は一三万人にのぼる。（一一八ページ）

以下、「私たちは自分たちの歴史に責任があるのか」の節より。

> こんにちの西欧では、ユダヤ殺しのレッテルがリトアニア人に貼られることがよくある。リトアニア人の反ユダヤ主義の歴史的起源は深く、現地住民は進んでユダヤ人殺害に参加した、と信じられているのである。しかし実際は異なる。〔…〕最初ボリシェヴィキが諸民族を互いに戦わせ、次にナチが戦わせた。第二次世界大戦中、ユダヤ人の迫害や抹殺はリトアニアを占領したナチ・ドイツによって計画、実行された。明白に言えるのは、ナチと協力したリトアニア

人当局の支援がなければ、私たちのユダヤ人がこれほど多く殺されることはなかっただろうということだ。殺害に参加した数千人は、リトアニアに拭うべからざる恥辱を与えた。

リトアニア国民に、ホロコーストに対する責任はあるだろうか。カウナス・ゲットーに収容されたことのあるアレクサンドラス・シュトロマス教授〔政治学者、ソヴィエト時代に異論派として活動し、英国（その後米国）に移住〕は、次のように述べる。「おそらくホロコーストが残した遺産のなかで最悪なのは、至るところで民族や集団全体に責任〔シュトロマスによる原文では「集団の罪」〕を負わせる傾向が増加し、どの民族にもいた有罪の者と無罪の者、徳のある個人を――こちらも至るところで――区別しなくなったという点であろう」[1]。〔…〕一九九四年、リトアニア共和国国会《セイマス》は、ヴィルニュス・ゲットーが解体された九月二三日をリトアニア・ユダヤ人のジェノサイド〔集団殺害〕を記憶する日と定めた。（一二一ページ）

節おわり。

読んでみたけど最後までよくわからなかった。ユダヤ人を殺したのは、一一八ページにあるように「一部のならず者のリトアニア人」だったのか、それでもやはり、一二一ページにあるように「ナチと協力したリトアニア人当局」が殺害を支援したのか。さらに言えば、「殺害に参加した数千人は、リトアニアに拭うべからざる恥辱を与えた」のだろうか。当時のリトアニア人当局がならず者を支援したのなら、すなわち当局自体がならず者だった、という私の理解は正しいだろうか。そして、ならず者は数千人いたのか……いや、それはあまりに多すぎる。リトアニア人当局が支援したその数千人はならず者ではなかったのかもしれない。だとすれば、その数千人は何者だったのか。とにかく、教科書が無罪の者や徳のある者と有罪の者を区別するよう教えているのなら、それは区別することにしよう。

リトアニアのユダヤ人の九六パーセントを殺害した罪がある者（ナチを除く）——可能性は三つだ。

・ならず者
・リトアニア人当局
・数千人のリトアニア人

どれが正しいのだろう。三つとも正しいのだろうか。

このように、私は答えを探し始めていた。「ユダヤ人になる」プロジェクト終了後、私は、リトアニアの三つのポータルサイトに掲載された歴史家ネリユス・シェペティースの記事から着想を得た。彼は、このプロジェクトがただの「役に立つ馬鹿〔プロパガンダを広めるのに利用できると敵からみなされるような人のこと〕のショー」ではなかったのではないかと考察した。

リトアニアで、私たちのユダヤ人の殺害に参加した人たちの大半は、リトアニア人だった。だからどうした。彼らのリストを作成しよう。さらに、彼らの経歴を書き記していき、（可能であれば）少しずつ彼らの典型的な特徴を暴くとなおよい。しかし、（ズロフのような）ナチ・ハンターや（カッツのような）歴史の擁護者を自任するような人たちに、私たちのユダヤ人を差しだしてはならない。

なぜなら、かつて生きて殺された私たちのユダヤ人たちは、彼らにとっては手段にすぎないのだから。[2]

この「だからどうした」という言葉が、真実に向かって旅をするという本書の執筆に一人の女性を向かわせた。私の旅で一番大事なルール――それは、リトアニアで書かれ、出版され、語られたことはなにか、そして私たちの同胞であるリトアニアの人たちによって書かれ、語られたことはなにかを追求するということだ。米国やイスラエルに住んでいる人たちではなく。よその人の証言なんて要らない。

ではなにから始めよう。ホロコーストに関する子どもたちの証言から始めるのはどうだろうか。

第2章 私たちの同胞——目撃した子どもたち

ワシントンDCの合衆国ホロコースト記念博物館には数百点の動画が保管されている。さらに、一九四一年のできごとを目撃したリトアニアの人びとへのインタビューや、ホロコーストに参加した人たちへのインタビューもある。以下、この章の四つのインタビューは、同博物館のジェフ&トビー・ヘア・コレクションに収められている。

ライモナス・ノレイカ

俳優、リトアニア国民文化芸術賞受賞者。〔独ソ戦が始まった〕一九四一年の夏、彼は一四歳だった。

戦争が始まった一九四一年六月、私は兄と一緒に製本所で働いていました。当時私は一四歳、兄は一八歳でした。ある日の帰宅途中、〔カウナス中心部の〕ヴィータウタス大通りの曲がり角に人だかりができていました。五〇人くらい、歩道におさまるくらいでした。鉄条網のフェンス

「リエトゥーキス」車庫《ガレージ》の中庭でのユダヤ人殺害。リトアニア国立中央文書館所蔵

があったので、私はフェンスの近くまで行ってみました。そこはリエトゥーキス〔農業協同組合〕の車庫《ガレージ》で、中庭はウマの糞でいっぱいになっていました。おそらくドイツ人か逃げる前のロシア人がそこでウマを飼っていて、たくさんの糞を溜めていたんだと思います。

黒い服を着た知識人らしき男が私の目の前に立っていて、別の人が道路に跪いてその糞を手ですくっていました。知識人らしき男は、糞をすくっていた人の背中を鉄の棒で殴りつけ、「ノルマ！　ノルマ！」と怒鳴っていました。糞を集めていた人は、手から糞をこぼしては背中を棒で殴られ「ノルマ！」と怒鳴られていました。

二つのグループができていて、一方がもう片方を殴っていました。本当におぞましかったです。殴られているほうの人は、倒れこんで起きあがらなくなりました。でも、洗車用のホースで水をかけられると再び動きだして起きあがっていました。そしてまた殴られ、糞まみれになり、「ノルマ！　ノルマ！」と怒鳴られていました。血は流れていたと思いますけど、私にはわかりません。私が見たのは、流れる水と糞だけでした。

三カ所ある車庫の門は全部開いていて、車庫の奥は暗くてなにも見えませんでした。門のところには、立っている人もいれば横たわっている人もいました。横たわっていた人たちは、生きているのか死んでいるのか、まったく動きませんでした。殴っていたほうも殴られていたほうも、みんなスーツを着た知識人のような人たちで、労働者なんかじゃありませんでした。殴られていたのがユダヤ人であることは誰の目にも明らかでした。殴っていたのは、間違いなくリトアニア人でした。

人だかりのなかには、〔暴行に〕賛同する人も抗議する人もいませんでした。みんなフェンス越しにただ様子を見ていた野次馬だったんです。私たちは一〇分か一五分ほどそこにいたと思います。そのあと兄が私をかついでフェンスから下ろし、私たちは家に戻ることにしました。

当時ヴィータウタス大通りの反対側にはカウナス市の中央墓地があり、そこでは白袖隊〔一九四一年六月の対ソヴィエト蜂起に参加した人たち。白い腕章を着用していたことからこう呼ばれる〕の葬儀が執り行われていました。哀悼のマーチが演奏されていました。こちらでは殺人、あちらではマーチ……不気味でした。

帰宅途中、叫び声が聞こえてきました。白袖隊が、破壊されたアレクソタス橋〔現ヴィータウタス大公橋〕から遺体を運びだすためにユダヤ人を捕まえていたんです。遺体は、水中や瓦礫の下などそこらじゅうにありました。別の日にはもう遺体はなくなっていました。どこかに運びだしたか、瓦礫から引き抜いてネムナス川の下流に流したんだろうと思いました。

二〇〇四年九月七日、ヴィルニュスにて[1]

一九四一年六月二七日、カウナスのユダヤ人五二人がリエトゥーキスの車庫でバールで殴り殺された。

ユリュス・シュムルクシュティース

哲学博士、ヴァルダス・アダムクス大統領〔在任一九九八～二〇〇三年、〇四～〇九年〕の元補佐官。

一九四一年夏、彼は一一歳だった。

私たちがクラウトゥヴァの岸辺で泳いでいたとき、ネムナス川の対岸から突然発砲音が聞こえてきました。対岸に何人かいるのが見えましたが、発砲音が鳴るとその人たちは消えました。穴に落ちたんでしょうね。私たちは川岸近くのヤナギの木に登り、三〇分ほど木の上から見ていました。しばらくして、人が消えた場所から水蒸気か煙のようなものが上るのが見えました。

それから私たちは家に戻ることにしました。クラウトゥヴァの町には人が集まっていて、とても熱く語り合っていました。立ち止まって聴いてみると、ある人たちが、「ユダヤ人が射殺された、対岸のザピーシュキスに住むユダヤ人だ」「私たちは関与しない、私たちには関係のないことだから」などと言っていました。しかし、「射殺されたのは私たちの友人や隣人、知り合いだぞ」と言う人たちもいました。具体的な名前まであがっていました。どうやら二つのグループに分かれているようでした。人が殺されて相当ショックを受けた人たちと、全然ショックを受けず「私たちには関係のないことだからなにもしなくていい」などと議論していた人たちです。

後日、ザピーシュキスのユダヤ人がその日に実際に射殺されていたということがわかりました。また、多くの殺害現場でなにが行われたのかも、

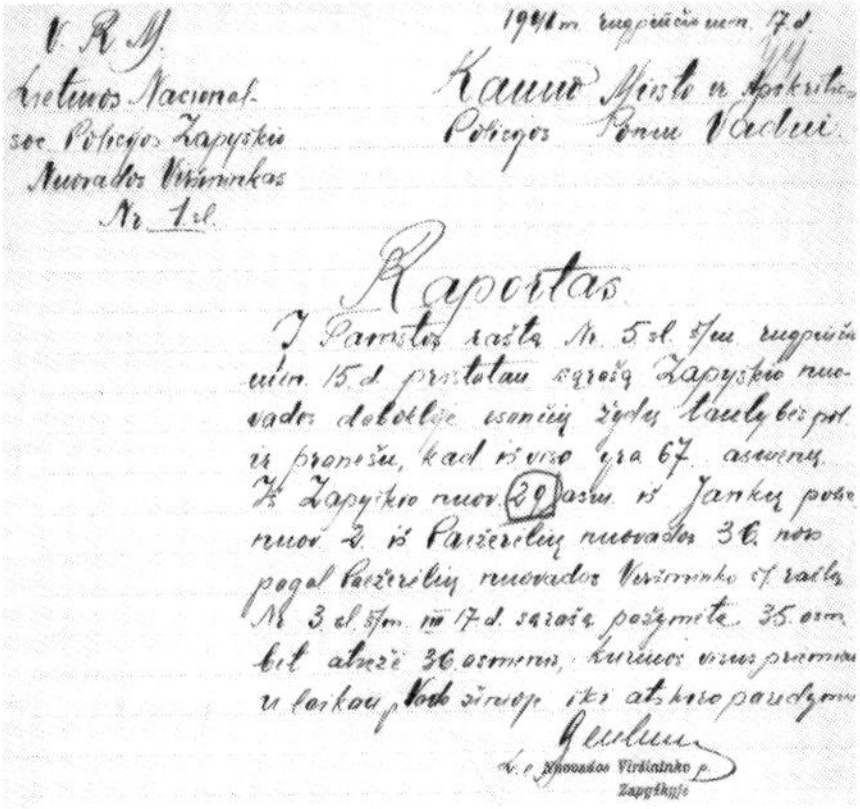
V.R.M.
Lietuvos Nacional-
sės Policijos Zapyškio
Nuovados Viršininkas
Nr 1 sl.

1941 m. rugpjūčio mėn. 17 d.

Kauno Miesto ir Apskrities
Policijos Ponui Vadui

Raportas

逮捕したユダヤ人に関するザピーシュキス警察署長の報告。リトアニア国立中央文書館所蔵

あとで知りました。射殺され穴に入れられた遺体は、土に埋められ、その上に石灰が撒《ま》かれ、そして水がかけられました。だから水蒸気が上ったんです。

二〇〇一年五月九日、ヴィルニュスにて[2]

アンタナス・クミエリャウスカス

芸術家、リトアニア国民文化芸術賞受賞者。一九四一年夏、彼は九歳だった。

私たちが住んでいたブトリモニースは、住民の多くがユダヤ人という町でした。中心部は家が密集していて、いろんなところに店がありました。店はなんでもそろっていて、住民はみんな教会に行ったあと店に立ち寄っていました。

それからユダヤ人の登録が始まって、ユダヤ人は黄色い星を下襟のところに付けることになりました。射殺するときの的《まと》になるよう背中にも星を付けられたりして、私はとても不愉快な気持ちになりました。

射殺の日にユダヤ人が全員広場に連れてこられて服を脱がされたと、両親から聞かされました。それから彼らは裸で……おそろしいことでした。夕方、西の空がとても赤かったのを覚えています。そのときの恐怖心から覚えているのでしょうね。うめき声も聞こえてきました。ユダヤ人たちが殴られたようでした。見に行きたかったけれど、子どもたちは行ってはいけないと言われました。すでに穴が掘られたという話を聞いていたので、ユダヤ人が射殺されることはみんなわかっていました。

　別の日、私たち子どもは家の裏から隠れて見てみることにしました。ユダヤ人たちは、ほとんどなにも隠していない状態、服も着ず裸で連れてこられていました。パンツくらいは履いていたかもしれません。連れてこられたのは一〇人くらいでした。彼らは穴の前に立たされ、撃たれると穴に落ちていきました。彼らは手首を後ろで縛られ、背中から撃たれていました。射殺した人も一〇人くらいで、緑の軍服を着ていました。

　数人ずつが町から連れてこられました。彼らが誰かに話しかけられることはありませんでしたし、別の人たちが射殺されているあいだ彼らが待たされることもありませんでした。みんな連れてこられたらすぐに射殺され、そのあと次の人たちが連れてこられて、またすぐに射殺されました。若い男性はすでに〔近隣の都市の〕アリートゥスに送られていたので、ここに連れてこられたのは老人ばかりでした。若い人やエネルギーのある人が抵抗しないよう考えられていたんですね。残っていたのは女性と老人でした。サディズムかなにかに傾倒しているような人は、相手が子どもでも誰でも撃てるんだと思います。

　その射殺のあと私は何度も悪夢を見ました。穴があって、遺体があって……そんな夢です。子どもたちはみんな悪夢を見たでしょうか。射殺を目撃したことは私の人生に影響を及ぼしていると思います。私はそれから、いかなる不正義にも一切関わらないと決めましたから。

両親が言うには、ある家にユダヤ人の服が集められ、束にまとめられて、二階の窓からロープで外に降ろされたそうです。そしてそれを拾う人たちがいました。なんとおそろしいことでしょう。ブトリモニースの隣人で、カウナスに住むユダヤ人に塩を送っていた人がいました。ユダヤ人からは、代わりにパンが〔その人のところに〕送られてきていました。それなのにその人は、「ユダヤ人に搾取された」「ユダヤ人に召使いのようにこき使われた」と言って、ユダヤ人の服を自分の物にしていました。

射殺した人たちはその後、ユダヤ人は他人を搾取しているんだと弁明していました。武器を手にしたのは、たいてい、やや怠惰で没落していた人たちです。彼らは、自分たちの生活が苦しいのはユダヤ人による搾取のせいだと考えたんです。のちに〔ソヴィエト占領下で〕集団農場《コルホーズ》が作られたとき、同じ人たちがシベリア送りに関与しました。このときも、裕福なリトアニア人が彼らを搾取していると言っていました。ドイツ人もロシア人も、ほとんど同じ手法を使って彼らを信じこませていたんです。もしいつか、例えば中国人か誰かがやってきて、芸術家は働いていないし搾取しているから射殺すべきだと言ったとして、〔芸術家を〕射殺する人はたくさん出てくるでしょうね。そういう当局、それを計画するような人たち、そして特に知性や教養がないようなある種の人たちが現れるだけで十分なんですから。

一九九八年四月一九日、ヴィルニュスにて[3]

マルツェリユス・マルティナイティス

詩人、リトアニア国民文化芸術賞受賞者。一九四一年夏、彼は五歳だった。

思い出は、記憶のなかにとても深く刻みこまれています。私は二回殺害を目にしました。父と一緒にラセイネイの市場から帰宅していたときのことです。牧草地にゲットーがありまして、そこのユダヤ人たちがゲットーから出されて、縦隊に並ばされ、幹線道路を通ってカルヌヤイ村のほうに連れられていました。その幹線道路を荷車で走っていた私たちは、射殺されるために連れていかれているユダヤ人の縦隊を追い越しました。一つとても奇妙だったのは、自動小銃を抱えた四人だけで相当たくさんのユダヤ人を連れていたということです。ユダヤ人たちはなぜ逃げないいんだろうと、子どもながらに不思議に思いました。

別のとき、私たちはラセイネイから戻る途中、砂利採掘場の近くで止められました。ちょうどそのときここに連れてこられた人たちがいて、服を脱ぐよう命じられていました。女性も裸でした。寄せ集められた人たちはなぜかすぐには射殺されず、二人の男が棒を使って、彼らを〔生きたまま砂利採掘場の〕穴に押しこみました。そして男たちは、歩きながら〔穴に向かって〕撃ったんです。

収穫の時期だったので、八月初めごろだったのでしょう。美しく暖かな日々でした。射殺の回数はとても多かったです。毎日数回は行われました。遠くから、丘の向こうからおそろしい叫び声が聞こえてきました。発砲が始まるとすぐにわかりました。畑仕事をしていた人たちは、叫び声や発砲音が聞こえるたびに作業を中断していました。女性たちは発砲音が聞こえると跪いて祈っていました。数分間叫び声が聞こえ、それから自動小銃の音が鳴り響き、そのあとは、ただただ静かでした。

ある人たちを撃って土に埋めたら次の人たち、そしてまた次の人たちと続きました。〔穴のなかには〕まだ生きていた人もいて、土を掻き分けて出てきた人たちが夜になって私たちの村にやってくることもありました。その人たちがどうなったのか私は知りません。子どもたちは話を広めるということで、親は子どもたちには秘密にしていたんです。村に残った人たちもいました。どこの誰が彼らを保護したのか、彼らがその後どこに行ったのか、今は言えません。要するに、彼らは引き渡されなかったということです。〔穴から〕這い出てきた人を見たことがあります。血まみれでした。その人はそのあと姿を消しました。親のもとで一夜を過ごしたのか、あるいは誰かが引き取ったのか、わかりません。

それからもう一つ残酷なことがありました。私は見ていませんが、よく話に聞きました。〔ユダヤ人の〕子どもたちは射殺されず、殴り殺されたそうです。木にぶつけられ、頭蓋骨を砕かれ、穴に捨てられました。子どもを撃つのはとても難しかったし、子どもの数も多くなかったからです。

射殺したのは誰か——これも私が見た光景の話になります。ドイツ人もいましたけど、なんとなく離れたところにいました。私が見た限り、射殺したのはドイツ人に雇われた〔リトアニア〕人たちでした。私たちの村の人は二人いました。一人の姓はサヴィッキスで、もう一人はウレツカスです。彼らは射殺を終えたらうちに立ち寄り、うちで酒を飲んでいたのを覚えています。サヴィッキスは黒い軍服を着ていて、腕のところには頭蓋骨の模様が入っていました。それを自慢して見せびらかしていましたね。酒欲しさに物や服を持ってきては両親に渡そうとしていましたが、両親は受けとりませんでした。村の人は誰も受けとらなかったです。ウレツカスは〔戦後〕森に逃げました。一人で放浪していたようです。〔対ソヴィエト・〕パルチザンは彼を受け入れなかったのでしょう。冬になると彼は射殺されました。どこかの農場に隠れていた彼は、見つかったとき雪のなかを裸足で逃げたそうです。森のなかで撃たれ、血痕があたり一面に残ったと聞きました。

ユダヤ人が射殺されたところでは、戦後、ウシの放牧が行われました。それからカウナスとクライペダを結ぶ高速道路が敷かれました。そこに墓があったことは知らなかったんでしょうね。工事でそこを掘ると、頭蓋骨をはじめ骨が大量に出てきました。それからそこはアスファルトで舗装されてしまいました。


一九九八年九月二六日、ヴィルニュスにて[4]

第３章　私たちの同胞――政治家たち

リトアニアの名のもとに　統一に（……ユダヤなし《ベ・ジードゥー》）〔リトアニア国歌「民族讃歌」の最後の一節「リトアニアの名のもとに　統一に栄えあり《テジーディ》」をもじった表現〕

一九四〇年にソヴィエトがリトアニアを占領すると、ユダヤ人に対する憎悪が高まった。なぜか。やつらユダヤ人はロシア人を花束で迎えたから。やつらユダヤ人はリトアニア人をシベリアに送ったから。やつらユダヤ人は指導層の地位をすべて奪ったから。やつらユダヤ人はＮＫＶＤ〔内務人民委員部〕の監獄でリトアニアの愛国者を取り調べ、拘禁し、拷問にかけたから。

ユダヤ人に関する真実――当時のリトアニア人はこのようなことを見聞きしていたのだった。

ソヴィエト当局のなかにユダヤ人がいた。

これは真実である。スメトナ政権〔一九二六年から四〇年までの権威主義政権〕内にユダヤ人はいなかった。ユダヤ人は公務員になる資格を有していなかったのである。ソヴィエト体制になっていきなりユダヤ人が統治機構内に現れたため、ユダヤ人はとても目立つ存在となった。それは、〔リトアニア人を〕非常に苛立たせた。そのようなユダヤ人は多くなかった。しかし、ユダヤ人がいたこと自体が問題だったのである。

ユダヤ人は赤軍を花束で迎えた。

赤軍の到着は、ユダヤ人にとって死からの救出を意味した。しかし、赤軍を一番最初に迎えたのはユダヤ人ではなくリトアニア軍の兵士だったのだ。彼らは、「軍司令官ヴィトカウスカス将軍および軍参謀長プンゼヴィチュス将軍による六月一五日の命令」に従って、できる限り友好的に赤軍を迎えた。「〔赤軍の〕戦車がリトアニアの道路を走っている途中、燃料不足で動けなくなり、リトアニア軍の燃料輸送車がそのタンクに燃料を注入するというアクシデントもあった」[1]という〔一九四〇年六月、体制転換が起きた当初は、それまで続いていたスメトナ権威主義体制が終焉することにより民主化が進むとの見立てから、リトアニア人のあいだにも体制転換を歓迎する声はあった。しかし、彼らの多くはこのとき、体制転換がのちにリトアニアの独立喪失とソヴィエト連邦への編入に至るということまでは、まだ予期していなかった。そのため、赤軍を歓迎した者の多くは、あくまでスメトナ権威主義体制からの「解放者」として赤軍を歓迎したにすぎなかった。また、政治指導者や軍関係者のなかには独立喪失の危機を感じていた者もいたが、赤軍に友好的に接することでそれを極力避けようと努めていた。いずれの場合も、赤軍を歓迎したからといってソヴィエト支配まで歓迎したわけではなかったという点は留意しておく必要がある。リトアニア人で自国の独立喪失やソヴィエト支配まで歓迎していたのは、ごく一部の共産主義者のみであった」。

ユダヤ人は共産主義者かそのシンパだった。

事実は次のとおり――「一九四一年一月一日時点でのリトアニア共産党の構成は、リトアニア人が六三・五パーセント、ユダヤ人とロシア人がそれぞれ一六パーセントであった[2]」。

ユダヤ人の財産に関して、ソヴィエトによる損害はなかった。

事実は次のとおり――「ソヴィエト当局により国有化された企業の約八三パーセントはユダヤ人が所有していた[3]」。

ユダヤ人はシベリアには送られず、ユダヤ人が私たちをシベリアに送った。

事実は次のとおり――「一九四一年にシベリアに追放された人びとのうち、二割以上をユダヤ人が占めていた[4]」。

ユダヤ人と共産主義者を結びつけるプロパガンダ的戯画。「さよならリトアニア、君の近くで暮らすのは楽しかったよ」（上部）、「破滅へ」（中央の看板）と書かれており、リトアニアを裏切りソヴィエトに付いたユダヤ人には破滅が待ち受けていることを示唆している。リトアニア特別文書館に所蔵されているミーコラス・ナウヨカイティスに関するファイルのなかに保管されている

「住民追放作戦の指揮のために組織された中央本部、これに属する九人全員がロシアから来た人たちであった。ブィコフ、バクーリン、ゲラシモヴィチ、グゼーフ、ホレヴァ、イヴァノフ、メドヴェージェフ、ニコリン、ポポフである」[5]。

保安当局者の多くはユダヤ人だった。

事実は次のとおり――「一九四一年五月末時点で保安当局の五二・二パーセントはロシア語話者が占めており、保安機関で働く人の三一・二パーセントがリトアニア人、一六・六パーセントがユダヤ人であった」[6]。

ユダヤ人はライネイの森で私たちの同胞を殺した。

以下は、ライネイでの殺害を実行した〔リトアニア人ソヴィエト当局者の〕ドマス・ロツュスの証言である――「射殺を実行したのは赤軍兵でした。私たち〔ソヴィエト当局者〕のなかで現場にいたのは、NKGB〔国家保安人民委員部〕支局長のペトラス・ラスラナス〔リトアニア人〕、執行委員の〔アレクセイ・〕ガルキン〔ロシア人〕、看守のポツェヴィチュス〔リトアニア人〕でした」[7]。

「ナショナリストやリトアニアの反ユダヤ主義者(そしてのちのナチ占領者のプロパガンディスト)に対して、ユダヤ人共産主義者がどのようなカードを手渡したのか、〔一九四〇年の段階で〕ユダヤ人共産主義者には想像もつかなかった[8]〔すでに述べられているとおり、ユダヤ人が体制側に出現するというそれまでになかった事態に直面したリトアニア人のなかには、「国内のユダヤ人がソヴィエトによる占領を招いた」といった印象を受けた者も少なくなかった。そのため、ユダヤ人共産主義者が体制側に加わったことで、リトアニアのナショナリストや反ユダヤ主義者たちにユダヤ人迫害を正当化する口実（「カード」）を与えてしまい、それが翌年のホロコーストへとつながっていくことになった。しかしユダヤ人共産主義者自身は、一九四〇年の段階ではそのことにまだ気づいていなかったのである」。

「ユダヤ=ボリシェヴィズムというイメージはリトアニアで生まれたのではなくドイツで出現したのであり、それをリトアニアに植えつけるのに貢献したのがリトアニア人行動主義戦線〔LAF〕であった」[9]。

一九四一年春、ベルリンからリトアニアに声明文が流入するようになる。

リトアニア人行動主義戦線

行動主義者の敬礼は、右手を高く挙げるものとする。

——リトアニア人行動主義戦線がリトアニア民族に対して出した声明文[10]

リトアニア人行動主義戦線（LAF）は、ベルリンにあるカジース・シュキルパ駐ドイツ・リトアニア公使の自宅で組織された。〔独ソ戦の〕開戦の半年前のことだった。リトアニアはソヴィエトに占領され、リトアニアは、静かだった。〔リトアニアの住民の多くは〕ソヴィエトによる追放をまだ経験しておらず、しかしまもなく経験することになる〔一九四一年六月、ソヴィエト当局は、バルト諸国、旧ポーランド東部（現在のベラルーシ西部およびウクライナ西部）およびモルダヴィア（現モルドヴァ）から、数十万人の住民を追放することとし、リトアニアでは、六月一四日からこの追放作戦が実行に移された。これは、リトアニアの住民がソヴィエト時代に被った犠牲のなかで最も凄惨なできごとの一つとされている〕。他方、国外には独立期リトアニアの政治家ら数千人がいて、彼らが行動を起こし始めていた。

アドルフ・ヒトラーの50歳の誕生日を祝う式典でのリトアニア人出席者たち。向き合う二人のあいだに立っているのがカジース・シュキルパ駐独公使（当時）。リトアニア国立中央文書館所蔵

　シュキルパはリトアニア軍で最初の志願兵〔リトアニアが独立を宣言した一九一八年に軍が組織されたとき、その志願兵として最初に登録に来たのがシュキルパだった〕であり、野心のある政治家だったが、アンタナス・スメトナ大統領はなぜか彼を首相に任命しようとはしなかった。スメトナは、LAFが組織されたときにはすでに米国にいた〔体制転換によりリトアニアからドイツに逃れたスメトナは、その後スイス、ポルトガル、ブラジルを経由して米国に移った。彼が米国に到着したのは一九四一年三月のことであり、LAFが組織された四〇年一一月の時点では、彼はまだス

イスのベルンに滞在中だった〕。米国はリトアニアの中立を支持していた〔スメトナは、大統領在職時、リトアニアは中立を維持すべきと唱えていた〕。シュキルパはすでにベルリンに長く在住していて、リトアニアの運命はヒトラーのドイツとともにあると見ていた。ベルリンには多くの友人がいた。シュキルパは、LAF発足に向けた活動計画についてドイツ国防軍の司令部と交渉していた。「カジース・シュキルパは、ドイツ国防軍最高司令部（OKW）、国防軍情報部〔アプヴェーア〕、親衛隊保安部（SD）との関係を維持していた。シュキルパはリトアニアの中立に反対し、ドイツとの緊密な経済的・軍事的国家連合を唱えた」[11]。LAFメンバーの会合が開かれ、ボリシェヴィキやユダヤ人との戦いに向けてリトアニア人を集めるための情報宣伝資料《プロパガンダ》が準備された。それは、ドイツとともに行われるべき戦いだった。LAFは、ドイツ軍がリトアニアに進入するその日に〔リトアニア人が〕蜂起を起こすよう画策し、ドイツ高官もこの計画に同意していた。

LAFに新たに加わった若き法学者ミーコラス・ナウヨカイティスは、一九四〇年の冬、ゲスターポの支援を得ながらソヴィエト占領下のリトアニアからドイツへと国境を越えた。米国に住む兄のもとに行くためだったが、それは叶わなかった〔著者のヴァナガイテによれば、ナウヨカイティスの越境の目的が米国への渡航だったことについてはリトアニア特別文書館の資料に書かれているという。しかしナウヨカイティスはのちの回想録で、ドイツに渡航する前からLAF関係者とすでに接触をしていてドイツへの渡航はシュキルパとの面会が目的だったと述べている[12]。なお、文書館の資料に対する著者ヴァナガイテの態度については「訳者解説」も参照のこと〕。ベルリンで仕事を見つけたナウヨカイティスはまもなく、LAFの任務により、本国のリトアニア人に向けられた情報宣伝資料を手に、リトアニアに戻った。ナウヨカイティスがやるべきことは、リトアニア人を奮起させ、カウナス、ヴィルニュス、パネヴェジース、ウテナにLAFの拠点をつくることだった。四月初め、LAFの手配により、ティルジット〔ソヴィエト・リトアニアとの国境近くの都市〕でドイツ人が彼の到着を待っていた。彼が無事国境を越えるのに必要なものはすべて用意されていた。ピストル二丁に弾薬、秘密のインクを製造するための化学品、それにリトアニアで待つ人たちに手渡すLAFの声明文である。警備犬を連れてパトロールしていたソヴィエトの国境警備兵が、国境を越えようとしていたナウヨカイティスら三人を見つけて発砲したため、LAFの勇敢な通信員だったナウヨカイティスは傷を負った。彼は、LAFの指導者らが準備した宣伝資料がすべて入った書類入れを捨てて逃走したのだった。

声明文は、将来の対ソヴィエト蜂起に向けてリトアニア人の闘争心を掻き立てるものだった。

すべてのリトアニア人に。読み終えたら別の人に回すこと。

ユダヤ人を追いだせ

ゲディミナス〔一四世紀のリトアニア大公〕の時代にユダヤ人がリトアニアに流入した。

ポーランド人貴族の軛《くびき》のとき、リトアニア人は農奴となりユダヤ人は商人となった。

ツァーリ・ロシアがリトアニアを征服すると、ユダヤ人世界はさらに繁栄し、自由がなかったリトアニア人は出版物までも失った〔帝政ロシアでは一八六四年から一九〇四年までラテン文字によるリトアニア語の出版が禁じられていた〕。

〔第一次世界〕大戦の嵐でロシアの鎖はなくなったが、我が民族の寄生虫は私たちを蝕《むしば》み続けた。ユダヤ人である……。

ボリシェヴィキがリトアニアを占領すると、ユダヤ人は皆、だれもかれもが赤いぼろきれを手にしてボリシェヴィキを迎えた。ユダヤ人は、共産主義により、私たちにユダヤ奴隷制を押しつけ、歓喜した。

リトアニア人たちよ、こんにちこの悪党どもによってそなたの親族や友人が殺されている。リトアニア全土がその最良の息子らの血に溺れている。

ミンダウガス〔一三世紀のリトアニア王〕、ケーストゥティス〔ゲディミナス大公の息子〕、ヴィータウタス〔ゲディミナス大公の孫〕といった男たちが命を捧げたのは、このようなリトアニアのためではない。

独立戦争で斃《たお》れたリトアニア人志願兵たちが信じたのは、このようなことではない。

永く隷属させられているリトアニア人たちよ、いざ自由のための戦いへ。

流された無実の兄弟の血に対し、ユダヤ人と共産主義者は死をもって復讐を果たせ。

呪われた詐欺師、搾取者、殺人者の種族を永遠に抹殺せよ。

まだ生きているリトアニア人は、ユダヤ奴隷制から祖国を解放せよ。[13]

「リトアニアのユダに告ぐ」という別の声明文は、次の文で締めくくられていた。「そなたらが穢し傷つけたリトアニアは、すでに決起する用意ができている。自由はそなたらの遺体を越えて我々のもとにやってくるのだ[14]」。

ナウヨカイティスが投げ捨てた書類入れからは、以下の数の声明文が見つかった。

「ユダヤ人を追いだせ」――六九点。

「リトアニアのユダに告ぐ」――九三点。

「ユダヤの軛からリトアニアを永遠に解放せよ」――三五点。

書類入れのなかにあった声明文でも、ほかのＬＡＦの文書でも、戦前の独立国家を復活させるとか独立を継続させるといったことは言及されなかった。書類入れでリトアニアに運ばれようとしていた文書のなかには、「独立期リトアニアでは、自らの利益のためにリトアニア人をひどく搾取したユダヤ人や類似分子は、取り締まられていなかった[15]」と遺憾の意を示すものもあった。

ナウヨカイティスは数日後に国境近くで〔ソヴィエトに〕逮捕され、再び傷を負うことになった。ＮＫＶＤによる取り調べのとき、彼は、ベルリンのＬＡＦ本部でなにが行われていたのか、そして指導者たちが誰なのかを語った。しかしカジース・シュキルパの名は明かさなかった。ナウヨカイティスは拘禁されたものの、一カ月半後に戦争が始まったため、再び自由の身となった。一九四四年、彼はドイツ人とともに西側に脱出した。そして一九九八年、リトアニア大統領ヴァルダス・アダムクスは、ナウヨカイティスにヴィーティス十字司令官十字勲章を授与した。

ＬＡＦの指導者で帝国《ライヒ》の友人であり、リトアニアの愛国者でもあったシュキルパは、蜂起の計画についてドイツ軍高官と協議していた。シュキルパ自身、回想録『蜂起』のなかで「リトアニア人の蜂起はＯＫＷの情報をもとに準備された」と述べている。[16] 彼が計画した蜂起の目的は、リトアニアがソヴィエト占領者と敵対していることをドイツや世界に示すこと、そして独立を達成することだった。リトアニア人の奮闘と帝国《ライヒ》に対する忠誠を見たドイツ人は、リトアニアに独立を授けてくれるに違いない――シュキルパはそう信じていた。シュキルパは、ドイツ当局にとってこれほど都合のいい存在の自分は〔リトアニアという〕国のハンドルを握ることになるだろうと考えていた。ドイツは〔シュキルパが計画した〕蜂起を歓迎し、その計画過程に関わったが、独立達成というシュキルパの話には耳を貸そうともしなかった。

帝国《ライヒ》は、自分たちの軍事計画を忠実なリトアニア人にも知らせなければならない、とは考えていなかった。シュキルパの回想によれば、ベルリンの印刷所で働いていたＬＡＦのメンバーの一人が、六月二一日の深夜に、「東部戦線へ」というヒトラーの声明文が印刷された紙の束を偶然目にしたという。LAFの指導者らはヒトラーが土曜日から日曜日にかけての夜に攻撃するのを好むことを知っていたので、ヒトラーが六月二二日未明に戦争を始めることを理解した。同日、ベルリンのラジオで「ユダヤの軛からリトアニアを永遠に解放しよう」というLAFの声明文が読みあげられた。そして、この声明文はすぐにリトアニアで広められた。

ユダヤの軛からリトアニアを永遠に解放せよ

兄弟姉妹のリトアニア人よ！　長く待ちわびたときがまもなくやってくる。リトアニア民族が自民族の自由を回復し、リトアニア国家の独立を再建するときである。［…］

こんにち、私たちは全員、共通する二重の敵に対する戦いに臨んでいる。その敵とは、赤軍であり、ロシア・ボリシェヴィズムである。［…］この敵の最大にして最も謎めいた支援者はユダヤ人であると、私たちは皆確信している。ユダヤ人はいかなる国民や共同体にも属していない。祖国も国家も有していない。ユダヤ人は常にユダヤ人でしかないのだ。［…］ロシア共産主義とその永遠なる召使いのユダヤ人は、共通する同一の敵なのだ。ロシア共産主義の占領とユダヤ世界の奴隷制を廃止することは、広く最も神聖な事柄である。［…］

我らが指導者ヴィータウタス大公は、ユダヤ人はもてなしの義務を侵害したりしないと信じ、リトアニアに居住する権利をユダヤ人に与えた最初の人物であった。しかしイスラエルのダニにとってそれは、リトアニア民族の身体につく最初の機会でしかなかったのだ。そのあとすぐ、ユダヤ人は、［…］いかさま行商人、金貸し屋、高利貸し、酒場の起業者としてますます広まっていった。［…］

最も邪悪な非常委員《チェキスト》、リトアニア人を密告する者、逮捕されたリトアニア人を拷問にかける者もまたユダヤ人であったし、今でもそうである。［…］一言で言えば、ユダヤ人は、あらゆるところでイヌのようにリトアニア人労働者、農民、町民を拷問にかけ搾取する、欲深きダニなのである。［…］

リトアニア人行動主義戦線は全リトアニア民族の名のもと、最も厳粛に以下を宣言する。

一、ヴィータウタス大公の時代にユダヤ人に与えられたリトアニア居住に関する古き権利は、完全かつ最終的に廃止される。

二、リトアニアのユダヤ人は例外なく全員リトアニアの土地からただちに立ち退くよう、断固として警告する。

三、リトアニア国家に対する裏切りおよびリトアニア民族の迫害、拷問または虐待行為で特に知られるユダヤ人は、別に責任が問われ、適切な罰に処される。［…］品行方正なすべてのリトアニア人の義務は、そのようなユダヤ人を捕らえるための対策を施し、重要な局面において処罰を下すことである。

四、リトアニアのユダヤ人が所有していたか現在も所有している不動産［…］については、所有権がリトアニア民族に移される。〔…〕〔…〕新たに再建されるリトアニアにおいては、いかなるユダヤ人であろうと市民権も居住の可能性も有しない。これにより、過去の過ちは正されるであろう。これにより、私たちアーリア民族〔リトアニア人のこと〕の幸福な未来と創造物に向けた強固な基礎が築かれるであろう。〔…〕

リトアニア人行動主義戦線[17]

一九七三年、米国に住んでいたカジース・シュキルパは回想録『蜂起——リトアニアの主権回復のため』を出版し、LAFの重要な文書を公開した。しかし、ユダヤ人に関する記述はすべて消されていた——時代が変われば文書も変わる。

◆蜂起

赤軍は、一九四一年六月二二日に戦争が始まると、倉庫に多くの武器を残したままリトアニアから東方へと撤退した。リトアニアがソ連領ではないことをドイツに示し、一九四〇年にソヴィエト軍に一発の銃弾も浴びせることができなかったという恥辱を洗い落とそうとしたLAFのカウナス拠点は、六月二三日に蜂起を開始した。一九四〇年の英雄を挙げるとしても誰もいないと歴史家は述べるが、一九四一年六月は前の年とはまったく異なり、リトアニア人の英雄たちが占領者に対して蜂起を起こしたのだった。反乱者たちは、ソヴィエトによって拘置されていた人びとを解放し、橋を破壊し、撤退中の赤軍兵士たちと戦った。反乱者たちは全員、ドイツの指示に従って袖にTDA〔民族労働防衛大隊の略〕と書かれた白い腕章を着用していた。その白い腕章には、おそろしい未来が待ち受けていた……。

反乱者たちとはどのような人たちだったのだろうか。「武装した蜂起勢力は、行動主義者、パルチザン、防衛隊、補助警察〔ドイツ当局の命令を実行するために組織されたリトアニア人軍事組織。リトアニア国内外でホロコーストに協力した〕、民族労働防衛大隊といったように、さまざまな名で呼ばれていた」[18]。反乱者たちは誰と戦ったのだろうか。撤退する赤軍と戦ったのは間違いない。でもそれだけだったのか。リトアニアの共産主義者とも戦ったのか。反乱者たちは、誰の指令に従って行動したのか。

ヴィルニュス精神病院で働いていた人たちのファイルがリトアニア特別文書館にある。開戦してから数日間、彼らは、反乱者として登録するために警察署に来るよう病院の会議で要求されていた。六月二五日、事務員や看護師だった彼ら全員に武器が支給された。そしてヴィルニュスのヴォキエチュー通りに住むユダヤ人を捕まえルキシュケス監獄に送るという任務が与えられた。数日間働かされた彼らは、数十のユダヤ人家族を捕まえ、その財産を押収し、ユダヤ人のアパートを封鎖した。ルキシュケス監獄に拘禁されたユダヤ人は、すぐに「特別部隊に引き渡された」か「ドイツ保安警察に引き渡された」――監獄の記録帳には氏名の横に、そう書かれていた[19]。このユダヤ人家族らはボリシェヴィキだったのだろうか。ボリシェヴィキが全員ヴォキエチュー通りに住んでいたというのか。ところで、ルキシュケス監獄の囚人登録簿によれば、ユダヤ人の登録は〔開戦前の〕一九四一年六月六日からすでに始まっていた。

いずれにせよ、リトアニアの男の多くが武器を手にし、祖国のために戦うことを信じていた。男たちは、自らの愛国心が無実の人びとを殺すのに利用されるかもしれないとは想像もしていなかった。白い腕章は、白くあり続けるはずだった。

どれほどの人たちが蜂起したのだろうか。カジース・シュキルパの著書には一〇万人とあるが、歴史家アルフォンサス・エイディンタスの見解によれば、この数字は、「共産主義廃止のためにリトアニアが多大な貢献をもたらしたことをドイツに示そうと、明らかに水増しされたものである。歴史家ヴァレンティナス・ブランディシャウスカスの計算によれば、ＬＡＦメンバーと蜂起した行動主義者、いわゆるパルチザンを合わせた数は、六月蜂起の時点で二万人に満たず、約六〇〇〇人が殺された[20]」という。

私の祖父ヨナス・ヴァナガスは、一九四一年六月最終週にカヴァルスカスの家を出て蜂起に加わり、武器を入手したと見られる。そして白い腕章を着用し、憎きソヴィエトとの戦いに加わった——祖父に関するファイルにあった祖父の供述調書や証言者からの事情聴取にはそのように書かれていた。ソヴィエトが彼の土地を取りあげ、貧しい人びとに配分したばかりのことだった。ＮＫＶＤの取り調べで証言した人によれば、開戦直後の数日間、カヴァルスカスの学校に隠れていた赤軍兵を祖父を含む何人かで撃ったという。そのころ祖父は、〔赤軍の〕戦車が〔リトアニアから〕撤退できないようにカヴァルスカスを通る道の上に木を積み重ね、〔リトアニアに来る〕ドイツ軍が〔赤軍に〕追いつけるようにしたという。このように愛国者であった祖父は、ソヴィエトが〔リトアニアに〕戻ってきたのちの一九四五年、国家反逆罪に関する〔ソヴィエト刑法典〕第五八条により有罪となった。彼は半年間収容所《ラーゲリ》で過ごしたのち、真の愛国者らしく一九四六年二月一六日の前夜に死去した〔二月一六日はリトアニアの独立記念日〕。

リトアニア人たち、特に軍人たちは、ヒトラーの軍隊を喜びと歓声で迎え、ロシア人の軍隊を銃弾で見送った。シベリア追放の最初の波のあとだったので、いかなる変化も救いだった。リトアニア人にとってヒトラーの到来は解放を意味したが、ユダヤ人にとっては地獄であり、混乱に包まれたユダヤ人たちはリトアニアから逃げだした。しかしまもなくドイツがリトアニアを征服したため、ソ連邦の奥地に撤退することができたのは全リトアニア・ユダヤ人のうち約六パーセントにすぎなかった。

独立期リトアニアの大統領アンタナス・スメトナは、カジース・シュキルパが準備した六月蜂起をドイツの仕業と評価した。[21]

リトアニア臨時政府

「自分の仲間」を殺すことは、生物学的・社会的・倫理的に正当化できない。しかし、将来の犠牲者が「他者」となったとき、道徳に反する行為を正当化する扉は開かれる。ユダヤ人の事例では、彼らを日常生活から排除する社会的な死が物理的な死に先行して起きた。公園や映画館、劇場、カフェ、レストランといった公共の場所には行けなくなったのだ。歩道を歩くことも禁じられた。黄色いダヴィデの星を衣服に付け、黒い太字の「J」（ユダヤの意）の印が身分証に捺されることで、彼らが他者であると明示された。彼らは、森のなかで切断前に印がつけられた木のような存在だった。まだそこにいたけれど、すでに「材木用」として選ばれていたのである。ユダヤ人がいなくても機能し続ける社会のなかで、彼らが社会の陰に陥るのは時間の問題だった。[22]

LAFのイニシアティヴにより、開戦して数日でリトアニア臨時政府（LLV）が樹立された。カジース・シュキルパが首相になるはずだったが、このとき予期せぬことが起きた。LAFの友人でありリトアニアの戦友だったはずのドイツは、このリトアニアの新たな首相をベルリンの自宅にすぐ軟禁したのである。ドイツの役人は二、三日おきにシュキルパがまだ自宅にいるかを確かめにアパートにやってきた。のちにシュキルパは、自宅から出ようとすればできたが友好的なドイツを苛立たせたくはなかった、と述べている。軟禁されたシュキルパに代わって臨時政府の首相を務めたのは、文学教師で批評家のユオザス・アンブラゼヴィチュスだった。彼はそれまで学校に勤務していた。

「ＬＡＦが樹立した政府はなぜ『臨時政府』と自称したのか」。アルフォンサス・エイディンタスはこう問いかけ、リトアニア人歴史家ゼノナス・レカシュスの言葉を引用している。「なぜなら、リトアニア民族に対して出されたＬＡＦの宣言にあるように『恒久的な政府は、ドイツとの協力関係が構築されたのちに樹立される』とされたからだ。つまり、リトアニアは、自国民ではなくナチ・ドイツの意向により樹立されることになったのである」[23]。

こうして結集した臨時政府は、感謝の意を示す情熱的な電報をヒトラーに送った。

解放戦争の嵐がリトアニアに吹き荒れたのちにユダヤおよびボリシェヴィキによる占領を破壊しリトアニアの土地を解放してくださったこと、そしてリトアニア民族を救出してくださったことに対して、リトアニアの自由社会を代表してドイツ民族の指導者である貴殿に心から深謝の意を表します。そして、貴殿の天性により、ユダヤ教・ボリシェヴィズム・金権政治の解体、住民の自由の擁護、西欧文化の保護、そして新欧州秩序の実現に向けて貴殿が率いる勝利の行進に、リトアニア民族も加わる運命にあることを切望いたします[24]。

一年前の一九四〇年八月、「選出された」ばかりのリトアニアの〔親ソ〕政権がもう一人の偉大な指導者〔スターリン〕を歓迎したときと比較してみよう。

リトアニアのソヴィエト連邦への編入という問題が検討されました。そしてここに私たち代表団がやってきております。代表団の先頭にはジベルタス同志が旗を持っております。赤いビロードの旗で、縁には金のフリンジが付いており、内側には赤い五芒星と全世界に名を誇る偉大な人物の肖像があります。レーニンとスターリンの肖像です。旗の後ろを歩いているのはモティエユス・シュマウスカス同志で、LSSR〔リトアニア・ソヴィエト社会主義共和国〕議会《セイマス》の宣言書を手にしています。宣言書は赤い文字で書かれ、金の額縁とスターリンの白い薄肉彫りで飾られています。続いて歩いているのはサロメヤ・ネリスで、スターリンに関する詩を手にしています。この詩は、一つの版に金色の字で書かれたものです。[25]

モスクワはリトアニア人代表団を大きな拍手で迎えた。帝国《ライヒ》の指導者は、リトアニアの歓迎の言葉には反応を示さなかった。私たちにとってはスターリンのほうがより親しい友人だったということだろうか。

興味深いのは、リトアニア臨時政府のことを高く評価する在外リトアニア人歴史家が、このヒトラーに対する歓迎の言葉について述べていることである。二〇一〇年、シカゴにあるリトアニア学調査研究センターのアウグスティナス・イゼリスは、臨時政府の歓迎の言葉に関して次のようにコメントしている。

私は、どのような意味もそれに付け加えたりしない。歓迎は歓迎であって、なんの意味もない。皆が皆を歓迎する。それはどちらかと言えばエチケットや儀礼であって、本質的なことではない。[26]

レジスタンスの歴史を研究するミンダウガス・ブロズネリス〔彼自身六月蜂起の参加者でもある〕[27]は、次のように述べる。

死の淵から生還したばかりの人たちを想像してほしい。ユオザス・アンブラゼヴィチュス＝ブラザイティスやアドルファス・ダムシス、プラナス・パダリスら臨時政府の人たちの多くは、直前までまったく別の場所で毎日寝泊まりしていて、NKVDが彼らを捜索し捕まえていた。潜伏生活を送ったり精神的・肉体的拷問を生き抜いたりした人たちは、突然救出されたように感じたのだ！　彼らだけでなく、数万人の人たちがそうだった。真の地獄から彼らを救出するのに関わった勢力に感謝せずにはいられなかった。この感情の訴えは純粋なものである。

他方で、政治のことも多少はあった。すなわち政界への進出である。彼らが注目を集めようとしたとき、彼らがどのような人物なのか知られていただろうか。そこでヒトラーに対する歓迎の言葉である。これは、ドイツ軍が進入する先の国の代表者たらんとする人間たちによる売り込みだった。なんらかの関係を期待するのであれば、ドイツ人と会うことは避けられないし、まずはドイツ人に挨拶しなければならない。これは自然なことなのだ。[28]

数日が経過し、リトアニアの反乱者たちはドイツの指令により武装解除させられた。六月二八日、臨時政府からカウナスの軍司令官に任命されたユルギス・ボベリスが、武装解除させられた反乱者たち――パルチザンだった彼らは、新たに志願兵となった――を集めて民族労働防衛大隊（ＴＤＡ）

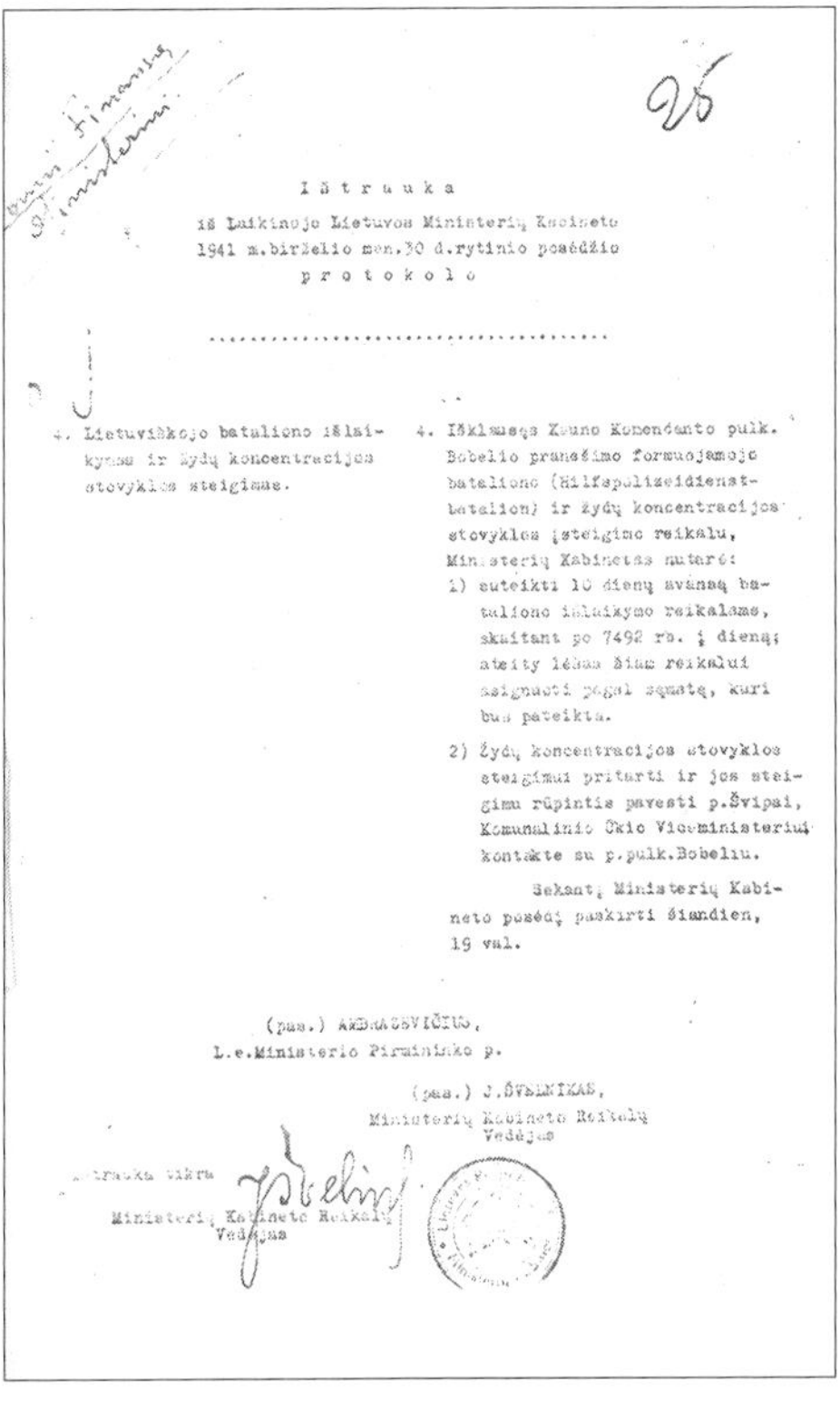

Ištrauka
iš Laikinojo Lietuvos Ministerių Kabineto
1941 m.birželio mėn.30 d.rytinio posėdžio
protokolo

....

4. Lietuviškojo bataliono išlaikymas ir žydų koncentracijos stovyklos steigimas.

4. Išklausęs Kauno Komendanto pulk. Bobelio pranešimo formuojamojo bataliono (Hilfspolizeidienst-batalion) ir žydų koncentracijos stovyklos įsteigimo reikalu, Ministerių Kabinetas nutarė:

1) suteikti 10 dienų avansą bataliono išlaikymo reikalams, skaitant po 7492 rb. į dieną; ateity lėšas šiam reikalui asignuoti pagal sąmatą, kuri bus pateikta.

2) Žydų koncentracijos stovyklos steigimui pritarti ir jos steigimu rūpintis pavesti p.Švipai, Komunalinio Ūkio Viceministeriui kontakte su p.pulk.Bobeliu.

Sekantį Ministerių Kabineto posėdį paskirti šiandien, 19 val.

(pas.) ANDRAŠEVIČIUS,
L.e.Ministerio Pirmininko p.

(pas.) J.ŠVELNIKAS,
Ministerių Kabineto Reikalų
Vedėjas

...trauka tikra
Ministerių Kabineto Reikalų
Vedėjas

カウナスにおけるユダヤ人強制収容所の設置に関するリトアニア臨時政府の閣議録。リトアニア国立中央文書館所蔵

を組織した。リトアニアでは、このような大隊が占領期を通じて二〇ほど組織された。これら大隊は、〔リトアニアが独立を回復した暁には〕新たに創設されるリトアニア軍となることが期待されていた。

大隊の兵士たちは、リトアニアで最初の強制収容所であるカウナ

ス第七要塞に連行されたユダヤ人の監視にあたった。しかし、カウナス大隊に属する第一中隊と第三中隊がただちにナチに雇われ、第七要塞でユダヤ人射殺を行った。一度の作戦で二五一四人のユダヤ人が殺された。ユダヤ人の大量殺害が始まると、大隊兵士の一部は脱走した。七月五日から一一日までのあいだに一一七人の兵士が逃亡し、約一〇〇〇人が残った。残った兵士はカウナス市内の各要塞などで民族労働防衛を続けた。そして数千人、のちに数万人のリトアニア・ユダヤ人を「整理」した。その「整理」を指揮したのは、ブロニュス・ノルクス中尉とユオザス・バルズダ中尉、そしてアナトリユス・ダギース中尉だった。

臨時政府は戦前のリトアニア行政組織、自治体、警察をすぐに復活させた。非国有化法を発布し、ユダヤ人を除くすべての人たちの所有権を戻した。「制限は拡大し、ユダヤ人は特別な場所に集められ、大量抹殺に近づいた。七月、リトアニア人諸機関はドイツ側からの行政指示をただ繰り返しているだけだった[29]」。

当時ベルリンで自宅軟禁下にあったシュキルパは、未だにドイツによる冷遇が信じられず、ヒトラーやリッベントロップに宛てて嘆願書や覚書を書いていた。

雄弁だった。六月二三日、軟禁下にあったリトアニアの首相は、ドイツ外相ヨアヒム・フォン・リッベントロップに書簡を宛て、リトアニアを解放してくれたことについてリッベントロップとドイツ軍に感謝し、自分が祖国リトアニアに戻るのを認めるよう嘆願した。リッベントロップからの返事はなかった。六月二九日に事務員の一人に転送されたシュキルパの書簡には、次のような添え状が付されていた。「リトアニア人のシュキルパが帝国《ライヒ》外務大臣に宛てた書簡三通を転送いたします。帝国外務大臣は返信不要と判断いたしました」[30]。その後シュキルパは、カウナスで執り行われる反乱者の葬儀への参列だけでも認めるよう求めた。しかしドイツ側の反応はなかった。シュキルパは指示書や計画文書を次々にリトアニアに送り、加えて、「非常に重要なのは蜂起を指導した人たちの名を広めること、なにより私について知らせることである。そうすることで、ドイツ側は私たちのことをもっと考慮してくれるようになるだろう」[31]という指示を臨時政府に出していた。

リトアニア臨時政府もドイツ側に書簡を送り続けた。臨時政府がドイツに忠実であると伝え、臨時政府を承認するか、せめて注目だけでもしてほしいと嘆願した。しかし注目してもらえなかった。リトアニア首相〔代行〕のユオザス・アンブラゼヴィチュスはこう語った。

ドイツの経済的要求を満たし、不当なことも容認するなど、各部局・省庁はできることはすべてやった。ドイツに対する支援と忠誠の対価として、ドイツはリトアニアに夢に見た独立をやがて与えてくれるだろうと〔臨時〕政府は信じている。〔…〕いつも一〇〇パーセント自分の願望を満たそうとしているさまざまな分野のドイツ下級軍人が、さまざまな要望や要求をもってさまざまな省庁にやってくる[32]。

リトアニア臨時政府は、リトアニアの名のもと尽力した。ユダヤ人の地位が悪くなるようなことはなにもしなかったと、臨時政府のメンバーだった人たちがのちに著した回想録やヴィータウタス・ランズベルギス教授〔元最高会議議長で独立回復後最初の国家元首〕の文章には書かれている。むしろ逆に、カウナス軍司令官のユルギス・ボベリスは、ユダヤ人がゲットーに移動するまでの制限時間を五時間から一カ月に延ばしたし、ボベリスは個人的にユダヤ人数人を第七要塞から逃したりもした。しかも臨時政府は、リエトゥーキス〔農業協同組合〕の車庫《ガレージ》やヴィリヤンポレでの殺戮を知った日に「公の場でのユダヤ人殺害は避ける」[33]と決定した。さらに臨時政府はのちに、ユダヤ人殺害に対して「良い意味で影響を与えることができなかった」[34]（首相〔代行〕の言葉）と遺憾の意を示した。臨時政府は、リトアニアにおけるホロコーストについて、これ以上はなにも語らなかった。

臨時政府はなぜ、同じくリトアニア国民であるユダヤ人のことを考慮しなかったのだろうか。一九三八年憲法によれば、リトアニア国民は全員平等だったはずなのに。その答えは簡単だ。

在外リトアニア人歴史家のアウグスティナス・イゼリスはこう述べる。

> 私の答えはこうだ。これは「考慮するかどうか」の問題ではなく、可能性の問題なのだ。負傷者が多く医師や看護師が不足している戦時下において、医療の現状はどうだったか。負傷者は二つに分けられた。生き残る可能性がより高かった人たちと、ときに救出が不可能だった人たちである。この状況を冷静に見る必要がある。しかしこれは、どちらか一方のグループに敵対するということではない。現実的に行動するということなのだ。可能性とリソー

スを考慮して。[35]

もう一人の在外リトアニア人歴史家、サウスカロライナ大学とヴィータウタス・マグヌス大学の教授であるケーストゥティス・スクルプスケリスはこう述べる。

LLV〔リトアニア臨時政府〕には、ユダヤ人を救える可能性がほとんどなかった。六月、戦争が始まった最初の週には、ユダヤ人殺害の問題を提起することすらできなかった。すべてが戦争だった。ドイツ人は、リトアニア人とポーランド人とロシア人とユダヤ人を射殺した。殺された多くはソヴィエトの役人である。ドイツ人や反乱者の手によって殺された。他方でボリシェヴィキもおぞましい殺戮を行った――プラヴィエニシュケスやライネイの森、チェルヴェニで……。周りはカオスだった。彼らは秩序を取り戻そうと試みていた。当時はユダヤ人について特別語る理由はなかった。戦争行為により、周りには数百人の死者がいた。反乱者たちがカウナスの集団墓地に埋葬された。最初に考慮すべきは、状況を安定化させ、通常の秩序を取り戻すこと。そのほかの問題はそのあとに解決されると考えられていた。[36]

ヨナス・マトゥリョニス臨時政府財相は、かつてリトアニア軍の軍人だったユダヤ人の代表者ヤコブ・ゴールドバーグと話し合った際、リトアニアの状況についてこう説明していた。

> ユダヤ人問題に関するリトアニア人の意見は一致していません。見解は三つ存在します。急進的見解によればリトアニアのユダヤ人は全員抹殺されるべきであり、穏健派は、強制収容所を設置し、ユダヤ人がリトアニア人に対して行った罪をそこで償わなければならないと要求します。三つ目の見解ですか？　私は宗教を実践するカトリック教徒です。私と同じような見解をもつ人たちは、人間から命を奪うことなどできないと信じています。それは神のみができることです。私は、誰かに反感を抱いたことは一度もありません。しかしソヴィエトが統治していたときには、私も私の友人も、ユダヤ人とともに歩むような道はないしこれからもないだろうと確信していました。私たちの見解では、リトアニア人はユダヤ人とは別であるべきですし、離れるのは早ければ早いほうがいいと思っています。このような理由からゲットーが必要なのです。皆さんはそこで私たちとは離れることになり、私たちを傷つけることもなくなります。それがキリスト教的態度なのです。[37]

数週間が過ぎ、臨時政府は、帝国《ライヒ》が臨時政府を相手にしていないことを理解した。臨時政府は忠誠心を示そうと頑張ったが、ドイツ人はそれを無視したのだった。ヒトラーに対する感謝の電報にすら返信がないままだった。臨時政府はそれでも必死に頑張った――おそらくは。臨時政府が活動を終了、すなわち〔閣僚の多くが〕辞職することになる数日前、臨時政府は「ユダヤ人地位規則」を発布した。

ユダヤ民族の人［…］は、居住地として選ばれた地域〔ゲットー〕に居住し、中心にＪの文字が書かれた黄色い八センチメートル大の円を左胸箇所に付ける。［…］
ユダヤ人は、以下を所持してはいけない。

a　ラジオ機
b　印刷機、タイプライター、その他印刷機器（輪転機、謄写版など）
c　自動車、バイク、自転車、その他機械による交通手段
d　ピアノ、グランドピアノ、ハーモニウム
e　カメラ[38]

この規則は、これ以前にドイツ人が発布した規則と比べ、比較的緩かったと言われる。例えば、ユダヤ人が公園を訪れることを禁ずる項目はここにはない。のちに亡命した臨時政府の閣僚たちは皆、この文書は偽造されたものだと異口同音に主張した。しかしそこには、Ｊ・アンブラゼヴィチュスの署名があった――なかった、とアンブラゼヴィチュスは述べているが。

一九四一年七月、ドイツ人の指揮下にあるリトアニアで、政治権力をめぐる実にリトアニアらしい戦いが起こっていた。ヴォルデマラス派〔アウグスティナス・ヴォルデマラス元首相を支持する急進右派〕のリトアニア人国民主義者《ナツヨナリスタイ》たちが臨時政府に対する反乱を計画していたのだ。同じ民族が政治権力

をめぐって争っていた。興味深いのは、アンブラゼヴィチュス〔臨時政府〕首相〔代行〕の証言である。数十年が経過し、身体が弱っていた孤独なアンブラゼヴィチュス（当時はもうブラザイティスだった〔アンブラゼヴィチュスは西側に逃れたのちに姓をブラザイティスに変えた〕）は、次のように著している。

回想録の執筆？　もう遅すぎる。そして書きたくもない。〔…〕私たちは成人であったが、国家は成熟していなかった。それを示すような文書をなんのために残すというのか。カウナス時代〔一九四一年の臨時政府の時期〕やヴュルツブルク時代〔一九四三年以降のリトアニア解放最高委員会（VLIK）の時期〕からずっと、すべての活動は、リトアニアの自由のためではなく、（自由のためという名目で隠されていたが）リトアニアで政治権力を掌握するために行われていた。非効率なこと、不必要な戦い、疑いの目、中傷合戦、そういったことがどれだけたくさんあったことか。私たちが過ごした独立期は実に短すぎたため、私たちは国家理性についてわかっていなかった。私は、私個人の印象でこう書いているのではない。それを示すような文書を読んだからである。なんのためにこのような惨めな証言を次世代に残すというのだろうか。[39]

歴史家アルフォンサス・エイディンタスはこうコメントする。「端的に言ってドイツ人は、自分たちの目的を実現するために〔リトアニア人の〕蜂起や再建された諸機関を利用し、若いリトアニア人政治家を欺いた。〔リトアニア人政治家たちが〕方針を誤ったことの代償は大きかった[40]」。

ユオザス・アンブラゼヴィチュス゠ブラザイティスを記念するもの――カウナスにある通りやヴィータウタス・マグヌス大学の講堂にユオザス・ブラザイティスの名が付けられている。二〇一二年、〔米国に埋葬されていた〕ユオザス・ブラザイティスの遺骨がリトアニアのカウナス復活教会近くに移され、ヴァルダス・アダムクス元大統領やリトアニアの兵士らが改葬式典に出席した。改葬にあたってリトアニア政府は三万リタスの予算をあてた。

カジース・シュキルパを記念するもの――ヴィルニュスのゲディミナスの丘の麓にある通りやカウナスのエイグレイ区にある通りにカジース・シュキルパの名が付けられている〔二〇一九年七月、ヴィルニュス市議会は同市内の「カジース・シュキルパ通り」を「三色旗通り」に改称することを決定した。これは、一九一九年一月一日にシュキルパ率いる志願兵一〇人がゲディミナスの丘にある塔の上にリトアニア国旗を掲げたことに因《ちな》む〕。カウナス中心部のゲディミナス通り二五番地にある建物にはシュキルパを記念する銘板が取り付けられていて、そこには次のように書かれている。「リトアニア軍を創設した志願兵であり、独立戦争従軍兵、制憲議会議員、軍参謀長、外交官、リトアニア〔人〕行動主義戦線創設者・指導者、リトアニア臨時政府首相、そしてヴィーティス十字勲章受章者である参謀長カジース・シュキルパ大佐（一八九五～一九七九年）は、一九二五年から二六年までこの宮殿で働いていた」。

「リトアニア住民のジェノサイドとレジスタンスに関する調査センター」〔リトアニアの歴史政策に関わる国家機関〕[41]は、シュキルパに関して次のように言及している。

ベルリンのＬＡＦ組織の活動のなかで反ユダヤ主義が政治のレベルにまで引きあげられ、それがリトアニア住民の一部によるホロコーストへの関与を促進した可能性があることを理由に、Ｋ・シュキルパや彼が指導した組織を非難することもできる。他方で、ジェノサイドではなくリトアニアからの追放という方法によって「ユダヤ人問題」を解決するようベルリンのＬＡＦ組織が提案していたことにも留意する必要がある。[42]

評議会顧問

一九四一年八月五日、ナチはリトアニアに文民当局を置くこととし、その責任者としてテオドール・アドリアン・フォン・レンテルン総弁務官をリトアニアに送った。臨時政府は評議会に改称するよう提案され、臨時政府の閣僚のうち三人が顧問という名でドイツ人の部下になることに同意し、顧問となった。九人の顧問のうち六人は〔ヴォルデマラス派を中心とする〕国民主義党《ナツヨナリスタイ》の党員だった。

臨時政府は、帝国《ライヒ》によって踏みにじられたリトアニアの独立という目標を目指し続けるために解散した。歴史家は、臨時政府の解散という状況のなかで必ずしも立派とは言えないようなこともあったと見ている。「活動停止にあたって臨時政府は、警察署長や軍司令官、リトアニア人大隊の隊長や兵士たち、行政機構で働く人たちに対して、自らの役職を辞するように公に命令したり、なんらかの特別な書類によってそれを指示したりはしなかった[43]〔すなわち、ナチ占領体制下で勤務し続けることを黙認した」」。

ペトラス・クビリューナスが初代総顧問〔各局の顧問を統括する役職〕に就いた。当局が代わっても下位の構造はすべてそのままだった。郡長（ナチの手先として最も重要だった）や市長、郷〔郡の下位にあたる行政単位〕長、警察署長、補助警察、裁判所はそのまま働き続けていたのである。リトアニアには約六〇〇〇人の警察官がいて、全員給料をもらい続けた。私の伯母の夫であるアンタナス・スタプリョニス中佐は、パネヴェジース保安警察の署長を務め続けたのちに自治体に転属となり、一九四四年まで自治体で働いた。直接統治が導入されるとドイツ語が公務で用いられる言語とされ、リトアニア語は許容言語とされた。

歴史家アルーナス・ブブニースによれば、「ナチの命令により地方自治は合法とされた。その命令の趣旨とは、指揮監督はドイツ当局が行い、統治に関わる実際の任務は地元の行政機関がドイツ人の指示に従いながら行う、というものだった[44]」。地方自治体は、ナチの命令を受け、殺害を計画した人たちに移動手段を提供したりユダヤ人に対する制限を設けたり、殺害のために穴を掘る仕事や殺害後に穴を埋める仕事を住民に割り当てたり、ユダヤ人の財産の競売や販売を手配したりした。国民主義党《ナツヨナリスタイ》のゼノナス・ブリーナス書記長は、自分や自分の同僚たちがドイツ文民当局とともに活動していた時期、戦争終結までの時期に、日記を綴っていた。愛国者ブリーナスの日記のなかから十数日分を見てみよう。

ある愛国者の日記

四一年八月一三日

ある人がヨニシュキスからやってきた。村の人たちにとってユダヤ人殺戮は共感しがたく、村ではユダヤ人によるテロルなどまったく広まっていない。そのため村は〔ユダヤ人に対する〕殺戮に関して息が詰まる思いをしている、とのこと。彼ら〔ユダヤ人〕を労働に駆りだして共産主義者を射殺するほうがまだましだと言う。リトアニア人があまりに多くの人たちを射殺したのはまずかった。ドイツ人が射殺の様子を撮影しているというのが本当だとすれば、なおさらまずい。[45]

四一年八月一四日

ロキシュキス郡の郡長と話した。九〇〇〇人のユダヤ人が今朝ロキシュキスで射殺されたと見られる。深さ三メートルの穴を掘り、ユダヤ人一〇〇人を連れてきて溝のなかに寝かせ、「起きあがった者は射殺する」と伝える。機関銃を持った数人が〔ユダヤ人を〕背中から撃ち抜くと、二〇~三〇センチメートルほど砂をかけて次の人たちを寝かせる。一度に一〇〇人のユダヤ人が連れてこられた。街から連れだすよう命じられたのである。彼らは荷物を持ってきていた。二キロメートル手前で荷物を置いて上着を脱ぐよう命じられた。ユダヤ人は運命を理解していた。まさに悲劇的な光景で、殺害を執行した人たちに影響があった。「第二弾」として、まだ二〇〇〇人（老人、女性、子ども）が残っているという。子どもは数に入れなくてもいいのではないかという人道的観点から、今は健康な人たち、若い男性を始末している。[46]

四一年八月二〇日

現状では、独立国家を与えてほしいと私たちから要求することはできない。現実的に見るべきだ。〔…〕ドイツ人は具体的になにも約束してくれないが、もし私たちが自分たちのことを信じて結束すれば、人を動員して〔ドイツを〕支援することもできるし、集められた大隊もおそらく支援してくれるはずだ。私たちは、真摯に支援する対価として私たち全員が熱望する独立国家が実現されると信じている。[47]

四一年八月二四日

ブルニュスが昨日、ロキシュキスでの殺戮について語ってくれた。殺戮は公の場で行われた。〔ユダヤ人たちは〕半裸になって深さ三メートルの穴のなかに飛び降りさせられたという。〔射殺した男たちは〕穴の周りを歩きながら彼らを撃った。脳みそや血が吹きだした。射殺した男たちは血まみれだった。〔男たちはユダヤ人を〕荷物と一緒に街から連れてきた。穴の前に立って半裸になれと命令した。女は泣き叫んでいた。地元の人たちも集められた。最初は笑ったりして満足げだったが、そのあとおそろしくなり、アーリア人〔リトアニア人〕の女性たちも叫び始めた。

これが殺戮。極悪非道だ。郡長は立ちあがって私にこう言った。ドイツ人が私たちの手を使ってそれを行うのなら、すべては静かに、公にすることなくスキャンダルにもならないように、実行されなければならない、と。ならず者は全部反対に行ったのだ。私はあいつのことを覚えておく。極悪人め。[48]

四一年八月三〇日

今『イー・ライスヴェー〔自由に向けて〕』〔LAFが一九四一年六月に発刊を始めた日刊紙。LAFの活動が停止させられたのちは別の発行元に引き継がれた〕には「私は民族を叫ぶ」という〔ベルナルダス・ブラズジョニス〔一九〇七〜二〇〇二年〕のおもしろい詩が掲載されている。

「私はあなたの苦難の地の名を叫ぶ
かつての城山、牧草地、森林の声で
復讐はやめなさい　呪いのせいで
あなたの子どもの　そのまた子どもに　熱い血痕が降り注がないように」

おそらくユダヤ人について言っているのだろう。
それでも私たちは、戦前から続く聖職者たちの反ユダヤ主義的宣言文を新聞に載せるのだ。
その罪が私たちに降り注ぎませんように。[49]

私たちの課題は継続である。嘆願→政治化→話し合い＝時間がかかる。一九一八年やほかの似たような状況を繰り返せば、ドイツ人は私たちに国家を与えてくれるだろうし、武器も提供してくれるだろう。ドイツ人がわかってくれるまで待つのだ。わかってくれる。今すぐでなくても、来年にはおそらく。[50]

四一年九月一八日
第一、第二、第三大隊が任務を担っている。全員私服を着用。マットレスは持っていない。床の上で横になった。なにも与えられていない。志願兵の気分は悪い。ユダヤ人……。[51]

四一年九月三〇日
大隊の兵士が最近、完全に酔っぱらって街じゅう歩き回っている。〔ラトヴィアの〕リーガに行くのだと話していた。そこに滞在するのだと。ユダヤ人の件は金曜日までに終わらせられないだろうか。この名誉ある殺人＝殺戮作業にリトアニア人も従事するのだろうか。[52]

四一年一〇月一三日
土曜日は夕食会だった。〔…〕私は、「アドルフ・ヒトラーとドイツ軍とドイツ民族と……（少し間をあけて）リトアニアに乾杯」と述べた。

ヴォキエタイティス博士は、私の乾杯の言葉はドイツ人に泥を塗る嘲《あざけ》りだったと言った。胸襟を開いてはいけない、平手打ちしてはいけない、という。ロップスの言葉を借りれば、そんなの「くそ食らえ」だ。[53]

四一年一一月二日

ヴィルニュスにはユダヤ人は約一万人しか残っていないらしい。リトアニア人は、ユダヤ人を五～六〇〇〇人ずつ列に並ばせてゲットーから連れだした。〔目抜き通りの〕ゲディミナス〔大〕通りにいるときでさえ、押したり殴ったりしたという。[54]

四一年一一月六日

〔ユオザス・〕バルズダが〔ベラルーシの〕ミンスク＝ボリソフ＝スルツク地区から戻ってきた。リトアニア人大隊は、四万六〇〇〇人以上のユダヤ人（ベラルーシのユダヤ人とポーランドから連れてこられたユダヤ人）、ロシア人共産主義者、ロシア人捕虜を射殺した。数百人のドイツ人が撮影していた。兵士はシラミに食われ、三割が皮膚病に罹《かか》っている。服装は乱れ、凍えている。服は持っていない。靴は底が抜けている。

ヴィルニュスの大隊は〔ポーランドの〕ルブリンに向かったと聞く。ヴィルニュスの人たちによれば、立派な務めに向けて「見送られた」という。まあドイツ人様ご一行も立派だ。ウクライナ人もラトヴィア人もエストニア人も。彼らは射殺していないのだ。私たちだけが射殺を行わなければいけない。[55]

四一年一一月二九日

リトアニア人兵士の軍団は、ドイツ人兵士が一度もしたことがないようなことをやっている。〔リトアニア人が〕それほど低く平伏しているのは、実におぞましい。現在第一大隊が射殺しているユダヤ人たちは、チェコから移送されてきた人たちだ。彼らはブラジルやアルゼンチンのビザを持っている。そして検疫所に移送すると聞かされているのだ。すべては合法的に行われ、彼らは道中で失踪したとされる。彼らを処分するのは〔リトアニア人の〕第一大隊だ。[56]

四一年一二月一三日

私にとって大事な原則、それはユダヤ人を何人か救うということ。リトアニアが遺体安置所や墓場と化していて、ビザを持ってドイツを出国したユダヤ人に対する恒常的な射殺を強いられているという事実には我慢できない。しかも射殺しているのは雇われ死刑執行人になってしまったリトアニア人であり、ドイツ人は私たちのことは撮影するのに自分たちのことは撮影しないのだ。このような卑劣なことにはもう耐えられない。[57]

四一年一二月一九日
これまでの時間と一九四二年一月一日までの期間の給料として、五万ライヒスマルクを受けとった。今日は一二月の給料として二三七・五七ライヒスマルクを受けとった。[58]

四二年一月六日
とにもかくにも、ユダヤ人を射殺し始めたのはリトアニア人であって、特に臨時政府の時期に始まったのだ。[59]

四二年一月一二日
酔っぱらった兵士がとにかく怒っていた。チェコ人は自分で穴を掘ろうとしないし穴にも入らない、（射殺されるときは）手を取り合ってチェコ国歌を斉唱するのだという。この兵士は永遠に呪われる。[60]

ゼノナス・ブリーナスは真のリトアニアの愛国者として、ほかの国民主義者《ナツヨナリスタイ》のように辞任したりはしなかったし、ソ連での運命を受け入れることもしなかった。〔一九四五年にソヴィエト当局によって〕逮捕され取り調べを受けたブリーナスは、なにも後悔したり否定したりせずに強気にふるまった。一九四六年一〇月一七日、アルハンゲリスク軍事裁判で銃殺刑を宣告されたブリーナスは、「リトアニアの自由と独立のためにソ連と戦ったときに、ほとんどなにも達成できなかったことが、非常に残念だ」、と語った。

一九四六年一二月六日、刑が執行された。

第4章　私たちの同胞――ユダヤ殺し

ユダヤ人が梯子《はしご》を登り　うっかり落ちちゃった
みんな　棒を手に持って　その子を叩きなさい

――子ども向けの読み物

民族労働防衛大隊

カウナスで六月蜂起が始まった。最も象徴的だったのは、復活教会の屋上にリトアニアの国旗が掲揚されたことだった。国旗を掲げたのは、蜂起参加者の一人、ブロニュス・ノルクス中尉で、彼はまもなく民族労働防衛大隊（TDA）の指導者の一人となった。

カジース・ボベリス〔一九一三年生まれ。ユルギス・ボベリス・カウナス軍司令官の息子で、リトアニアが独立回復したのちに国会議員を務めた（一九九二〜二〇〇六年）。二〇一三年に死去〕がノルクスの人物像に迫っている。

射殺の瞬間。リトアニア特別文書館所蔵

蜂起が始まってから三日ほど経ったとき、私たち若者はカウカス通りとアグオヌー通りの交差点あたりでサッカーをして遊んでいました。すると突然、一人の人がプルスー通りのほうからよろめきながらやってきたのです。リトアニア軍航空隊の青い軍服を着ていました――ボタンも肩章も付けずに。目は赤く、髪は乱れていました。片方の手には小瓶を、もう片方には回転式拳銃《リボルバー》を持っていました。怖かったです。その人は私たちのほうにやってきて「おいそこのガキ、ユダヤ人はどこだ」と訊きました。ああ、イエス様、マリア様！　見ていません。いません、ここには住んでいないのです。その人は私たちを怒鳴りつけ、空中に三回発砲しました。それからどこかへ消えていきました。そのあと、その人がリトアニア軍航空兵のノルクス中尉だったと知りました。ノルクスは、ボリシェヴィキがやってきたときに監獄に入れられました。カウナスが爆撃されると、監獄から逃げだしてきたのです。

ノルスクは最初、〔カウナス市内の〕ジャレカルニスに住む妻子のもとに向かいました。そして、家族は土曜日（六月二一日）に移送されたと隣人から聞かされたのです。細かいことはわかりませんが、ノルスクはそれから、シュナップス〔蒸留酒の一種〕を飲んで発砲しました。「代わりにユダヤ人を全員射殺する」と言っていました。そしてノルスクは大隊の隊長になり、ウマを手に入れました。彼は酔っぱらって落馬したとき、ウマに頭を蹴られたそうです。[1]

ブロニュス・ノルクスは中隊長に任命され、カウナスTDA〔民族労働防衛〕大隊での任務に就いた。六月二八日以降は「おいそこのガキ、ユダヤ人はどこだ」と訊く必要もなくなった。ユダヤ人は直接穴の前まで連れてこられるようになったからだ。七月四日、カウナス第七要塞の堀の前で四一六人の男と四七人の女が射殺された（カール・イェーガー・ナチ親衛隊大佐の報告書による）。射殺したのはTDAで、ノルクス中尉とヨナス・オベレヴィチュス少尉がこれを指揮した。[2] 七月六日には機関銃による射殺も行われた。二五一四人のユダヤ人が背中から撃ち抜かれた。射殺を指揮したのは、ユオザス・バルズダ中尉、アナトリユス・ダギース中尉、そしてノルクス中尉の三人であった。

私たちが知る限り、カウナス市内には十分な数の武装パルチザンがおり、公開射殺という形で作戦を継続することが可能である。

――イェーガー報告書[3]

TDAに所属する第三中隊の第七要塞での活動には「ドイツ人も私たち〔リトアニア人〕の指導者たちも満足していたようで、以後、あらゆる場所で第三中隊に任務が与えられた」[4]という。第三中隊には、約二〇〇人のリトアニア人兵士が所属していた。TDA(八月に「補助警察大隊(PPT)」と改称)第三中隊は、一〇月に二回、第九要塞で集中的に勤務した。彼らはゲットーから約一万人のユダヤ人を第九要塞に連れてきた。のちにはチェコスロヴァキアから二〇〇〇人のユダヤ人を引き受けた。この二〇〇〇人は、南米に移動する前に「予防接種を受けるため」としてカウナスに送られてきたのだった。ここでもノルクス、バルズダ、ダギースの三人が指揮をとった。イェーガー報告書によれば、ゲットーから第九要塞に連れてこられ殺害されたユダヤ人一万人のうち、約半数の四二七三人は子どもだった。リトアニアの各地方で行われた殺害のなかでは、一九四一年八月から九月に行われたものが最大だった。一二の大隊に一万二〇〇〇～一万三〇〇〇人のリトアニア人兵士が従軍した。八月、民族労働防衛大隊は改組され、カウナスでは補助警察第一大隊(PPT－1)と補助警察第二大隊(PPT－2)が組織された。

第一大隊は三万六〇〇〇人を殺害した。
第二大隊はベラルーシに派兵され、一五カ所で一万五四五二人のユダヤ人を殺害した。[5]

歯科技工士

私は人を殺すのが好きだった。

――プラナス・マテュカス[6]

一九六二年、ソヴィエト・リトアニアで開かれた裁判で「なぜユダヤ人を射殺したのか」と問われたプラナス・マテュカスは次のように答えた。「一九四一年、プラヴィエニシュケス（リトアニア国内に設置されたソヴィエトの強制収容所）で私は、遺体の山から助けられました。私たちを撃ったのは、ほとんどユダヤ人でした」[7]。

リトアニアが独立国だった時代、プラナス・マテュカスは印刷所で勤務しながら歯科技術を学んでいた。赤軍が撤退していたとき〔一九四一年夏〕、カウナスで赤軍兵に遭遇したマテュカスは、赤軍兵をポケットナイフで脅して小銃を手に入れた。そして彼は、民族労働防衛大隊に登録しに行った。彼には五歳と一歳の息子がいた[8]。

彼に関するファイルは一二冊に及ぶ。一九六一年一二月三日の事情聴取の調書には、以下のとおり書かれていた。

あれは一九四一年の夏でした。正確な日付までは覚えていません。七月だったでしょうか。私たち第三中隊は当時、ライスヴェス通りの大聖堂《ソボラス》近くに駐留していました。私たちは、バルズダ中尉、ノルクス中尉、スカルジンスカス中尉、ダギース中尉といった将校たちに連れられて、ジャレカルニスにあるカウナス第七要塞まで歩いて向かいました。別の中隊の兵士たちが要塞の監視にあたっていました。

　要塞には土塁に囲まれた窪地があって、そこで三〜四〇〇〇人のユダヤ人が監視されていました。屋根などはありませんでした。

　ユダヤ人の女性は一〇〇〇人ほどで、同じく第七要塞の地下塹壕で監視されてい

発砲を待つユダヤ人男性たち。リトアニア特別文書館所蔵

ました。

射殺は次のような手順で行われました。将校か下士官が率いる大隊兵士約一〇人が、窪地で監視下に置かれているユダヤ人男性を一〇人ほど連れてきます。爆発でできた大きな穴が五〇メートルか一〇〇メートルほど離れたところにあるので、そこまで連れてきます。それから穴側を正面にして縁に立たせて、数歩離れたところから射殺します。発砲すると遺体は穴に落ちました。武装した兵士は小銃で、将校のダギース、ノルクス、バルズダはピストルで撃っていました。

夕方になると射殺は中断されました。次の日、夜が明けるとすぐに要塞に向かい、収容された人たちがいる窪地の周りを囲みました。土塁の上には「ブルノ」型の軽機関銃が二、三丁置かれていました。バルズダとノルクスは、今すぐここで土塁の上から窪地に向かって撃て、と言いました。命令が出されると射撃が始まりました。撃たれる人たちはのたうちまわりましたが、あらゆる方向から銃弾が飛んでくるので、どこからも逃げだすことはできませんでした。

そんなめちゃくちゃな射撃が一時間半ほど続きました。窪地の底は射殺された遺体と血で覆われていました。私たち第三中隊は、なんらかの理由で兵舎に残っていた数人を除けば、ほぼ全員が射殺を行ったと言っていいと思います。私も撃ちました。何人射殺したのかわかりません。数えるなんて不可能でしたから。

窪地はだいたい五〇メートル四方の大きさで、土塁の高さは一〇メートルか一五メートルぐらいありました。[9]

ほかの大隊兵士も証言しているように、第七要塞でも第九要塞でも、〔ユダヤ人は〕穴のなかでうつ伏せになるよう言われ、そして射殺された。最初の人たちが射殺されると、次の人たちがその遺体の上で横になった。

同じファイルには、事情聴取を受けたユルギス・ヴォシーリュスの証言も入っていた。彼は次のように語っていた。

その要塞の周りには住宅がたくさんあったので、多くの地元住民が射殺を見に集まってきていました。私は監視役だったので、地元住民を追い払って近づけないようにしないといけませんでした。ですので、射殺自体の様子はよく見ていません。[10]

プラナス・マテュカスによれば、カウナス・ゲットーのユダヤ人はこのように殺されたのだった。やはりダギース、バルズダ、ノルスクといった将校たちが作戦を指揮していた。

一九六二年一月一五日に現場の第九要塞で行われたマテュカスに対する事情聴取は次のとおりだった。

夜、飲酒しないように言われました。朝六時だか八時だかには全員が兵舎にいて、作戦に向かわないといけなかったからです。禁酒を命令したのはバルズダかダギースです。

次の日の朝八時、私たちの中隊は整列させられ、全員ゲットーに向かいました。その作戦には大隊全体が参加しました。

私たちは、ユダヤ人男性、女性、子どもたち、合わせて約四〇〇人を別の兵士たちから引き渡されました。私たち兵士は八人か一〇人ぐらいで、監視のためにそのユダヤ人たちを引き受けると、第九要塞に連行しました。第九要塞は街から二キロメートルほど離れたところにありました。要塞の大きな窪地があるところにユダヤ人を連れてくると、監視役の別の兵士たちに引き渡しました。私たちはゲットーに戻り、次の一団を引き受けました。その人たちを要塞に送ると、もうゲットーには向かわずに、要塞に残りました。

要塞の、ジェマイチュー幹線道路から見て反対側には、細長い塹壕が三つありました。長さは一〇〇メートルくらい、幅と深さはそれぞれ二メートルぐらいです。

穴の近くに行くと、私が所属する第三中隊の兵士たちが三〇人ぐらいいました。彼らと一緒にいた将校は、バルズダ、ノルスク、ダギースです。それから、ドイツ人兵士と将校の一行もいました。

一回の射殺は私たち中隊兵士三〇人とドイツ人兵士一〇人で行い、ドイツ人兵士は自動小銃で撃っていました。将校はピストルでも撃っていました。そのとき私は、自分の小銃で六〇発か七〇発ほど発砲しました。一時間半ほど撃ちました。私個人が何人射殺したのか、正確な数は言えません。私たちは集団に向かって一斉に発砲したからです。私が射殺に参加したのは二回です。一回につき四〇〇人ほどいました。もちろん休憩を挟みました。

射殺のときに誰が穴の近くにいたのかは言えません。射殺してからその場を離れる人もいれば穴に近づいていく人もいましたし、順序などもありませんでしたから。

私は、殺害された人のうちリヴァー・グラヴェッツを知っていました。[11]

手に入れたのは金製品だけです。第九要塞ではヴォトカも配られましたが、量は非常に少なかったです。実包を取りに行くと、ノルスクやバルズダが瓶からヴォトカをくれました。[…]その日八〇〇〇人から一万人ぐらいの人が殺されたと、監視役の人たちが話していました。射殺が終わると、兵士たちが殺された人たちの服の山から良い物を集めました。私はなにももらいませんでしたが、射殺のとき、穴の近くに連れていくときに時計を二つもらいました。ユダヤ人が自ら手渡してきたんです。[12]

ユダヤ人は、第七要塞と同じようにここでもうつ伏せになるよう言われ、そして射殺された。中隊が大人のユダヤ人を殺害し終えると、ドイツ人が自動小銃で子どもたちを射殺した。生き残れたのは一一歳の男の子一人だけだった。

二回目に第九要塞で射殺を行ったのは、チェコスロヴァキア人たちの射殺です。私たちは第九要塞に連れていかれ、約二〇〇〇人を射殺するよう伝えられました。チェコ人たちは予防接種のために送られてきたと言い、腕まくりをしていました。チェコ人たちは穴から逃げだそうとしましたが、周りを囲まれているのに逃げられるわけがありませんでした。[13]

私が大量殺害に関与したのは、所属していた大隊第三中隊からそうするように言われたからです。私は命令を実行しただけです。[14]

以下は、一九六二年に行われた裁判でのプラナス・マテュカスの発言である。

私の良心から言えば、私には罪があります。ですが、兵士としては無罪です。ただ命令を実行しただけなんです。自分の目的をわかっていませんでした。[15]

同じファイルにある被告人アレクサス・ライジースの証言も見てみよう。

射殺後、マテュカスが歯を持っているのを見たことがあります。マテュカス自身が金歯を手に乗せて見せてくれました。なんのために歯が必要なのか尋ねると、「自分は歯科技工士で妻は歯科医でありますから」と軍人らしく答えていました。マテュカスが持っていたのはきれいに磨かれた丸い金歯四つでした。[16]

プラナス・マテュカスは戦後裁判にかけられたが、監禁されていた期間は短かった。ソ連最高会議幹部会が一九五五年九月一七日に出した「一九四一年から一九四五年の大祖国戦争〔第二次世界大戦〕期に占領者と協力したソヴィエト国民に対する恩赦に関する政令」により、一〇年の自由剥奪に処された者は釈放、二五年の拘禁に処された者は刑期が半分に減刑された。一九五五年、マテュカスは釈放され、家族とともにパネヴェジースで暮らし始めた。専門を活かし、ヨニシュケリス総合病院で歯科技工士として働いた。また、演劇サークルにも活発に参加した。

六年後、新事実が判明し、再び逮捕された。ヨニシュケリス総合病院の院長は、マテュカスの仕事場での様子を尋ねられ、「勤勉で精力的、趣味

1941年の秋にユダヤ人500人が殺害されたカウナス郊外の町バブタイの現場に立ち会うプラナス・マテュカス被告（1962年）。リトアニア特別文書館所蔵

の活動にも積極的で、美術復興運動にも多く関わり、演劇サークルに参加している」[17]と回答した。

一九六二年一一月九日、ヴィルニュスで、マテュカスを含むTDA第三中隊の殺人者八人に対して銃殺刑が執行された。歯科技工士としてのキャリアが終わった。

判決文――「プラナス・マテュカスは約一万八〇〇〇人の射殺に関与した[18]」。

歴史家アルフレダス・ルクシェナスがカウナス自警大隊の殺人者たちの動機を分析している。ルクシェナスは、大隊に入隊した人たちを四つのカテゴリーに分類している。

愛国者――敵から祖国を防衛しようと自警大隊に入隊した人たち。リトアニアが独立を回復した暁には大隊がリトアニア軍の始まりとなると信じていた。

失業者――かつてのリトアニア軍の将校や、仕事がなかったそのほかの人たち。給料がもらえるという理由から大隊に入隊した。

虐待を受けた者――虐待を受けたリトアニア軍将校たちや、ソヴィエト時代に予備役に編入されたりソヴィエト保安当局から取り調べを受けたりした人たち。虐待した人びとに報復しようとした。

身の上が安全ではない者――ソヴィエト体制に従事した人たち。処罰から逃れるために大隊に入隊した。労働力としてドイツに送られるのを恐れた人たちもいた[19]。

七月四日、カウナス第七要塞で穴に入れられたユダヤ人たちは全員一気に射殺された。射撃は、誰も動かなくなるまで、実に一時間半も続いた。おそらく多くの人たちは、いきなり殺されたのではなく最初は負傷しただけで、射撃が始まってから数十分か一時間、あるいは一時間半ほど経過してからとどめを刺されただろう。「酒を飲みながら、自分たちに向けて発砲し、まもなくとどめを刺さんとしている土塁の上の軍服姿の人たちは一体誰なのだろう」、と思い巡らせるだけの「すばらしい時間」があったに違いない。愛国者か失業者か、虐待を受けた人なのか。あるいは、この仕事に取り組むことで自らの身が安全だという感覚が得られる人たちか。

動機については第三中隊の隊員自身が裁判所で語っている。

アレクサス・ライジース

なぜ大隊に入隊したのか、私にもわかりません。自分の行いについては説明できません。貧困ゆえに大隊に入隊したのでしょうか。わかりません。なぜ人を撃ったのかもわかりません。[20]

ユオザス・コプースタス

私が大隊に入隊した目的は、物を強奪できたからです。給与はもらっていませんでした。殺された人たちの服が、私たちの仕事に対する給与でした。大隊に所属することはなにかと便利だったのです。最初の射殺のあと、気分が悪くなったりはしませんでした。[21]

クレメンサス・スカビッカス

大隊に入隊したのは健康ではなかったからです。大隊の仕事は大変ではありませんでしたから。［…］射殺した相手は知らない人たちで、私になにかしてきたりはしませんでした。私は信心深い人間です。撃っているときは、そのあとなにが起こるかわかっていませんでした。それから私は懺悔しに行きました。[22]

第三中隊が最初に殺害を行った後、数人の兵士が隊から脱走した。その一人、ブロニュス・キルキラ大尉は休暇のために去った。そして一九四一年七月一二日、自宅で自殺した。なぜか。緊張に耐えられなかったからか。あるいは、在外リトアニア人の歴史家が言うように、「規定の量」を殺すまでユダヤ人に復讐すると決心していて、キルキラはそれを達成したから自殺したのだろうか。もしそれが本当なら、キルキラは数日という短い期間で「規定の量」を殺したことになる。その量は莫大だった。

飛翔部隊の殺人者たち

選抜された男たちによって組織される飛翔部隊が、リトアニアをユダヤ人から浄化するという目的を達成する。この部隊を率いる〔ヨアヒム・〕ハーマン親衛隊中尉は、私の目的を完全に理解し、リトアニア人パルチザンや行政機関との協力を確保した。

――カール・イェーガーによる報告（一九四一年一二月一日）[23]

リトアニア・ユダヤ人の大量抹殺が始まる一九四一年八月の時点では、リトアニア・ユダヤ人の九〇パーセントはまだ生きていた。

ハーマン飛翔部隊には八〇〇〇～一万人のドイツ人と三～四万人のリトアニア人が所属していた。ユダヤ人の隔離や穴の近くまでの連行といった作戦のための準備は、すべて地元当局や警察、パルチザンが行った。［…］一九四一年一〇月一五日までに七万〇一〇五人のユダヤ人が殺された。約五万人のユダヤ人が、修復作業や軍事命令を実行するための要員として残された。ユダヤ人を完全に抹殺するまでの時限は延ばされたのだった。[24]

TDA第三中隊はヨアヒム・ハーマンの指揮下に入った。ゲスターポ職員数人と第三中隊の将校や兵士数十人が、リトアニアの地方における作戦のために呼びだされた。「ハーマン自身は地方での殺害にあまり赴かず、ただ第一大隊の将校ら（A・ダギース中尉、J・バルズダ中尉、B・ノルクス中尉）に任務を与えるだけだった[25]」という。

ドイツ人はたいてい別の業務を行うためにカウナスに残っていて、地方での射殺に向かったドイツ人は二人か三人だけだった。彼らは乗用車で地方に向かったが、リトアニア人の殺人者たちは一、二台のトラックで、ときには「リエトゥーキス」〔農業協同組合〕のバスで向かった。地方では地元の警察官や活動家らがハーマンの一行に協力した。[26]

八月、リトアニアのすべての郡がユダヤ人の抹殺に関わるようになった。

ヴィータウタス・レイヴィーティス警察局長が各郡の警察署長に宛てて送った秘密回状第三号（一九四一年八月一六日）には、こう書かれていた。

この回状を受信したのち、ユダヤ民族の男性で一五歳以上の者全員と、ユダヤ民族の女性でボリシェヴィキ占領期にボリシェヴィキ活動を行ったことで知られる者、あるいは現在でもそのような活動や厚かましさで知られている者を、註に示した場所においてすみやかに拘束すること。拘束後、その者をすみやかに高速道路近くに集合させ、特別な連絡手段によって警察署にすぐ通知すること。通知にあたっては、拘束され集合させられた当該ユダヤ人がどの場所に何人いるかを、正確に知らせること。

被拘束者には食料と適切な監視をあてる必要がある。監視には補助警察が利用可能である。この回状を受信してから二日以内に実行しなければならない。被拘束者のユダヤ人については、引き取りおよび収容所への移送が可能になるまで監視すること。

レイヴィーティス警察局長は飛行士で、プロの射撃手でもあった。スポーツにも長けていて、柔《ジュー》術《ジュツ》なるスポーツに関する本を出版し、これをリトアニアに紹介した。サムライの武道の一種である柔術は、日本語で「柔らかい芸術」を意味するという。[27]

各警察署の署長は、レイヴィーティス警察局長に対して即座に報告を行った。

ヴィルキヤ警察署の署長は、八月一八日、「ヴィルキヤからは男性二八〇人と女性一二〇人を移送した」と報告。[28]

ケダイネイ警察署の署長は、八月一七日、「ケダイネイ市およびケダイネイ郷のユダヤ人九一三人をケダイネイ文化技術学校の物置小屋と倉庫に集めた。男性と女性は分け、特別な『指示』が下るまで監視する」と報告。[29]

シャケイ警察署の署長は、「私の赴任先の郡において本日以降ユダヤ人がいない旨お伝えいたします。地元パルチザンと補助警察が始末いたしました」と伝えた。[30]

ハーマン飛翔部隊に関する統計は不明なままだ。ハーマン飛翔部隊がリトアニアの地方で何人殺したのかも、地元の白袖隊がどれだけハーマン飛翔部隊に協力したのかもわかっていない。歴史家アルーナス・ブブニースは、「リトアニアの歴史学において、リトアニアの地方におけるホロコーストは未だ不明な点も多く、調査もなされていない」と述べている。[31]

調査のための予算がないのか。歴史家がいないのか。調査する意欲がなく、殺害を目撃した人たちが全員死ぬのを私たちは待っているのか。

特別部隊の兵士たち

一九四一年七月に結成された特別部隊は、ゲスターポ直属の機関であった。その指導者と隊員はリトアニア人で、〔民族的〕ロシア人やポーランド人も数人いた。〔ヴィルニュス市内の〕シュヴェンタラギス通りの現在内務省が置かれている建物に特別部隊の事務所があった最初のころ、入隊希望者はここに来て申請書に記入したが、誓約書を書く必要はなかった。事務所がヴィルニュス通り一二番地（現三七番地）に移ってからは、活動の秘密を明かさない旨の誓約書を書かせるようになった。

特別部隊には当初約一〇〇人が所属していたが、一九四一年後半以降はおよそ三〇〜四〇人が所属した。事情聴取の調書によれば、食料配給の切符の束が隊員に支給された。隊員は、ヴィルニュス市内のレストランや食堂ならどこでも切符をちぎって店長に渡すだけで食事することができた。隊員には給与が支払われ、干しぶどうなどの食料も支給された。ヴォトカも週に一度支給された。

特別部隊の主な勤務地はポナリだった。

ポナリ――証言者たちの人物像

特別部隊の隊員ヴラダス・クリュカスの恋人、ヴェロニカの証言が文書館に残っている。彼女は一八歳のときに一九歳の殺人者と出会った。クリュカスとヴラダス・ブトクーナスはヴィルニュス市バサナヴィチュス通り一五番地に住んでいた。

ヴラダス・クリュカスは、ヴラダス・ブトクーナスと一緒に住んでいた自宅のアパートに私を招きました。彼が特別部隊に所属していることは、交際を始めてから知りました。彼らは、ユダヤ人たちをポナリで射殺し、ユダヤ人の財産をたくさん持っていると、酒の席で自慢していました。ブトクーナスとクリュカス、それにチェポニスはお金をたくさん持っていて、頓着していない様子でした。彼らは、まずヴォトカを飲んでから次にユダヤ人たちを射殺するんだと言っていました。彼らはよく、スタシース・チェポニスのアパートで深酒をしては互いに殴り合いの喧嘩をし、ピストル

ヴラダス・クリュカスとその恋人。リトアニア特別文書館所蔵

を発砲したりしていました。

ヴラダス・クリュカスとは一九四三年の秋ごろまで交際していました。私が彼の子を身籠ると、彼は私のところには来なくなり、交際は途絶えました。彼は、私と交際しているとき、同時にほかの女性ともたくさん付き合っていました[32]。


ヴラダスは金銭的に彼女を支援していたのだろうか。ヴェロニカは、「お金はくれましたし、ブラウスやスカートをくれたこともありました[33]」と語っている。

ヴラダスとヴェロニカの子どもは、二カ月に満たないうちに亡くなった[34]。

ポナリは戦前、ヴィルニュス市民が夏を過ごす静かな郊外の町だった。ポナリには鉄道やヴィルニュスとグロドノ〔現ベラルーシ領〕を結ぶ幹線道路が通っていた。ヴィルニュス市中心部からは九キロメートル離れていて、鉄道や幹線道路で人を移送してくることもできたし、徒歩でここまで来ることもできた。一九四一年、ソヴィエトはここに液体燃料の貯蔵庫を設けた。大きな穴を七つ掘り、それらを結ぶ溝も掘って、そこに管を通した。五平方キロメートルの土地が有刺鉄線で囲まれた。ドイツ人は大量殺害の場所としてポナリを選び、その土地を「基地」と呼ぶようになった。

ポナリ「基地」は鉄道や民家から非常に近かった。踏切近くの詰所にいた鉄道員のヤンコフスキは、次のように記憶している。

直径二五メートル、深さ五メートルの大きな穴二つと、それより小さいいくつかの穴、そして穴と穴を結ぶ溝が、すべて遺体で埋め尽くされていました。[35]

殺人者たちを指揮していたのはドイツ人の将校で、彼は金髪中背でメガネをかけていて「総長」と呼ばれていました。犠牲者の一団が連れてこられるときには、彼は別の人と一緒に乗用車でここまで来ていました。[36]

一九七七年七月一七日、ポーランドのオルシュティンで開かれた裁判で、証言者ハリナ・オクニエヴィチは次のように語っている。

私はあるとき警察官に「どうしてそんな刃物を持っているのか」と尋ねたことがあります。その警察官は、子どもに銃弾を使うのはもったいないから刃物で斬りつけるのだと答えました。警察官の名はヴラディスラヴァス〔ヴラダス〕・クリュカスです。[37]

同じく一九七七年五月二五日に開かれた裁判では、特別部隊の隊員だったユスタス・マルティシユスが証言者として語った。

母親が子どもを抱いている場合は二発撃ちこみました。一発は母親に、もう一発は子どもです。[38]

特別部隊の隊員だったメチース・ブトクスは、事情聴取で次のように語っている。

私は、ポナリに連れてこられ射殺されたユダヤ人のリストを作成する係でした。穴の入り口に机が置かれていて、私はそこに坐って、射殺のためにそこから別の穴に移される人たちの氏名と生年をリストに書きこみました。リストには二〇〇〇人の名前が書かれていたのを覚えています。[39]

ポーランド人ジャーナリストのカジミェシュ・サコヴィチがポナリでの殺害を記録している。彼は戦前ヴィルニュスで、週刊の経済誌を出版していた。ソヴィエト占領期にヴィルニュスの印刷所と事務所を失った彼は、ポナリにある小さな一軒家に引っ越した。その家は殺害現場から近かった。殺害が始まった当初から、そのできごとを屋根裏部屋の窓から観察し、その様子を密かに日記に書き記していた。彼はその紙をレモネードの瓶に入れ、土に埋めていた。

カジミエシュ・サコヴィチの『ポナリ日記』は一九九九年にポーランド語で出版され、二〇〇〇年にヘブライ語、二〇〇三年にドイツ語、二〇〇五年に英語で出版された。リトアニアで『ポナリ日記』が出版されたのは二〇一二年で、発行部数は五〇〇部だった。

リトアニアでは『ポナリ日記』についてほとんど知られていないので、その抜粋をここで引用しなければいけないと思った。日記のリトアニア語への翻訳権は「リトアニア住民のジェノサイドとレジスタンスに関する調査センター」が有しているため、出版物で引用するには同センターの承認が必要だった。同センターは、日記が本書の「有益」な目的のために利用されるかどうかを検討した上で、次のように回答してきた。「この本の出版目的が判明した今、『ポナリ日記』の抜粋をこの本で使用することには同意しかねます。著者が自ら文書館で集めた資料のみで十分でしょう。もちろん、『ポナリ日記』がリトアニア語でも出版されたという事実を記述することは妨げられません」。なにを言っているんだか……。とにかく、リトアニアの法律で認められている範囲でリトアニア語に翻訳された日記を引用することにする〔日本語への訳出は、『ポナリ日記』の英語版から行った。以下は「一九四三年四月――最後の審判の日」と題された節からの引用である〕。

四月四日日曜日午後五時

〔…〕青天の霹靂だった。ヴィルノからユダヤ人が連れてこられることになったのだ。列車が側線に入ったあと、彼らは射殺される。〔…〕[40]

〔四月五日月曜日〕

〔…〕全部で一一のグループが射殺された。一一時ごろ、すべてが落ち着いた。すべてが？

そう、すべてが。車輌のなかは空っぽになり、車輌を引っ張る機関車が到着したのだから。殺害された人たちの財産はすべて貨車から降ろされ、地面に置かれていた。山積みだった。食料、枕、マットレス、乳母車、籠、スーツケース、キッチン用品、袋入りのジャガイモ……特に多かったのはパンと服で、全部ごちゃまぜに置かれていた。

七時から一一時まで、貨車にして四九輌分の人間が射殺されたようだ。［…］

これでまだ終わりではない。

次の列車が犠牲者を連れてやってきたのだ。［…］

リトアニア人が二列に並び、犠牲者たちのほうに群がった。数十分間、発砲音が鳴り響いた。そのあと、体格の良い一人の若いユダヤ人がリトアニア人の警察官に追われ、チェスニクの家の前まで逃げてきた。リトアニア人がそのユダヤ人に向けて発砲し、そのユダヤ人が足を引きずりだすと、リトアニア人は丘の上でそのユダヤ人を捕まえた。地面に倒れたユダヤ人は、手をあげてなにか懇願していた。リトアニア人がなにか呟くと、ユダヤ人はそれに頷《うなず》き、胸元から黒い箱を取りだした。リトアニア人は、それを手にして眺めてから自分のポケットにそれをしまいこんだ。リトアニア人はさらにユダヤ人になにか頼んだが、ユダヤ人は首を横に振った。するとそのリトアニア人は、ほとんど「ゼロ距離」からユダヤ人を撃った。ユダヤ人は崩れた。彼の近くには写真付きの学生証が落ちていた。彼の名はユデル・シャピロ、父はベンジャミン、一九四一年三月一八日の時点でシュヴィエンチャヌィ〔シュヴェンチョニース〕中等学校の三年生だった。[41]

一九四三年五月二九日
ポナリでは、「最後の審判の日」以降、ほとんどの人が生水を口にしなくなった。血が混じっているかもしれないからだ。[42]

サコヴィチの日記で最もおそろしい証言の一つは、ポナリのイヌに関する話だ。これは英語版から訳すことにする。

「ミシュカ」〔ポーランド語で「小さいネズミ」という意味〕は、耳が垂れていて尻尾の長いグレーの小さな雌イヌだ。夜になると遅くまでひどく鳴き喚《わめ》き、朝になると基地から戻ってくる。そう！　ヤンコフスキの家の子とルジンスキの家の子はウシを基地に放牧していたから、ミシュカのことも知っている。よくミシュカを驚かせて穴から追い払ったりしていた。ミシュカは穴のなかで地面を掘って、犠牲者の服の残りを破いたり、遺体を食べたりしている。胸や腹、脚を噛みちぎる。ミシュカが掘れば、いつでも顔や頬が出てくる。ミシュカは小さな怪物だ。だけどシェニュッはこの怪物を飼っていることに誇りを感じている。しかもシェニュッはユダヤ系なのだ。

ミシュカはきっと、飼い主の親戚の遺体も食べていることだろう。［…］[43]

ミシュカの散歩道はいつも決まっている。シェニュッツの家のフェンスの穴を通って、丘の上まで行く。それから鉄道沿いを歩く。線路を渡ると見えなくなり、しばらくすると、基地の黄色い砂地の道に出てくるのだ。そして森のなかに消える。帰り道は、なにかを咥《くわ》えてくることもある。一九四三年八月のある日、腸を咥えて帰ってきたことがあった。だけど、誰かに脅かされて、シェニュッツの家の前に落としてきた。子どもたちがそれを拾い、シェニュッツの家のフェンスにひっかけていた。[44]

カジミエシュ・サコヴィチの日記は一九四三年一一月六日まで続いた。サコヴィチの親近者によれば、彼は一九四四年七月五日まで日記を綴り続けていたという。サコヴィチはこの日、自転車でヴィルニュスからポナリの自宅に戻る途中で撃たれて亡くなった。

サコヴィチの日記が入ったレモネードの瓶は、長年庭に埋められたままになっていて、一九五九年になってようやく発見された。隣人は金を掘り当てたかもしれないと期待したが、掘り進めてみるとただの瓶と紙だとわかったので、博物館に譲り渡したのだった。

生徒の人物像

一九四一年の夏、ヴィルニュス第一職業学校の生徒たちは、休暇もとらずに働いていた——特別部隊で。

当時職業学校の生徒で、のちに金属加工業で働くことになる男は、こう語っている。

一九四一年の夏、私はヴィルニュス市フィラレトゥー通りにある職業学校の寮に住んでいました。夏休み中に働きたかったので、ある商業団体に訊きに行ってみたところ、ウジュピス通りにある食料品店で店員として働く仕事がもらえました。二、三週間そこで働きましたが、ミスをして解雇されてしまいました。

一九四一年の七月半ばに、ある知り合いに会いました。その人は私に、稼げる仕事があると教えてくれました。その人の説明では、指輪や時計、貴金属といった物をユダヤ人から集めるのに人が必要とのことでした。そういう物を集めるには書類を書かないといけないけれど、高価な物は書類には書かずに自分のものにしてしまってもいい、と言っていました。その人に感化された私は、そこで働くことにしました。その人は、その仕事をもらうのにどこに行けばいいか教えてくれました。その住所はヴィルニュス通りで、番地は覚えていません。煉瓦造りの建物の二階で、「特別部隊」と呼ばれていました。最初はそういう名称だとは知りませんでした。

「特別部隊」隊員であるという証明書を受けとってから、その名称を知ったんです。当時、部隊にはヴィルニュス第一職業学校の生徒ヴラダス・スタヴァラスがいました。ヴラダスは、私と一緒に金属加工を学んだ仲間でした。しばらくしてから、うちの学校の生徒たちがほかにもいることがわかりました。

特別部隊に所属した職業学校の生徒たちは、フィラレトゥー通りの学校寮で食事をとりました。部隊での勤務に対する給与はもらえませんでした。私が部隊にいたのは一カ月ほどで、それから部隊を離れて職業学校での生活に戻りました。

部隊に入隊した当初は小銃をもらえず、ユダヤ人たちを自宅から外に連れだすのも武器なしでやらないといけませんでした。私たちがユダヤ人をリトアニア人大隊の兵士に引き渡すと、ユダヤ人たちはルキシュケス監獄のほうに連れていかれました。〔…〕そのあとロシア製の小銃が私たちに渡されました。私たちの仕事は、ルキシュケスからポナリまでユダヤ人たちを移送することでした。ユダヤ人はそのあとポナリで射殺されました。

小銃を持った「特別部隊」の隊員たちは、監獄に行ってもなかには入らず、門の近くで待機しました。監獄の近くには、リトアニア人大隊の兵士たちもたくさん来ていました。彼らは、ブルジョワ・リトアニア〔独立期のリトアニアのこと。ソヴィエト時代にはこのように呼ばれていた〕の軍服を着ていました。彼らが持っていた武器はロシア製の小銃ではありませんでしたが、それがなんだったかもう忘れてしまいました。監獄の中庭に集められたユダヤ人の男性、女性、子どもたちが門から外に出されると、私たち「特別部隊」の隊員や大隊の兵士たちが彼らを囲んで、ポナリに移送しました。手には小銃を抱えていました。列の先頭と後ろには軍服を着た兵士がつきました。ドイツ軍の軍服を着た軍人は見ませんでした。毎回数百人ずつ送りましたが、細かい人数はわかりません。どの道を通ったのかも、もう忘れてしまいました。

死の直前。リトアニア国立中央文書館所蔵

ポナリでは踏切を渡ったのを覚えています。踏切の向こうにある森が大量殺害の現場でした。ソヴィエトの軍隊が戦前〔独ソ戦の前〕になにかのために掘った大きな穴がいくつもありました。私の記憶では、穴の直径は二〇メートルかそれ以上でした。ユダヤ人たちを穴に入れると、射殺までのあいだ、穴のなかに閉じこめておきました。それから一団を穴から別の穴へと移し、そこで射殺しました。ユダヤ人が持ってきていた荷物は、閉じこめられていた穴に置いておかせました。ユダヤ人は射殺が行われる穴の前で下着姿にさせられ、それから穴に連れていかれて殺されました。〔…〕私たち職業学校の生徒は射殺現場には立ち会わず、ユダヤ人の監視にあたりました。そのほかの隊員は射殺現場に行き、射殺も行いました。[45]

特別部隊曹長ヨナス・トゥマスは、事情聴取の調書で次のように語っている。

私が言いたいのは、射殺には「特別部隊」の隊員全員が参加したということです。そのために組織された部隊ですから。「特別部隊」の隊員の誰かが監視役に回っても、次の日にはその隊員が穴で射殺を行いました。まったく射殺を行わなかった隊員なんていませんでした。[46]

特別部隊の隊員全員がポナリでユダヤ人を射殺したと断言できます。[47]

郵便配達員の人物像

特別部隊の隊員だったヴィンツァス・サウサイティスは、一九四四年、西側への亡命に失敗し、戦後は姓を変えて証明書を偽造し、生活していた。一九四八年、ポナリでの大量殺害においてユダヤ人を輸送、監視した罪により逮捕され、二五年間収容所での自由剥奪という判決を受けた。一九五五年、恩赦を受けてリトアニアに戻ると、新たに家庭をもち、子どもをもうけた。特別部隊の別の隊員たちがポーランドで取り調べを受け、新事実が判明すると、サウサイティスは一九七

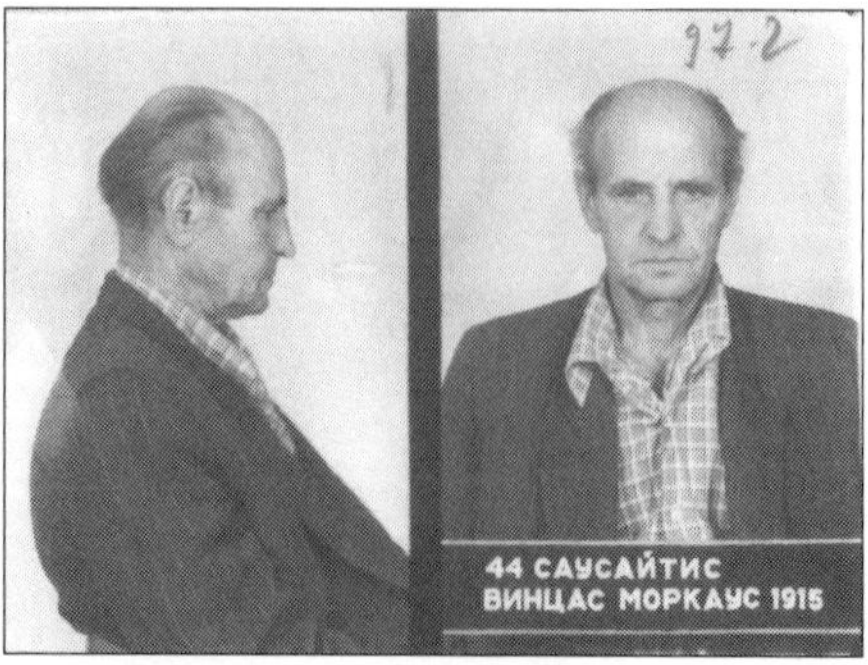

取り調べ室でのヴィンツァス・サウサイティス被告（1977 年）。リトアニア特別文書館所蔵

七年七月二六日に再逮捕された。ユダヤ人をポナリに輸送しただけでなく、自ら射殺を行ったという容疑だった。ユダヤ人を殺したことを一九四八年の取り調べで言わなかったのはなぜかと問われたサウサイティスは、はっきりこう答えた——「訊かれなかったから言わなかっただけです」。

サウサイティスの供述を見てみよう。

一九四一年、無職だった私はヴィルニュスに引っ越してきました。中央郵便局で配達員の仕事を得ました。そこで働いたのは一九四一年の春までだったと思います。ある日私は宛先に手紙を配達せず、次の日に配達しようと思って手紙をすべて木の下に置いておいたのですが、子どもたちがそれを見つけて破ってしまいました。そのせいで私は郵便局を解雇されたんです。

一九四一年の夏、ファシスト・ドイツ〔ナチ・ドイツ〕がヴィルニュスを占領すると、男はドイツに働かされに行くという噂がたちました。ヴィルニュス市内のクライペダ通りにある建物で組織された予備警察で働く人はドイツには送られないと、誰かから聞きました。一九四一年七月、私は警察に入るにはどうしたらよいのかを訊きにクライペダ通りの事務所を訪れました。

一九四一年の秋、何月だったかは忘れましたが、私はほかの隊員たち五人とドイツ人ヴァイスと一緒にトラックでポナリの射殺現場に向かいました。ドイツ兵がそこにユダヤ人の老人一三人をトラックで連れてきました。ヴァイスはユダヤ人に服と靴を脱いで下着姿になるよう言い渡しました。貴金属もすべて渡すよう命じました。ユダヤ人は一人ひとりヴァイスのもとに行き、結婚指輪や時計、硬貨、紙幣を書類かばんに入れていきました。そして下着姿になり、靴も脱いで、すべて丘の上に投げ捨てました。それから、梯子《はしご》を使って穴のなかに降り、すでにあった遺体の上に一列に並んで後ろを向くようヴァイスに命じられました。ユダヤ人がその指示に従うと、ヴァイスは私たち特別部隊の隊員六人とドイツ兵約一〇人を穴の近くに集めました。全員軍用小銃を持っていました。

私は列の前から二番目に立っていました。ヴァイスは、命令するまでは発砲しないよう私たちに警告しました。私たちは全員小銃を装填し、穴のなかで立たされているユダヤ人の頭を狙って、ヴァイスの命令を待ちました。私は穴のなかで立っているユダヤ人のうち、前から二人目の人の後頭部を狙いました。チェポニス、ブトクーナス、グラニッカスなどが、同じように狙いを定めていました。ヴァイスが「撃て」と命令し、手を振ると、私たちは発砲しました。私が後頭部に狙いを定めていた人が穴のなかで倒れるのが見えました。ユダヤ人のなかには負傷しただけの人もいましたが、ヴァイスがピストルでとどめを刺しました。それから遺体を埋めるようヴァイスが命じたので、私は、特別部隊の隊員やドイツ兵と一緒に遺体を埋めました。ドイツ兵が射殺された人たちの服や靴をトラックに乗せ、私たちはヴィルニュスに戻りました。

私は、それ以外にもポナリでユダヤ人を射殺したことが何度かあります。三回だったと思います。特別部隊に所属していたあいだにどれだけ射殺したかはわかりません。誰も数えていませんでしたから。

ユダヤ人の射殺は次のとおりに行われました。ユダヤ人は連れてこられると下着姿にされ、結婚指輪、時計、現金といった貴重品は没収されました。射撃する人たちが穴の縁に立つときもありましたし、大きめの穴で射撃を行うときは、犠牲者と一緒に穴のなかに入りました。ユダヤ人は射撃する人たちに背を向けて一列に並びました。小さめの穴で射撃を行うときは、ユダヤ人は梯子を使って自分で穴のなかに入りました。そして特別部隊の兵士の一人が大きめの穴まで連れていきました。穴に入る前にお互いの手をとるように言われました。原則として、一度に一〇人ずつが射殺されました。射殺する人の数も同じで、特別部隊の隊員から選ばれました。発砲命令を出したのはヴァイスやノルヴァイシャ、あるいはトゥマス曹長です。射殺のあとは毎回遺体を埋めたわけではありませんでした。次の日の射殺までは遺体を埋めずにそのままにすることになっていました。次に来るユダヤ人たちが前の人の遺体を埋めて、そのあと射殺されました。

特別部隊の隊員はポナリ以外の場所でも人を殺しました。別の隊員からどこに行くのか聞かされましたが、場所の名前は覚えていません。私がユダヤ人を射殺したのはポナリだけです。そのほかの場所では殺していません。

何年のことだったか覚えていませんが、特別部隊の別の隊員と一緒にエイシシュケスやトラカイに行ったことがあります。一緒に行った隊員の名前は今は思いだせません。エイシシュケスでなにをしたか忘れてしまいましたが、人を殺してはいないと思います。トラカイでは、私の記憶が正しければ、特別部隊の隊員が現地の警察官と一緒にユダヤ人を射殺しました。そのとき私は射殺は行わず、射殺現場の監視にあたっていました。トラカイで射殺された人の数や年齢、当時の状況については、記憶がありません。

質問――ポナリでの射殺におけるアルコール飲料の消費について、知っていることはあるか。

回答――射殺を行った特別部隊の隊員は、ポナリでの射殺のときにヴォトカを飲んでいました。射殺する前に飲んだんです。私の記憶では、特別部隊のヴァイス総長が射殺現場にヴォトカを持ってきていました。ドイツ人たちは、特別部隊の隊員がユダヤ人を撃つのを怖がらないよう、撃つ勇気をもてるように、ヴォトカを渡していたんだと思います。ヴォトカの入った箱は、射殺が行われた穴から数メートル離れたところに置かれていて、特別部隊の隊員は、箱のところに行ってヴォトカを飲み、それからその穴の縁に立ってユダヤ人を射殺しました。

ポナリの射殺現場にいつもヴォトカが運ばれてきたわけではありませんでした。たくさんのユダヤ人を射殺するときに運ばれてきたんです。私がポナリでユダヤ人を撃ったときは、現場にヴォトカはありませんでした。[48]

リトアニア特別公文書に保管されている犯罪記録によると、サウサイティスのほかに少なくとも七人のヴィルニュス中央郵便局配達員が特別部隊に所属していた。

サウサイティスが一九四一年から四四年までユダヤ人殺害に参加していたことは、ポナリの元住民二人と特別部隊の元隊員一四人によって確認された。元隊員のユスタス・マルティシュスはこう語っている。

私が入隊したとき、サウサイティスはすでに部隊にいましたし、私が部隊を離れたときも、彼はまだ部隊に残っていました。私は一九四三年に建設大隊に転属したんです。［…］サウサイティスが射殺に参加したのを、私は覚えています。[49]

ヨナス・トゥマス特別部隊元曹長は、次のように述べている。

サウサイティスは射殺に何回も参加しています。命令を実行しなければ特別部隊の隊員の誰かが射殺されるなどという事実は知りません。［…］サウサイティスが射殺から離れたいと私に嘆願してきたかは覚えていません。しかし、そのように言ってくる隊員はよくいました。[50]

逮捕された者の性格、およびその者の性格形成に影響を与えた可能性がある状況に関する報告——

勤務態度は悪い、自分に利益のある仕事はする。[51]

診断書の抜粋――

情緒不安定、非常によく泣く。[52]

一九七八年二月一六日、サウソイティスの法廷での最終陳述（抜粋）――

ソヴィエト当局と全人類に対して残酷な犯罪を犯してしまったことを後悔しています。人を殺したことで人生は台無しになり、私の良心も穢れてしまいました。［…］家族が私を必要としていて、子どもたちが私を必要としています。一かけらのパンを買ってやるために稼ごうとしただけなのです。子どもたちを赦《ゆる》してやってください。[53]

サウサイティスが最高裁判所に提出した最終陳述書（抜粋）――

学のないただの田舎者だった私が、初めて都会に出てきて無法者の部隊に入隊したとき、その部隊にいた人の多くは将校や曹長、下士官、訓練兵たちで、私にはなにが起こっているのかわかりませんでした。私は、戦時にはそういうことも必要なのかと思いました。［…］従軍経験がなかった私には、軍隊の仕事というものをまったくわかっていなかったのです。［…］その残忍な仕事からどうしても逃れられないというときには、命令を実行しました。トゥマスやノルヴァイシャ、ルコシュスに、免除してくれ、といつもお願いしていました。ユダヤ人たちが苦しみ血を流しているのを見ると、私は気分が悪くなったので、トゥマスたちはその仕事を免除してくれました。〔…〕特にルコシュスは酒を飲むのが好きだったので、ときどきルコシュスに酒の瓶を渡してお願いしたりすると監視役に回してもらえましたし、まったく仕事に行かないこともよくありました。[54]

サウサイティスには、最高刑の死刑が言い渡された。そして一九七八年、ミンスクで死刑が執行された。

三〇年後——殺人者の夢

ある特別部隊の隊員に関するファイルのなかに、緑色の学習ノートが入っていた。そのノートには紙切れがたくさん挟まっていた。そこには、服役囚がルキシュケス監獄で死刑の執行を待ちながら見た夢について、手書きで記されていた。ノートの表紙には、

私が死んだら開けてください。捨てないでください。祖国とまだ翼も生えていない子どもた

ちを残してこの世を去るのがとても悔しいです。レーニンが導いた正しい道の上に子どもたちを乗せて、老後は子どもたちと暮らしたかったです。

と書かれていた。

三月一一日。朝、父が詩を教えてくれた。私は歌った。「手足が固まる、頭も固まる」。

三月一七日。家の庭にいる夢を見た。ウシを放牧していないことを思いだし、小屋の扉を開け、ウシを外に出した。泥まみれで、うちのウシではない。小屋の柵は壊れている。仔ウシが鳴くのが聞こえたので、そいつを外に出してやった。黒くて小さな仔ウシだった。それから、誰か人を撃ちたくなり、瓦礫の下にもぐって狙いを定めた。人が道路に出てきたので何度か撃ったが、殺しはしなかった。それから私は、頭のシラミを取って、つぶした。

三月一九日。きれいな森を歩いていた。キノコを探したけど見つからなかった。きちんと整備された森で、白い苔に覆われていた。それから小さな草原に出た。溝を飛び越え、深い森へと進んだ。「ベリーを探そう」と言ったけど見つからなかった。大きなナラの木があったので、「ドングリがあるか見てみる」と言った。あったけど、取らなかった。ヴィータスが大声で「戦争だ、早く来い」と叫んだので、「すぐに行く」と答えた。目が覚めた。

三月二一日。(一)用を足しに廊下に出る夢を見た。その廊下は汚くて、あちこちにごみの山ができていたが、私はごみのあいだに立って靴が汚れないようにした。(二)ヨナスが私の髪を切るのを見た。「たくさんは切らないで」と言うと、ヨナスは「ただ短くするだけだよ」と言った。全部は切らず、耳のところを切ったのと、襟足はバリカンで刈った。最初は痛かったので「そんなに強く押すなよ」と言ったら、それからは痛くなくなった。さっぱりした。(三)ペトロの天使が私のところにやってくるのを見た。背中が美しかった。また去っていった。(四)アルギルダスの家のマルツェレが、私のベッドに寝ていた。殺される人のように。痩せこけて青白かった。私は、彼女がいるベッドに横になった。いや、起きあがったのかもしれない。起きあがったのだと思う。

三月二二日。自宅にいる夢を見た。別の人を取り調べしていた調査官は「邪魔をするな」と私に言ってきた。私はその部屋から出て、服を着ることもできないと叫んだ。ドアを何度も押したのに全然閉まらない。雪のなかを歩いた。きれいな雪景色だった。

三月二三日。白く大きなパンケーキを娘と食べる夢を見た。薄いほうを半分ぐらいに切った。水があったけど汚かったので飲みはせず、置いて眺めるだけだった。誰かの家で横になった。左手には切り傷が二つあった。父が私を殴ると言ったが、「切り傷は二つとも深い、もういいだろう」と言った。回復はせず、痛くもなかった。私は父のところに行った。父は大きく、父ではないようだった。私は謝り、殴らないようにお願いした。父は赦してくれたみたいで、私は泣いてしまった。

公判前の金曜日に夢を見た。私たちは自宅の台所でパーティーかなにかの準備をしていた。でも、飲みも食べもしていなかった。きれいに折りたたまれた白いクロスをテーブルの上に置いた。

公判前、父に白いニワトリをあげた。ニワトリは、頭がなかったけどまだ生きていた。父はニワトリとともに消えた。小屋の看板を壊して、小さな穴から外に出た。そして、きれいな水域を渡った。

四月一三日。水路を越えて、急坂を登る夢を見た。砂の山だった。木の枝をつかんで、頑張って美しい林に登っていった。枝のないきれいな細いマツの木の近くに立った。ウサギが灌木のなかに入ったので、棒でつついて尻尾を引っ張った。それは黒くて小さなネコだった。死んだネズミを二匹食べていた。家には連れて帰らなかった。

四月一四日。夢で自宅に帰っていた。ユレと話したけど、顔は見なかった。私は、みんなに別れの挨拶をするので髭《ひげ》を剃らないと、と言った。剃刀をいくつか手にしたが、全部古かったので、一つの剃刀を取手のところまで研いでみた。でも剃れなかった。息子に剃刀を持ってくるよう言った。剃刀を持ってきた息子は、ソファーに坐った。かわいかった。私は息子に近づき、何度もキスをした。息子は泣いた。[55]

辞世の詩もあった。

父なくして孤児となった君へ

手足が固まる
頭も固まる
子どもたちはどこにいる
どこで私を守っている

春が来る
花が咲く
身体は固まり
墓で眠る

世界に響く
おぞましい死
私の臓の
心はもう動かず

もう待たないで
父は戻らないから
墓場の黄色い砂が
私の目を覆う
私が悪かったことは
赦してほしい
君たちを育てたことだけは
覚えていてほしい

そして以下の言葉が詩に添えられていた。

看守長殿
この詩は捨てずに子どもたちに送ってください。
私の願いを叶えてください。[56]

彼の願いは叶えられなかった——詩が書かれた手紙はファイルのなかに残されていたのだから。

殺された人たちの人物像

ユオザス・バルトラモナイティス司祭は、一九四二年から四四年までルキシュケス監獄の礼拝堂に務めていた。彼の日記には逮捕されたユダヤ人女性との対話が残されている。この女性は、のちにポナリで特別部隊の兵士に射殺された。

一九四三年七月二〇日。今日、監禁されているシェイナ・ロビナヴィチューテが私のもとに来た。彼女はカウナス出身の二四歳、ユダヤ人で、とても聡明で立派な女性だ。死ぬことをとても恐れていて、必死に生きようとしている。この不幸な女性との対話を始めた。人生についてどのように考えているか尋ねたところ、次のような答えが返ってきた。

――私は誰の財産も羨みませんでした。欲しかったのは自由と学問だけで、たくさん学んで、人の役に立つ生き方をしたかったです。ああ、ここから逃げだしたい……。意志があるところに道は開けると言いますが、ここでは違います。それは自由に生きているときの言葉です。私は、自分のやりたいことは自分で決めて、なんでも達成してきました。ここでは違います。獄室に穴を開けたいとどれだけ強く願っても、それは叶いません。この監獄のなかでは、意志があっても道は開けないのはわかっています。神様、私はなんと不幸なのでしょう……。

――これまで、他人からどんな嫌なことをされてきましたか。

七月一六日、地域委員のもとで働いていたとき、私は、ドイツ保安当局の人たちに逮捕されました。なんの罪で逮捕されるのかと心の奥で問答しました。私がよく働きすぎたからでしょうか。地域委員のもとにいた一人のリトアニア人からは、私はドイツのスパイだと言われたこともありました。ひどい言いがかりです。私は、誰に対してもなんの悪いこともしていないと思っていました。私が取り調べを受けたあと、ゲスターポのオフィスからルキシュケス〔監獄〕まで私を連れ戻した特別部隊のリトアニア人隊員は、監獄の近くに停まっているトラックとその近くに立っているゲスターポのドイツ人職員を見て、「お前もあのトラックでポナリに送られて射殺されるんだぞ」と言いました。私はびっくりして「どうしてそんな怖いことを言うんですか」と訊きました。するとその隊員は、私がどう反応するのか見てみたかったと言ったんです。私は、ただ苦しい思いをするだけでなく別の人から罵倒までされるんだな、と思いました。ドイツ人は決まりに従って行動していますが、リトアニアの人たちは自分たちの意志で無実の人たちを殺しています。私はあと何年監獄で過ごすのか、果たして生き残れるのかを知りたいです。どうしてこんなに生きたいのか、自分でもわかりません。

――青春時代はどう過ごしていましたか。

私は一二歳のときに詩を書き始めました。遊びに行ったりはしませんでした。本をたくさん読みましたが、娯楽小説は読みませんでした。私が読んだのは、シラーやゲーテといった古典、それからクディルカ、マイロニス、ヴァイチャイティスなどです〔後三者はいずれもリトアニアの作家〕。シラーは、なにかを創ってもそれを失うときがくる、創ったものは他人が破壊する、と言っています。だけど私はそれは違うと思います。私はこんなにちっぽけな存在で、なにができるでしょう。なにもできません。なにを生みだすことができるでしょうか。

——あなたにとって信仰とはなんですか。

永遠の人生というものがあると心から信じているなら、私は死を恐れません。だけど私は今はわからないので、死が怖いんです。私はマクシム・ゴーリキーの人生を思いだします。ゴーリキーはあるとき美しい草原を歩いていました。ゴーリキーが酔っぱらいの老人とすれ違うとき、老人が「ゴーリキー、神はいるかね」と尋ねてきました。ゴーリキーは、「もし信じるならいるでしょうし、信じないならいないでしょうね」と答えたそうです。そう、神も死後の世界も存在すると信じなければいけません。だけど誰がそう納得させてくれるでしょうか。私は何度も、「神様、もしおられるのなら、私は信じます。私が信じていないことをお赦しください。私は無実です。信じたくないわけではありませんから」、と言ったものです。スティーヴンスを読んだとき、人には味方も敵もたくさんいるという言葉を見つけました。味方はその人の幸運を、敵は不運を祈っています。でもその人が亡くなれば、味方も去って忘れてしまうでしょう。イヌでさえ、用を足すためであっても、わざわざその人の墓に立ち寄ることはしませんよ。

——以前の生活はどうでしたか。

とても貧しかったです。「ダイヤモンドの穂を摘みたかったけど、手に入れたのは雫だけだった」という詩が私にはぴったりでした。

七月二二日。七月一六日に逮捕されたユダヤ人シェイナ・ロビナヴィチューテとの対話の続きを行った。

——今、監獄でなにを思いますか。

生活は良くありません。監獄の窓が高いです。壁を登って窓の外を見てみましたが、見えたのは柵だけで、柵の向こうには三メートルほどのカバの木のてっぺんが見えました。木の枝は刺々しく、葉っぱは揺れていて、木がなにかを怖がっているようでした。私も、葉っぱを震わせていたカバの木と同じように、怖かったです。でも、どうして私は嘆いてしまうんでしょう、不満や良くないことはいつだってあるというのに。私がこれだけ生きたいと思っているのだから、誰かが人生の数時間を私に分けてくれたとしたら、どれだけありがたく思うでしょうか。でも、私が死ぬ運命にあるんだとすれば、それが神の意志なんでしょうね。死んでほしいという神の意志を私が理解できないくらい、私の生きたいという気持ちは強いんです。私は今、信じられないほどわがままで、自分のことしか話していません。もっと高尚なこと、痛みや善についてはは話していません。生きることばかり話す自分のことを軽蔑してしまいます。

——以前はどのように考えていましたか。

読み書きが好きで、自然も大好きでした。ドイツに五カ月間住んでいたときは、よく一人で外を歩きました。花を摘んで、花を撫でたりキスしたり、身につけたりしていました。そして、人間もみんなこの花のように無邪気で美しければいいのに、と思ったものです。人生ずっとそんな感じでした。ニュルンベルクに住む婚約者のオスカーに宛てた手紙でも、よく花について書きました。私たち二人の人生は花のように美しいと何度も書きましたよ。オスカーに宛てた最後の手紙で書いたことが、まるで現在の不幸を予感していたかのような内容だったことに、いま気がつきました。「オスカー、私たちの幸せの源を奪おうとする人たちがいると思う」と書いたんです。この予感は間違っていませんでした。

七月二三日。ロビナヴィチューテとの対話は続く。

――取り調べはどうでしたか。

とても緊張しました。取り調べに来る人はみんないい人で、誰も殴ったりしませんし、好意的で親切に話しかけられました。監獄にいる人たちも、皆とてもいい人たちで、親切です。神は、死を前にした私に対して人類がみんなすばらしくいてほしいと思っているのでしょうか。いい人ってどういうことでしょう。私にとっていい人というのは、なにか特別なものをもっている人のことです。でも今は、私に向かって怒鳴ったりせず、好意的であれば、それだけでいい人だと感じてしまいます。

――将来の展望は。

もしこれから五年間監獄で生活するとわかっているなら、たくさん本を読むでしょうし、私が文章を書くことを認めてくださいとお願いするでしょう。ところで、この世の人生に意味なんてありません。自分が誰かを憎んだり、誰かが誰かを憎んでいるのを目にしたりしないといけないんですから。

――監房ではどのような気持ちになりますか。

鳥籠のなかの鳥のような気分です。部屋にはネズミがいて、それがとても怖い。「大きな女の子がこんな小さいネズミを怖がるなんて」と笑われたりします。

ロビナヴィチューテは、七月二〇日からキリスト教の洗礼を受ける準備を始めていた。今日、すべての予行練習を行った。彼女は、祈りの言葉はリトアニア語でもラテン語でも完璧に記憶しているし、聖歌もたくさん覚えている。まるで、カウナスに住んでいた数年前から修道女の友人がいて、一緒に教会に通っていたのかと思うほどだ。七月二五日に教会でキリスト教の洗礼を受けることに私は同意した。彼女は、同じ日に行われるミサの時間に秘跡《サクラメント》を受けることを決めた。七月二四日、雷のようにいきなり知らせが舞いこんできた。ロビナヴィチューテがポナリに移送されるという。彼女は最初ゲットーに入ることが認められたと聞かされたが、すぐに自分がポナリに移送されると気づいたらしい。ひどい最期になるだろう。私は監房で彼女に洗礼を施し、マリヤという洗礼名を与えた。彼女は聖体の秘跡を受けた。微笑んでいた。そしてため息をつき、次のように語った。

――私は生きたいです。私は誰にもなにも悪いことはしていません。私が穴の縁に立たされて銃身を向けられるなんて、なんておそろしいことでしょう。私がなにか悪いことをしたわけでなく、会ったことすらないような人に、撃たれるんです。そんな人には会いたくもないですけど、いやでも会うことになります。

新しくマリヤとなった彼女と別れの挨拶を交わし、元気を出すよう伝えた。そして、世界でひどいことがこれ以上起こらないよう、あの世で祈っていてほしいと頼んだ。彼女は監房から出るとき、悲しく優しい目で私のほうを見た。そして、なにかを考えているような目をしながら、最後の「さよなら」を口にした。廊下に出て、自動小銃を抱えたドイツ人と特別部隊の兵士の姿を目にした彼女は、大きな声で慈悲を請いはじめた。彼女はゲスターポに宛てて嘆願書も書いていた。ドイツ兵が「黙らせろ」と指示を出すと、特別部隊の兵士の一人が彼女の口を無理やり広げ、その口に布切れを詰めこんだ。[57]

一九四四年にソヴィエトの軍隊がヴィルニュスに進攻すると、八月、ポナリで一九四一年から四四年に殺害された人の遺体の発掘作業が行われた。六つの穴から発見された遺体には番号が付けられ、一九四四年八月二三日の報告書にすべて記録された。

九番——男性の遺体、頭蓋骨は破壊されている。一部の骨は不明。民間人の服装——灰色のスーツ、靴。ポケットからは身分証明書が発見された。姓は読みとれず。生年は一九二〇年。

二四番——二〇歳女性の遺体。服装——綿のブラウスにニットの下着、生地が粗いスカート、シルクの靴下、靴。額の右側と首の右側に二カ所、それぞれ〇・七センチメートルの射入創あり。射出創の一つは八×六センチメートルの大きさで、左のこめかみあたりの皮膚に広がっており、そこから〇・八センチメートルの銃弾が発見された。もう一つの銃弾は、口腔から発見された。

二六番——二〇歳以下の女性の遺体。服装——ニットのブラウスにクレープデシンのドレス、皮のベルト、シャツ、パンツ、靴下、靴、頭部には

ポナリでの遺体発掘（1944年）。リトアニア特別文書館所蔵

ポナリの犠牲者（1944 年）。リトアニア国立中央文書館所蔵

ガーゼのストール。髪の毛は二〇センチメートルに満たず、濃い茶色。右のこめかみに〇・八センチメートルの大きさの射入創あり。射出創は左の眼窩の底部で、そこから〇・八センチメートルの銃弾が発見された。乳腺はよく発達している。

三六番――五〇歳女性の遺体。服装――セーター、シルクの下着、スカート二枚、靴は片方だけ。靴底の下からは一〇〇〇マルクが発見された。口内は歯が一本しかない。

六八番――四歳以下の女児の遺体。服装――白く短いドレス、シャツ、靴下、靴。頭蓋骨と顔面の骨に損傷はない。

七八番――男性の遺体、年齢は不明。服装――シャツ、下着、靴下、靴。頭部なし。

八〇番――七〇歳前後の男性の遺体。服装――肌着のシャツ、下着、靴。頭蓋骨は損傷しており、一八×一五センチメートルの銃創あり。

一一七番――四～五歳の女児の遺体。服装――シャツ、パンツ。射入した銃弾が額の右側を貫通している。二つ目の銃弾は右のこめかみを貫通しており、射出創は二つとも後頭部にあり。

一二三番――一二〜一三歳の少年の遺体。服装――綿の黒いズボン、ズボンのポケットからはノート、鉛筆削り、鉛筆が発見される。後頭部の下側は損傷している。
一九二番――長い白髪の老女の遺体。服装――コート、ドレス、シャツ二枚、トリコ、靴下、ブーツ。右下顎の骨なし。

……まだまだ続く。
報告書の最後には次のように書かれていた。

第一、第二、第三の穴から四八六体の遺体を発掘した。同じ死因の繰り返しで、死因は明らかであることから、これ以上の調査は中止となった。
白ロシア〔ベラルーシ〕第三戦線医療専門家と六人の病理解剖学者による署名。[58]

地獄で燃え尽きず――焼却した人たちの証言

一九四三年の秋、ゲスターポはポナリでの大量殺害の痕跡の隠滅にとりかかった。新たに深さ八メートルの穴を掘り、その穴を屋根で覆って、穴のなかに長椅子と炊事場を設置した。一九四三年末、ヴィルニュスのゲスターポ高官オイゲン・ファウルハーバー率いる歩哨たちが、ユダヤ人やソヴィエトの戦争捕虜ら八〇人をこの場所に連れてきた。連れてこられた人たちは穴のなかに泊まり、「国家重要特別任務」を命じられた。その任務とは、射殺された遺体の焼却だった。ここに連行されたユダヤ人や戦争捕虜たちは遺体を掘り起こし、ピラミッド形に組まれた高さ四・五メートルの焚き火にその遺体を焼《く》べていった。ポナリ地区では、人体を焼いたときの臭いがずっと漂っていた。[59]

一九四一年一〇月に奇跡的にポナリの穴から救出されたアブラハム・ブラゼルは次のように証言している。

> 私は、最初の銃声が聞こえたときに自分から穴のなかに飛び降りたので、撃たれませんでした。数秒後、撃ち殺されたばかりの遺体数体に押しつぶされました。［…］辺りが暗くなると軍人たちは酔っぱらいだし、〔射殺された人が着ていた〕衣服を取り分け始めました。私は硬直して身体も冷えていましたが、力を振りしぼって私の上にのしかかっていた遺体を押し分け、穴から抜けだすと、頑張って森のほうに逃げました。[60]

アブラハム・ブラゼルは捕まり、一九四三年の冬にポナリに戻ってきた。

私たちは、ポナリに着いたときは全員鎖に繋がれていました。殺害が行われた当初から穴のなかに埋められていた遺体を全部掘り起こして、遺体を燃やすために組まれた焚き火で燃やす、というのが私たちに与えられた任務でした。任務の具合ですが、まず一五人が焚き火に使う薪を割り、一〇人が遺体を掘り起こし、六～八人には、長さ一・五メートル、幅二五センチメートルで、先端が尖った特別なフックが手渡されました。そして、掘り起こされた遺体にそのフックを突き刺し、フックを使って遺体を穴から引きずりだしました。

腐敗せずに乾燥した遺体を見つけることもたまにありました。髪の毛の色が違うからわかりました。ばらばらになった遺体は、別々に引っぱりだしました。まずは頭、次に腕、そして脚、といった具合です。一〇人が二人一組になり、担架に遺体を一、二体乗せて運びだしました。焚き火の近くには常に二人いて、その二人が運ばれてきた遺体を焚き火に焼《く》べました。遺体は列に並べられ、それぞれの列にガソリン（可燃物《ゴリュチエエ》）が撒かれました。長さ二メートルの火掻き棒《カチェルガ》を持っている人が一人で火を見ていて、火を動かしたり灰をどけたりしていました。

私たちは、一つ目の穴から、男女子ども合わせて一万八〇〇〇人分の遺体を掘り起こしました。遺体の多くは、頭部に火薬入りの銃弾が撃ちこまれていました。一つ目の穴は、ヴィルニュス第二ゲットーが解体されるときに掘られました。ポーランド人も多かったです――胸に十字架を下げていたのでわかりました。服装から司祭とわかる人もいました。ポーランド人の大半は、手首をロープやベルトや有刺鉄線で後ろ手に縛られていました。全裸だったり半裸だったり、靴下だけの遺体もありました。

四つ目の穴からは八〇〇〇人分の遺体を掘り起こしました。若い人の遺体ばかりで、たいてい目や頭が隠されていました。

五つ目の穴は、幅は二一メートル、長さは三〇メートル、深さは六メートルで、約二万五〇〇〇人分の遺体が入っていました。施設に入っていた人とか病院のスタッフに連れてこられた患者の遺体が見つかりました。病院の服装からわかりました。同じ穴には、孤児院から連れてこられて射殺された人の遺体もありました。

こんなふうにして、八つの穴から約六万八〇〇〇人分の遺体を掘り起こしました。[61]

一九四四年四月一五日の夜、遺体の焼却にあたっていた一三人が、密かに地下に掘っていた約三〇メートルのトンネルを使ってポナリからの脱出に成功した。うち一一人はルーディニンカイの森でソヴィエト・パルチザンに加わった。逃げた人たちに代わって別のヴィルニュスのユダヤ人たちがポナリに連れてこられ、ドイツ占領末期になるまで遺体焼却作業を続けた。新しく連れてこられた遺体焼却人たちは、任務を終えると全員射殺されたのだった。

特別部隊に入隊した人たちの運命

ポーランドで事情聴取を受けた証人ユオザス・メキシュスの証言によると、特別部隊に入隊した人の数は四年間で約五〇〇人にのぼったという。[62]

そのうちの一人は、戦後、文化センターで指揮者や美術部長として勤務していた。特別部隊の隊員のうち何人かは、一九七〇年代までポーランドで偽名を使って隠遁していた。捕まった人もいた。元隊員の一人で、ポーランドではヴラディスラヴァス・ブトクーナスとして生活していたヴラダス・ブトクスは、最初の取り調べのときに窓から飛び降りて怪我をした。そのあと彼には死刑が言い渡された。合わせて二〇人の隊員に、ポーランド、白ロシア〔ベラルーシ〕、リトアニアで死刑が執行された。

特別部隊の隊員のなかには、殺人罪ではなく、殺害される人たちを監視したり殺害現場まで輸送したりした罪で有罪判決を受けた人もいた。彼らは、殺害を否定したり殺害について語らなかったりしたのだった。新たに証拠が出てきて、彼らが犯した本当の罪が判明すると、さらに厳しい処罰に科されたりした。なかには、収容所《ラーゲリ》に二五年間収監されるよう判決を受け、そのあと刑期が短縮され、一九九〇年代初めになってリトアニア共和国の検察により名誉回復が行われた人もいた。特別部隊の元隊員で戦後はラトヴィアの文化センターで美術部長を務めていたヴラダス・コルサカスもその一人だ。〔リトアニアの独立回復後に〕コルサカスが受けとった文書にはアルトゥーラス・パウラ

特別部隊の隊員。最後列でサングラスをかけているのがヴラダス・コルサカス。リトアニア特別文書館所蔵

ウスカス検察庁長官の署名があり、次のように書かれていた。「ヴラダス・コルサカスは不当に抑圧されたが、リトアニア共和国においては無罪であり、よって彼の権利は回復される」、「被抑圧者には地方自治体の予算で補償金が与えられ、財産は返還される」[63]。

特別部隊の隊員の多くは、ドイツ軍と一緒に西に撤退し、その後英国やオーストラリア、米国に移り住んだ。そして人生を全うして死去したのだった。

元隊員のなかで最も興味深い運命を辿ったのは、KGB〔国家保安委員会〕の極秘文書に書かれている「諜報網に所属していた」り「諜報員となった」り、「諜報員ヨナス」だったりした人物である[64]。KGBは彼らになにを提案したのだろう。減刑だろうか。特別部隊の食堂で働いていた調理師もKGBの諜報員として雇われた。彼女は、

ＫＧＢから「諜報員イレナ」と呼ばれていた。
特別部隊の隊員で自殺により命を絶ったのは一人だけだった。ポナリでの作戦中に自ら腹部に発砲し、そのあとすぐに病院で亡くなった。本当にそうだったのだろうか。ほかの証言によれば、彼はただ小銃を掃除していただけだという。彼の名はイヴィンスキスといった。

特別部隊の活動に関する統計――
一九四一～四四年、ヴィルニュスおよびポナリで三万五〇〇〇人～七万人。
一九四一年秋の刈り入れ
・九月二〇日、ネメンチネで四〇三人。
・九月二二日、ナウヨイ・ヴィルネで一一五九人。
・九月二四日、ヴァレナで一七六七人。
・九月二五日、ヤシューナイで五七五人。
・九月二七日、エイシシュケスで三四四六人。
・九月三〇日、トラカイで一四四六人。
・一〇月六日、セメリシュケスで九六二人。
・一〇月七～八日（ユダヤ暦の新年）、シュヴェンチョネレイで三四五〇人。

人を殺しに派兵された兵士たち

リトアニア軍の将校だったアンタナス・インプレヴィチュス少佐は、ソヴィエトがリトアニアを占領したのちに逮捕され、九カ月半収監された。彼が取り調べられているあいだ、「身体に効果をもたらす手段」が適用された可能性がある。

インプレヴィチュスのファイルは、次のユダヤ人たちが整理した。すなわち、LSSR〔リトアニア・ソヴィエト社会主義共和国〕NKVD〔内務人民委員部〕第三課副課長ダニール・シュヴァルツマン中尉、LSSR NKVD取調班のエウシエユス・ロザウスカス主任、そしてモイシェ・ヴィレンスキである。さらにロシア人の役人二人とリトアニア人の役人一人も同じく整理を行った。戦争が始まったとき、インプレヴィチュスは監獄から解放され、TDAの隊長となった。身体の不調と精神の治療のため、監獄で五週間休暇をとることを願いでた[65]。

インプレヴィチュスがTDAの隊長となったのは一九四一年八月のことである。彼が率いたのはTDA/PPT第二大隊であった。一〇月六日、第二大隊は、颯爽《さっそう》とした様子でベラルーシに派兵された。

第二大隊の兵士たちは、ペトラス・クビリューナス総顧問から祝辞を受けた。カウナス軍司令官からは次のような言葉が向けられた。

一九四一年一〇月六日
祝辞
旅立つ兵士諸君には、強い意志と良心、そして誇りをもって、与えられた任務を遂行していただきたい。諸君はリトアニア民族全体を代表するのであるから、いつ何時どこにいても崇高なリトアニア人兵士の名に相応しいふるまいをしていただきたい。

カウナス司令官〔スタシース・〕クヴィエツィンスカス大尉[66]

アンタナス・インプレヴィチュス。リトアニア国立中央文書館所蔵

インプレヴィチュス少佐率いる大隊の兵士たちは、一九四一年から四四年までのあいだ、リトアニアのほか、ベラルーシ国内の一五カ所以上の場所で、ユダヤ人、戦争捕虜、民間人、対ナチ抵抗運動参加者ら合わせて二万七〇〇〇人を殺害した。このリトアニア人大隊は、一九四一年一〇月八日から一一月一三日まで、ベラルーシで行われたすべてのホロコースト作戦（例えば、ミンスクやボリソフ、スルック地方のユダヤ人を集めて殺害した「ユダヤ人壊滅作戦《アクツィオン・ユーデンライン》」）に例外なく参加した。

大隊はスルツクのユダヤ人の殺害に参加した。その熱心さは、のちにカール地域委員がヴィルヘルム・クーベ行政委員に宛てて「残念ながら、作戦の実行がサディズムと化したことを報告しなければなりません」と書いたほどだった。カールが、「ユダヤ人の一部は埋められた墓場から這い出ることができた――すなわち、彼らは生きながら埋められていたのだ」と伝えたほど、特に残虐だった。カールは、「私の願いを一つ叶えていただきたい――今後この大隊を私からできるだけ遠くに離してほしいのです」と記している。[67]

インプレヴィチュス大隊の旗。大隊指導者の一人であるユオザス・ユオディスによるデザイン。リトアニア国立中央文書館所蔵

以下は、ワシントンDCにある合衆国ホロコースト記念博物館のジェフ&トビー・ヘア・コレクションに収められている、インプレヴィチュス大隊に所属した兵士のインタビューである。

レオナス・ストンクス――一九二一年、ダルベナイに生まれる。開戦時は二一歳だった。ソヴィエト占領期、仕事を求めて友人四人と一緒にドイツに渡ろうとした。ロシア人に捕まり、カウナスの監獄に収監され、そこで開戦を迎えた。囚人たちを監視していた監視役が扉を解錠し、全員解放された。

レオナス・ストンクス――下の階の食堂に降りていくと、たくさんの人だかりで、一五〇〇人ぐらいがいました。リトアニア人志願兵になろうとしていたんです。そこで私は考えました――私の人生はなんて寂しいのだろう、まだ軍隊に入らないといけないのか、と。指し示された方向に進めと言われました。私たち二人は、リトアニア軍に入隊し、志願兵となりました。[…]リトアニア軍の軍服と腕章をもらいました。リトアニア軍志願兵と書かれていました。五カ月間訓練を受け、それから小銃を受けとりました。鉄道駅や〔カウナス市内の〕シャンチェイにある飛行場の警護にあたりました。それから突然、ミンスクに行くよう命令が下ったのです。それだけでした。

――射殺に参加しなければいけなかったのですか。

若者は、同意しなければ自動的に送られたりはしませんでした。ただそのあとに、行かなかった代わりに重労働が課されただけです。お金も出ませんでした。射殺に常に関わっていたのは、もっと年配の人たちです。射殺するために行くだなんて、行く前は誰も知りませんでしたよ。ユダヤ人を移送し、列に並ばせ、それから命令がありました。「武器を上げよ！」「狙いを定めよ！」「撃て！」――それで撃ちました。射殺した人たちは、給料に手当てがつきました。ユダヤ人の射殺が一番たくさんお金がもらえました。

――いくらもらえたのですか。

いくらもらえたかは誰も言いませんでした。最初は少なく、だんだん増えていきました。射殺したのは志願兵です。大隊兵士は全員志願兵でした。

——射殺を拒否することはできましたか。

できました。もし大隊の全員が射殺を拒否していたら、将校は怒り狂ったでしょうね。将校の顔を見ましたが、とてもおそろしい形相でした。将校たちが金目の物をもらっていたのかはわかりません。列の真ん中に立って「撃て！」——で撃ちました。全員撃ちました。撃てと命令したら、その人も撃たないといけませんでした。

——射殺にはどれくらいの距離が必要でしたか。

だいたい一〇メートルくらいは必要でした。

——何人を撃ちましたか。

私ですか？　一人です。でも殺してはいません。そんなことはできませんでした。気分が悪くなり、震えました。

——あなたの銃弾はどんな感じでしたか。

挿弾子には五発入っていて、五発装填すれば次が入るようになっていました。ユダヤ人を連れてきたら、兵士は穴の反対側に立ちました。すべては突然起きました。彼らは素早く一列に並ばされたのです。誰がユダヤ人たちを埋めたのかはわかりません。ベラルーシ人だったでしょうか。民間人はいましたし、彼らに給料も支払われました。

——顔は見ましたか。

ユダヤ人の顔ですか？　同じ人間の顔をしていました。

――どこを撃ちましたか。

胸をまっすぐ。頭は撃ちませんでした。頭を撃つには狙わないといけませんから。興奮していた兵士はたくさんいましたよ。そういう仕事でしたから。

――その人たちはあなたを見ていましたか。

誰が？　ユダヤ人ですか？　いや、ユダヤ人たちは別のほうを見ていました。撃つ人のほうは見ていませんでした。

――どうやって撃ちましたか。

私は左側を撃ちました。撃たれた人はすぐには〔穴に〕落ちず、その場に屈《かが》んで、のたうちまわっていました。下士官が近くに立って二発目を撃ちこむと、すぐに落ちていきました。

――それから、なにがありましたか。

なにもありませんよ。もう撃てなくなったので後ろに退いて、その日はもう隊列には加わりませんでした。別の兵士が来ました。

――後ろに退いてからはなにをしていましたか。

えっと、私は後ろに退いてから、小銃を立てて、銃身の後ろに立っていました。下士官が来て、「おい、もう隊列には加わらないのか」と訊いてきました。「もうできません、とても気分が悪くなりました。どうしてももうできません。やりたいようにやってください。私に怒鳴りたいならそうしてください」と私が言うと、「そこの武器があるところにお前の武器も置け、兵士たちの後ろから出ていくように」と言われました。

——それで武器を持たずに帰ったんですか。

武器は持たず、懲罰房にまっすぐ向かいました。「なんであんなことをしたんだ、なんでパニックになったんだ」と問い糺《ただ》されて、こう言いました——「私はパニックにはなっていませんし、誰かに『やるな』と言ったりもしていません。これ以上はできません。私になにかしたいのならすればいい。私はこんなことは若いときにはしませんでしたし、今だってしませんから」と。

——あなたのように拒否した人は、ほかに何人いましたか。

たくさんいたと思います。人数はわかりませんが、二〇人ぐらいでしょうか。みんな若くて、従軍経験はありませんでした。カウナスやプルンゲ、テルシェイ、シャウレイ出身の人が多かったです。

——拒否した人は全員同じ処罰を受けたのですか。

従軍経験のない人たちは同じ処罰を受けました。従軍経験があるのに拒否した人は、もう兵士ではないということで、もっと厳しく処罰されました。私は、拒否したあとは、周囲の監視を行うだけになりました。

——酒はふるまわれましたか。

まあ下士官にはふるまわれたのかもしれません。怖がっていましたから。〔酒があれば〕お上に歯向かうことだってできますからね。

——ユダヤ人は逃げようとしましたか。

しませんでした。わかりませんが、彼らはその瞬間は動けなくなっていたと思います。全員死人のようでした。なんのために連れてこられたのかわかっていました。命を落とすためですね。だから全員固まっていて、誰も動きませんでした。

——子どもはどうでしたか。

子どもたちは、殺されることをわかってはいませんでした。最初に子どもたち、次にその母親が続きました。

——みんな裸にしたのですか。

子どもたちは裸にしませんでした。女も子どもも。裸にしたのは男だけです。

——最初に射殺したのは。

最初は男です。

——どうして。

騒ぎを起こさせないためですよ。男を殺せば、女は自分から地面に伏せました。子どもたちは、これからなにが起きるかまったくわかっていなかったので、はしゃいでいましたね。父親がもう生きていないことすらわかっていませんでした。大きい子は女の子も男の子も理解していましたが、小さい子たちは楽しそうにしていました。

――銃を怖がらなかったのですか。

怖がりませんでした。子どもたちは心配もしていませんでしたし、もうおしまいだなんてわかってもいませんでしたけど、私たちのほうは「安らかに眠ってくれ」と思っていました。なにも怖いことはありませんでした。子どもたちは母親が連れてきていましたから。子どもを置いていくなという命令があったんです。近所の人に子どもを預けたとしても、その人が連れてきました。穴の前まで一緒に連れてきました。兵士が撃っただけでなく、機関銃までセットされていました。

――射殺を行った日の夜はどんな感じでしたか。

射殺した人たちは、夜になったら歌を歌っていました。駅で勝手に売っている密造酒を買ってきて、それを飲んでは歌っていました。

――告白するため教会に行くことはありましたか。

ミンスク中心部にあったのはベラルーシ人の教会でしたけど、カトリックでした。その教会にはよく行きましたよ。中隊の隊員全員で、武装したまま行きました。司祭はいい人でしたね。

――〔ゼノナス・〕イグナタヴィチュスですか?

そうかもしれません。告白の方法は普通で、四、五人が集まって、思いだし、自分たちの罪を悔悛《かいしゅん》します。それから、司祭が十字を切り、私たちに向かって祈るように言うと、司祭も祈りました。

——〔ミンスク近郊の〕ルデンスクで人を撃ったことを誰かに話しましたか。

〔リトアニア北西部の〕ダルベナイで休暇をとっていたとき、〔教会で〕告白するときに話しました。「二人を撃って、その人がすぐに死んだか死んでないかはわかりませんが、そんな仕事はそれから一度もやっていません」と話しました。今でも後悔しています。

——司祭はなんと言っていましたか。

「あなたのような若い人にとってそのような罪はそんなにひどくはありません。あなたはそのように強いられたのでしょう。一人で撃ったわけではありません」と。それだけです。

——子どもたちには話しましたか。

戦後になってから話しました。子どもたちは知っていましたよ。ユダヤ人たちを射殺するような状況で、私も一人殺さないといけなかった。そのような苦痛を味わわないといけないような軍隊にいたんだと言いました。子どもたちは、「お父さん、どうしてそんな軍隊に入ったの」と尋ねてきました。家もなかったし住むところもなかったから、軍隊に入らないといけなかった。ユダヤ人を殺すために入隊したわけではありません。リトアニアの志願兵はその大隊しかなかったんです。リトアニアを守るためであって、そんな仕事をするためではなかった。もし政府がそんなことをしたのであれば、最も罪深いのは政府ですよ。

——ユダヤ人を監視していたとき、また穴の縁から射殺させられるのではと考えましたか。

いや、誰も私にそんなことはさせませんでした。一度拒否したら、死刑なり拘禁刑なり処罰されます。厚かましく〔もう一度〕射殺させるなんてことはありません。兵士が誰を撃つか、上官にもわかりませんからね。突然振り向いて上官を撃つかもしれないでしょう。

――ということは、撃った人は自分の意志で撃ったと思いますか。

もちろん自分の意志ですよ。誰がそうさせたというんですか。誰も強制なんてしてないですよ。

一九九八年四月二一日、ヴィルニュスにて[68]

ユオザス・アレクシーナス――一九一四年生まれ。独立期にリトアニア軍に従軍し、その後インプレヴィチュス大隊に入隊した。ソヴィエト占領期は労働組合の書記官だった。ベラルーシで殺害が行われたとき、彼は二八歳だった。

ユオザス・アレクシーナス――一九四一年、クビリューナスが予備役を招集したので、司令官舎に行かないといけませんでした。ドイツ軍のことは聞かされておらず、ただ「国内の治安維持のため」と言われました。半年の契約でした。それで軍に入ると、ドイツ人の補助をさせられました。エジェレリス近くの沼地でロシア人の戦争捕虜を監視するのが仕事でした。

――いつリトアニアから〔ベラルーシに〕送られましたか。

いつだったかは覚えていませんが、秋でした。九月末か一〇月頭でしょうか。ミンスクに送られました。どこに送られるか聞かされないまま、車に乗せられました。インプレヴィチュス大隊長が壮行会に来ていました。大隊長を見たのはこのときが最初で最後です。

——大隊にいたのはどれくらいの期間でしたか。

五月に雪が降ったのを覚えています。そのあと逃走しました。五月か四月の終わりだったと思います。

——どうして逃げたのですか。

私たちがドイツ人のために従軍する意味なんてもうないと思ったからです。ドイツ人は本当の友人ではありませんでした。私たちはただ彼らの道具として使われたんです。私たちを派兵したのはドイツ人ではなかったのに、ドイツ人はどこでも一緒でした。彼らの言葉はわからないし、私たちを派兵したのは私たち〔リトアニア人の〕将校です。小隊長はゲツェヴィチュスで、プルンゲが中隊長でした。私たちが見る限りドイツ語が話せたのはゲツェヴィチュスだけで、彼はいつもドイツ人と話していました。ゲツェヴィチュスに命令が下されると、私たちに回してきました。ミンスクでは兵舎ではなく数人ずつ別々に部屋で暮らしていました。

——ベラルーシ各地に送られたのですか。

そうです。

——皆さんがユダヤ人殺害の場に居合わせたのはどこの街ですか。

行ったところ全部です。たくさんの車で向かいましたし、大都市には大隊が置かれました。

幌付きのドイツ車で行きました。どこに行くのかは誰も教えてくれませんでした。地元の警察がアパートを回ってユダヤ人を集め、広場に連れてきました。それからリストを見ながらユダヤ人たちを分類したのです。ドイツ人は、必要な人材、医者とか技術者とかは残して、あとは穴に連れていきました。穴は、街外れの斜面などに掘られていました。

――射殺するところを何回見ましたか。

数えられないくらいです。一〇回ぐらいでしょうか。私たち自身で広場から穴まで連れていって、最後に射殺したこともありました。グループごとに引き連れて、抹殺しました。

――ユダヤ人たちは、なにか物を持ってきていましたか。

いいえ、服を着ていただけでした。家から物を持ってこないよう言ってありました。ユダヤ人は四列に並ばされました。大都市の場合、その列は長くなりました。穴の縁にはもう兵士たちが立っていて、別の兵士たちがユダヤ人を穴まで連れてきました。穴のなかに入れて、横にさせて、それから撃ちました。

――横になった人たちを撃ったのですか。

そうです。一列目が終わると、その上に二列目の人たちを横にさせ、そして次の列、といった具合でした。

――土はかぶせなかったのですか。

かぶせませんでした。横にさせただけです。彼らは一切抵抗しませんでした。穴の縁に立た

犠牲者たち。場所は不明。リトアニア国立中央文書館所蔵

されたら、もう諦めて、自分で服を脱いで穴のなかに入り、横たわりました。

——撃つときはどこを狙いましたか。

たいていは胸です。もしくは撃つなら後頭部ですね。でも爆裂弾だったので、すぐに後頭部の内側が見えてしまいました。

——一回の作戦で何人ぐらい殺しましたか。

それは誰にもわかりません。連れてこられただけ撃ちました。最後まで終わらなければそこから運んでもらえませんでした。連れてくる人数は千人か二千人か、あるいは百人なのか、誰も教えてくれませんでした。ユダヤ人たちは仔ヒツジのように連れてこられていて、抵抗しませんでした。

——子どもたちはどうでしたか。

小さい子どもは抱えて、そうじゃない子どもは連れてきました。全員抹殺です。

——親が子どもと手をつないでいる場合は、親子一緒に穴に横にならせたのですか。

そうです。親は自分のそばに子どもを横にさせ、子どもの上に手を添えていました。

——親を殺すか子どもを殺すか、選ばないといけなかったのでしょうか。

最初は親から撃ちました。親が撃たれても子どもはなんとも思いませんから。自分のそばにいる子どもが撃たれたときに親がどう思うか、想像してみてください。自動小銃ではなく、一発の銃弾でまず親を、次の銃弾で子どもを撃ちました。

——射殺に向かわされたとき、どんな気持ちでしたか。

訊かないでくださいよ。人間はまるで自動小銃のようになっていました。なにをしているかわからずに動いていた、おそろしい話です。ドイツ人が撃つことは滅多にありませんでした。ドイツ人はたいてい写真を撮っていました。

——ユダヤ人を撃つとき、どうして彼らが撃たれるのか考えましたか。

私はもうこれ以上誰かのせいにしたくはありません。もし神がいるなら、神が悪い。どうして神は人類が無実の人を殺すことを許したのでしょう。今も昔もそんなふうに考えています。

一九九八年四月一六日、ヴィルニュスにて[69]

スタシースは、インプレヴィチュス大隊の調理係だった。

スタシース――最初は、射殺しに行くなんて聞いていませんでした。「作戦」のために行くとだけ聞かされていました。兵士の多くは志願兵でした。全員があんなことをできたわけではありません。作戦に行った人のなかには、戻ってきてからスープも口にしない人もいたので、スープは余っていました。

――どうして口にしなかったのですか。

そういう人たちは、お金は持っていたけど貯めこんでいました。賭け事をして、酒を飲んで、数日間宴会を開いていました。

――志願兵たちはどうでしたか。いつも同じ人たちが行っていたのでしょうか。あるいは、毎回交代で行っていたのですか。

強欲なやつらは、射殺に出かけた人たちが良い品や金を手に入れているのを見て、次は自分が行かせてほしいと頼みこんでいました。一度に行く人の数はそんなに多くなかったです。数十人ぐらいでしょう。臆病なやつらはもう行きたがらなかったですし、現場に送られることもありませんでした。賭け事に熱中しているような人は行きたがりましたね。

――作戦に行った人と行かなかった人の暮らしはどう違いましたか。

作戦に行った人は戦利品を得られて満足していました。行かなかった人は戦利品なんて欲しがらなかった。だからどっちもそれで満足していましたよ。
一九九八年四月一九月、ヴィルニュスにて[70]

リトアニアの雑誌は、大隊での日常生活を繰り返し美化して描いていた。以下は、愛国的雑誌『カリース〔兵士〕』の一九四二年の記事である。

午前一〇時、ミンスクの大聖堂でミサ〔…〕が行われた。ミサを執り行うのは、東部のリトアニア人大隊の従軍司祭、イグナタヴィチュス神父だ〔…〕。ミサのあいだ、ミンスク大聖堂にはリトアニア語の聖歌が響きわたる。国歌の斉唱でミサは締め括られた。〔…〕
式は続き、大隊の合唱隊がリトアニア語の歌を何曲か歌い、大隊の兵士が自分たちがつくった詩などの一節をいくつか朗読した。そ

シャツク〔現ウクライナ領〕での礼拝における従軍司祭のゼノナス・イグナタヴィチュス神父とインプレヴィチュス大隊の隊員たち。リトアニア国立中央文書館所蔵

れから、ユオディース中尉が脚本を書いた「祖国のこだま」という劇が演じられた。リトアニア人大隊での生活のなかで起きたできごとを取りあげた「ミンスクの鐘」という対句で式は終えられた。[71]

「ミンスクの鐘」の生活は、甘くなかった。一九四一年夏に大隊に入隊した兵士の多くは、任務は六カ月間という約束だったが、従軍させられた期間はその二倍だった。農場や妻、子どもたちを〔リトアニアに〕残してきた彼らを帰らせてやろうという人は誰もいなかった。ドイツ人たちは、「一年以上従軍しているから任務を解いてほしい」という兵士の嘆願に答えもしなかった。

一九四二年一一月、リトアニア人自警大隊の指導者の一人は、銃後にいる地元指導者に次のような手紙を書いた。

一九四一年一二月に前線に来たとき、私たちはぼろぼろになっていました。シャツはなく、靴も一部しかありませんでしたが、戦いの任務をすぐに実行しなければならないときは、自分たちで用意しました。常駐の監視役として残った人たちは裸のまま（シャツなし）で、兵士二五人も裸足だったのに、任務に赴いたのです。冬服もないまま一九四二年の一月になりました。それでもリトアニア人は、極寒の地にいながら、前線で任務を遂行したのです。私たちは、これほどまで理想を抱いているのです。[72]

アンタナス・インプレヴィチュス少佐が指揮する大隊は、自国リトアニアとベラルーシで一万人を殺害した。インプレヴィチュスは西に逃れ、姓をインプリョニスに変えた。一九六四年に米国の市民権を取得し、フィラデルフィアのリトアニア人コミュニティの代表に選出された。〔ソヴィエト・〕リトアニアでは欠席裁判で有罪判決が下った。彼は米国で死去した。

人の顔をした殺人者たち

男、女、子どもたち、老人、病人——彼らを殺害した私たちの同胞は、どのような人たちだったのだろう。

このテーマに関する数少ない研究の一つに挙げられるのが、歴史家ルータ・プイシーテによるユルバルカス郡のホロコーストに関する論文である。

ルータ・プイシーテの主張で最も重要なのは次の一文だ。「人間の抹殺は意識的に行われた。犯罪者は、自分がなにをしているのか認識していたのである。女性を殺し、母親の目の前で幼児の頭を木に打ちつけた」[73]。

プイシーテによれば、次の外部要因が犯罪者を殺人に向かわせたという。すなわち、

一、新たな当局〔ナチ当局〕への適応――リトアニアにソヴィエト秩序がつくられた一九四〇～四一年に懸命になっていた人は多く、そういう人のなかには、新たな当局への忠誠心を示すために反ユダヤ作戦に参加した人もいた。

二、政治状況――個人は、残虐さを示せば表彰され、同情すれば罰せられた（ユダヤ人を救出した人は死刑）。加えて、ドイツ人がリトアニアの独立を保障してくれると見られていた。

三、臨時政府および社会の指導者、教会組織で上位にいる者

四、ソヴィエト化や追放を経験したあとの社会の風潮――最初の殺害は正義を下そうとして行われた。ソヴィエト活動家だったユダヤ人男性が射殺されたのである。しかしそのあと、社会の風潮は変わった。住民は、「ユダヤ殺し」という人を蔑む言葉が出てきたことに衝撃を受けた。

五、プロパガンダ

六、命令に従うこと、内的義務――地方での抹殺作戦は、新聞が反ユダヤ主義的攻撃を行うようになってから始まった。

殺人を犯した者と犠牲者の関係により、犯罪者をいくつかのカテゴリーに分類することができる。

一、逮捕されたり殴られたり殺されたりしたのは、隣人、同級生、同僚などの知り合いだっ

た。

二、犯罪者が「居心地の悪さ」を感じていた。

三、犠牲者の運命は避けられないものと見られていた――早かれ遅かれユダヤ人はいなくなる、と。

四、殺害する前、徹底的に誹謗されていた。

五、犯罪者は殺害には直接参加していなかった。彼らが果たした役割は、犠牲者の氏名と住所のリストを作成したり、抹殺に適した場所を探したりと、実に「事務的」だった。多くの場合、このカテゴリーの人たちはユダヤ人に対する嫌悪や敵対心は感じていなかった。

六、犠牲者が逃亡するのを見逃したり、別の手段で救出したりした。しかし、多くの場合、ユダヤ人が個人的な知り合いだったり金銭を受けとったりしていた。[74]

歴史家リマンタス・ザグレツカスは独自の調査を行った。彼は、現代の学際的手法を用いて、リトアニア特別文書館に所蔵されている刑事事件に関する資料を調査した。その資料で「ホロコーストに関係する人物として出てくるのは数千人にのぼるため、一度に包括的に調査するのは不可能である。したがって、歴史学においてあまり調査されていない郡（ビルジャイ郡、ケダイネイ郡、パネヴェジース郡、ロキシュキス郡、ウテナ郡）に限定した。そして、これらの郡でホロコーストに関係するのは二〇五人であることを突き止めた。その一部はホロコーストに関係した罪で処罰を受けていた。全員、一九四一年六月蜂起で行動を起こし、のちに補助警察のなかに再編された小隊の隊員であった[75]」。

ザグレツカスは、供述調書や証言のなかで提供された二〇五人の質問票や経歴に関する資料を分析し、以下の結論を出している。

ユダヤ人殺害に関係する行為により罰せられた人は全員、一九四一年六月蜂起に参加し、そのあとも解散していなかった小隊の隊員、もしくは警察官であった。

処罰を受けた者の社会的立場は、リトアニア全体の社会構造をほぼそのまま反映していた(農民が多く、手工業者、被雇用者、公務員、知識人は少なかった)。

処罰を受けたホロコースト参加者の大半は、最終学歴が初等学校の四年生卒業かそれ以下、もしくはまったく学校に行ったことがないような低学歴の人たちだった。

処罰を受けたホロコースト参加者は、リトアニアが独立していた時期には政治とは無縁だった[76]。

自警大隊の兵士たちはなぜユダヤ人を殺したのか。歴史家アルフレダス・ルクシェナスは以下のように説明する。

大隊兵士を殺害への参加に向かわせた主な要因は、義務感だった。ユダヤ人抹殺作戦は指示系統の末に実行された。組織構造のなかにいた者は義務感から任務を実行した。指示に従い、それを実行したのである。兵士としての義務が、指示系統の末に、ユダヤ人やそのほかの集団に対するジェノサイドへの参加にもなった。このような任務は兵士にとっては信じがたいものであった。彼らは、入隊したときには、戦争犯罪の実行が彼らの義務となるとは知らなかったからである。[77]

二〇一二年、TDA大隊兵士の殺害への参加の動機について尋ねたルクシェナスへのインタビュー記事が、ポータルサイト「Bernardinai.lt」に掲載された。[78] 以下、その記事から重要な部分を抜粋してみる。

私は、カウナスの自警大隊の兵士の義務に対する態度を、普通、積極的、不服従の三つに分類しました。普通の態度は、どちらかと言えば機械的で、珍しい特徴は特にありません。これは多くの人に見られました。命令を実行したのは、実行することが求められたからであって、それ以上の理由はありませんでした。一部の兵士は非常に積極的で、自発的に射殺に出かけました。積極的な兵士のなかには犠牲者に対して残虐だった人もいました。義務を積極的に実行したのはサディスティックな衝動から、つまり、彼らにとってはそれが快感だったからだと私は思います。不服従は、作戦時に命令に従うことを拒否した兵士の態度のことです。

射殺することを拒否することは可能だったのか、拒否した人は多かったのか、という質問に対して、ルクシェナスは次のように答えている。

犠牲者の射殺を兵士が拒否するようなことは、小隊や中隊全体といった集団単位では起こりませんでした。一九四一年七月、ドイツ軍が計画した作戦が実行された際に、カウナスのミッケヴィチュス谷でのユダヤ人の射殺を拒否したある兵士に関する資料を発見しました。彼は、作戦を拒否したせいで射殺されたのです。ほかにも、一九四一年七月初めにカウナス第七要塞で起こった殺害で、一人の兵士が犠牲者を射殺するのを拒否したという資料もあります。リトアニア人将校は彼を怒鳴りつけ、監視役にまわしました。第七要塞での殺害に参加したカウナス民族労働防衛大隊の将校の一人は、犠牲者の射殺を拒否した者は射殺するとドイツ人が脅してきたと回想しています。とはいえ、将校や兵士の多くは、ドイツ側からそのような制裁の脅しがあったから殺害に熱心に参加したというわけではありませんでした。すでに述べたように、命令だけでなく嫌悪感も彼らを突き動かしたのです。ベラルーシの事例を出してみましょう。一九四一年一〇月一〇日、ＰＰＴ第二大隊第二中隊が、ルデンスクのユダヤ人ゲットーに収容されていた人たちの抹殺作戦を実行しました。およそ一五人の兵士が犠牲者の射殺を拒否しました。一九四一年一〇月一四日、同大隊第三中隊の兵士がスミロヴィチのユダヤ人を射殺しました。兵士たちの動きは遅く、一部の兵士は射殺を拒みました。そのため、第三中隊の代わりに第一中隊の兵士が射殺の任務にあたったのです。強調しておくべきは、ルデンスクやスミロヴィチで射殺を拒否した兵士は、別の抹殺作戦のときには無実の犠牲者に対して武器を用いていた、ということです。一、二度なら拒否できましたが、いつだって拒否できたわけではありませんでした。拒否した者には処罰が下るといった知らせはありませんでした。おそらく彼らは処罰されなかったでしょう。

――ユダヤ人を殺したリトアニア人はどのような人たちでしたか。

大隊に従軍して無実の人たちを殺したリトアニア人が、ほかの同年代の人たちと比べて良い人だったとか悪い人だったなどということはなかったと思います。今の人たちより悪いということもありません。大隊に従軍した兵士は、もしソヴィエトやドイツによる占領がなければ、独立期と同じように生きていたでしょう。大隊の将校は、リトアニア軍に従軍し、そこが勤務場所になっていたはずです。キャリア・ステップを順調に登り、国の防衛という軍の任務を実行するために招集された若者たちを教育していたでしょう。予備役将校はリトアニアの警察組織などで働いていたでしょうし、そのほかの兵士たちは農業や建設業、工場などで労働者として雇われていたと思います。彼らのなかには良い人、模範的な人とされる人もいたでしょうし、役立たずの労働者もいたことでしょう。また、別の兵士たちは、リトアニア軍に残って下士官となっていたかもしれませんし、ドイツとの国境地帯に住む兵士は、密輸商人として成功していたかもしれない。兵士の多くはリトアニア狙撃連合〔独立期に活動していた準軍事組織〕の活動に積極的に関わっていたでしょうね。信心深い兵士たちのなかには、神学校に入ったり修道士になっていた人もいたかもしれません。

「ユダヤ殺し」たちの動機に関する、本書のなかで最も悲しいこの章を、このルクシェナスの洞察力で終えることもできた。しかし、リトアニア人歴史家の洞察力を援用するために、著名な精神分析学者で哲学者としても知られるエーリヒ・フロムの言葉を引用しておかなければならない（リトアニア人が書いた文章とリトアニアで出版された著書のみ引用するという私自身のルールを破るのは、これが最初で最後だ）。『人間の破壊性の解剖〔日本語訳の題は『破壊――人間性の解剖』〕』と題された本のなかでフロムは、集団の攻撃性は、多くの場合、次の二つの動機からくると論じている。

同調的攻撃

同調的攻撃に含まれるいろいろな攻撃的行為は、攻撃者が破壊欲に駆られて行うものではなく、そうせよと命ぜられて、その命令に従うことが義務だと考えるから行うものである。[…]服従は美徳と同等視され、不服従は罪と同等視される。[…]同調的攻撃は広くゆき渡っているので、真剣に注目しなければならない。子どもの仲間における少年たちの行動から軍隊の兵士たちの行動に至るまで、「腰抜け」と思われたくない気持ちや他人への服従心から多くの破壊的な行為が行われている。[79]

集団的ナルシシズム

集団的ナルシシズムは重要な機能を持っている。まず第一に、それは集団の連帯と凝集を強め、ナルシシズム的偏見に訴えることによって操作を容易にする。第二に、それは集団の仲間、特にそのほかには誇りや自分の値打ちを感じる理由のほとんどない人びとに満足を与える要素として、このうえなく重要である。たとえ自分が集団のなかで最も惨めで最も貧しく、最も尊敬されない一員であったとしても、「おれは世界じゅうで一番すばらしい集団の仲間だ。本当は虫けらみたいなこのおれが、この集団に入っているために巨人になるのだ」と感じることは、自分の惨めな状態の償いとなる。したがって集団的ナルシシズムの程度は、人生における本当の満足の欠如に比例する。人生をよりよく楽しんでいる社会的階級は、下層中産階級のように、すべての物質的および文化的な領域における乏しさを味わいまったくの退屈に満ちた生活を送っている階級に比べると、それほど狂信的ではない。[80]

第5章　得をしたリトアニア

ナチ占領期のリトアニアでは、およそ二〇万人のユダヤ人が殺害された。二〇万人ということは、五万世帯ということだ。彼らの家や土地、家畜、家具、貴重品、金銭が残された。彼らの会社や店、薬局、病院、酒場、学校、シナゴーグ、図書館も、貴重な財産や備蓄とともに残された。

これらはどこにいったのだろう。得をしたのは誰だったのか。貴重な物はすべて帝国《ライヒ》のものとするよう命じたドイツ人たちだろうか。それとも、射殺したあとで、金歯を押収したり服を分けたりした人たちだろうか。

もしかしたら、リトアニア国家かリトアニアの公的機関か、あるいは私やあなたの祖父母のような普通のリトアニア人が、地元当局が行う競売でいろんな物を安く買って手に入れたのかもしれない。

それは誰にもわからない。

一九四一年。ヴィータウタス・レイヴィーティス警察局長は、「ユダヤ人の財産を清算すれば、警察署の場所や警察署員が生活するアパートなどの問題は永久に解決されるだろう[1]」と考えていた。

以下は、シャウレイ市長兼シャウレイ郡長のヨナス・ノレイカが一九四一年九月一〇日に出した文書第一八七五号「ユダヤ人および逃亡した共産主義者の動産の清算に関する指示」の抜粋である。

一、集められた財産のなかから豪華な家具、布地、未使用のシャツを残し、私の別の指示があるまで保管すること。これら財産の一覧を私に提出すること。

二、そのほかの適切な財産は、学校、郷、郵便局、避難所、病院など、自らの機関に提供されなければならない。しかし、適切な財産のうち四分の一以上は、私の別の指示があるまで保管し続けること。[2]

ヨナス・ノレイカの心遣いと彼のパルチザンとしての活動は、リトアニアの多くの場所で、銘板に、そして通りや学校の名前に刻まれている。彼の名は特別文書館の壁にも刻銘されている。リトアニアの英雄ヨナス・ノレイカに対して哀悼の意を示す銘板から数メートル離れた建物の反対側には特別文書館の閲覧室があり、ユダヤ人を殺害した人たちのファイルが保管されている。シャウレイの文書もある。

財産の話に戻ろう。言うまでもないことだが、殺害された人たちの財産の一部は倉庫には納められなかった。地元住民が強奪し、競売にまでかけたのだ。警察官たちは、ユダヤ人の家を捜索しながら財産を押収していった。役人たちは「財産の窃盗が日中に行われているせいで警察の名に泥を塗っている」とヴィルニュスの警察署長に対して不平を口にしていた。[3]

競売が終わると、財産は少しずつ清算された。例えば、ロキシュキスのユダヤ人財産清算委員会は、現金化できなかった財産を倉庫管理人に売り渡している。

残された物品のうち、食器、鍋、桶、ワンピース、子ども服は二三九九点、タオルは一六六一点、テーブルクロスは八九四点、女性用シャツは八三七点。一方、ラジオ受信機、電話機、時計、レコードプレーヤーはわずかに数えるほどしかない。[4]

公的機関のなかには、ユダヤ人の財産を無料で手に入れたところもあった。避難所、初等学校、森林局、地方自治体などが得をした。医療器具は医務室や病院に譲り渡された。生活は豊かになった。

ユダヤ人の農場の多くは別の人に引き継がれた。その圧倒的多数はリトアニア人だった。[…]郷長、区長、警察、その他役人などの地元当局は、残されたすべてのユダヤ人の財産の登録、管理、分配を手配しなければならなかった。ロキシュキスの司令官は、「販売所に来る購入者は非常に多く、適切な秩序を維持することは不可能だ」と不平を漏らしていた。[5]

ユダヤ人の財産を押収した人、購入した人、手に入れた人たちに対し、倫理に関する大権威であるカトリック教会はなんと言っていただろうか。

一九四二年に行われた司祭協議会で読まれた概要に、私物化されたユダヤ人の財産に対するリトアニアのカトリック教会の見解の一端が垣間見える。その通達のなかで支配的だったのは次のような意見である。すなわち、もし貧しい教区民が必要に迫られて〔ユダヤ人の〕財産を私物化したのであれば、その財産は教区民のものとしてもよい。しかし、もしその人が消費できる以上に物を入手したのであれば、それは返却しなければならない。返却先として最良なのは教会であるが、貧しい人に施したり慈善団体に分配したりしてもよい。崇高な目的のためにパルチザンになった者やこれからパルチザンになる者がユダヤ人の財産を過度に押収した場合は、例外として認められる。彼らは戦争初期に命すらも危険に晒したため、返還は求められない。〔パルチザンが〕手に入れたユダヤ人の財産は、危険に対する補償とする、と。[6]

〔ドキュメンタリー映画監督の〕サウリュス・ベルジニスがレギナ・プルドニコヴァというリトアニア人に対して行ったインタビューが、ワシントンDCにある合衆国ホロコースト記念博物館のジェフ&トビー・ヘア・コレクションに収められている。以下、彼女へのインタビューを紹介する。

多くの貧しいリトアニア人がユダヤ人の家で下働きをしていました。ユダヤ人は情け深い人たちでしたよ。

――あなたもユダヤ人の家で下働きをしたことがありますか。

短期間だけ下働きをしました。小さい子どもの面倒を見に行っていましたが、私は若くて顔も赤いしとてもふくよかだと言われて、辞めました。ユダヤ人は、〔キリスト教徒の〕身体を引っ掻いて血を抜き、身体は鍵がかかった地下室に入れられ、引っ掻くのに使った爪と一緒に桶に入れられるんだと言われていました。それで、引っ掻かれるのが怖くなって辞めました。(笑)

――そんな話を信じていたんですか。

まあ、若かったですから、信じていましたね。ユダヤ人はキリスト教徒の血なしでは生きていけないという話は知っていました。ユダヤ人は祭のときに血を一滴舐めなければいけないんだ、とかね。

――それから、ドイツ軍が来てああいうことが始まったとき、ユダヤ人の苦難が日に日にひどくなっていったのはどういう状況だったんですか。なにから始まりましたか。

えっと、ドイツ軍が来たときにはもう、ユダヤ人は悪いことが起きると感じていました。店もなにもかも強奪に遭いました。リトアニア人が取っていったんです。リトアニア人が全部家に持って帰りました。私もそうしました。

――なにを持って帰ったんですか。

服と靴と、まあそういうやつです。でも靴は左右別々でした。

——どこから持って帰ったんですか。

店からですよ、ユダヤ人の店から。店に入ったらもうすべて強奪されていました。店じゅう全部。ユダヤ人にはもうなんの権利もなかったんです。

——次はユダヤ人が家から連れだされたときのことをお訊きしたいのですが。

小銃を持った人たちが家を囲んで、ユダヤ人を全員連れだしました。列に並ばせて広場に連れていったんです。全員が連れていかれました。みんなで連れていったんです。連れだしに行くように言われていました。財産がもらえるからと。家がもらえる、アパートがもらえる、家をもらって住むことができる、って。ユダヤ人の財産で生活した人は多かったですよ。

——殺害のあとはユダヤ人の物がたくさん出てきたんでしょうね。たくさんの物が持ち寄られたのでは。

そりゃね、山分けすることだってありましたよ。買いにきたら引きちぎって運んで……。

——山分けしているところを見たことがありますか。

ええ、窓から投げ捨てられて、自分のところに来たらとにかく掴《つか》む。リプケさんのレストランに、服が積み重ねられていました。全員から集められて、ウマに乗せてレストランまで運ばれてきたんです。なにをやっていたんでしょうね、おそろしい。

——山分けはリプケさんのレストランの近くで行われていたと。

ええ、そうです。ほかのところでは、窓から寝具や枕が投げられていました。布団やらベッドやら。窓から道路にいる人たちに向かって投げられていました。

——そういう物を分けていた人は誰だったんですか。誰が投げていたんでしょうか。

殺害に参加した人全員です。投げていたのもそうです、全員。家具みたいな良い物があれば、全部自分たちのために取ってありました。

——彼らの家に行ったときにユダヤ人の家具があるのを見たんですね。

あの人たちがなにも持っていないのは知っていました。貧乏でしたから。なにもなかったはずのに、毛皮のコートがあったんです！　ご夫人が着ていましたよ。靴が廊下に山積みにされていて、私は一足手にとりましたが、家主のお義母さんがそれに気づいて駆けつけて、靴を取りあげました。「取ったでしょ、返しなさい」と言ってきたので、私は「あなたのじゃなくてユダヤ人のでしょ」と言ってやりました。

——ユダヤ人は金の指輪なんかも持っていたでしょうね。

ええ、持っていましたね。穴の縁に置いていたかもしれません。そこで服を脱いで裸になっていましたから。金持ちの人が服を脱いで裸になったときは、歯も抜かれていました。私も自分の口に入れる歯を一つ買いました。

——歯を買うこともできたんですか。

はい。金歯です。安く買いましたよ。ロシア人が来たとき〔ソヴィエトがリトアニアを再占領したとき〕に、女性から買いとりました。

——その歯は今どこにありますか。

ここです、ここ〔口のなかの金歯を指差す〕。被せ物を入れないといけなくなったとき、虫歯があったので母が「被せたほうがいい」と言ったんですが、しばらくして、母の知り合いの女性が歯を持っているということで——その女性の夫はユダヤ人を撃ったんですけど——それでその人から歯を買いました。いくら払ったか今は覚えていません。歯はありますかとその人に尋ねると、あるよと言って一つ持ってきました。それで被せ物をくれたんです。

——被せ物を？　なかに歯はあったんですか。

ありました。被せ物がしてあったんです。

——それでその人は歯ごと持ってきたんですか。

ええ。被せ物が入った歯をね。

——ユダヤ殺しの人たちは、殺害のあと得をしたんですね。

別に得なんてしていませんよ。全部遊びに使ってしまってなにも残らなかったんですから。

——でももし妻が金《きん》を売っていたなら、やっぱり得をしたんじゃ……。

そのお金でなにを手に入れた、なにを得したって言うんです。なにも得していないですよ。みんなと同じで、結局なにも持っていなかったんですから。

——でもあなただって、他人の歯を持っているじゃないですか。

私は買ったんですよ、お金を払って買ったんです。
――でも安く買ったんですよね。
まあ、安かったですね。
――結局、利益を得ていたわけですよね。
まあそうね。

二〇〇〇年八月二一日、ピルヴィシュケイにて[7]

第6章　私たちの同胞——ユダヤ人を救った人たち

私の知り合いに、ナチ占領期に死から救われたユダヤ人が何人かいる。〔舞台芸術学者の〕イレナ・ヴェイサイテ、〔同じく舞台芸術学者の〕マルカス・ペトゥハウスカス、〔舞台演出家の〕カマ・ギンカスだ。救った人は一人も知らない——そう思っていた。ユダヤ人コミュニティを訪れたとき、医者のペトラス・バウブリースの展示をロビーで見つけた。バウブリースってユダヤ人だったの？　知らなかった——違いますよ、とコミュニティの人が教えてくれた。バウブリースはユダヤ人を死から救った「諸国民のなかの正義の人」〔イスラエル政府による称号で、ホロコーストでユダヤ人を救った非ユダヤ人に与えられる〕なのだと。

私もペトラス・バウブリースに救われた。

私が一三歳ぐらいのときに病気に罹り、私も両親も数年間悩まされたが、それがなんの病気かは誰にもわからなかった。お願いできる医者みんなに診てもらい、いろいろ調べてもらったけれど、体温は毎晩上がるし、なんとも言えない倦怠感にいつも苦しめられた。思春期だからか、やっぱり病気なのか。そうこうしているうち、バウブリース先生のところに行くといいと誰かが両親に教えてくれた。先生は、ヴィルニュス市内のシロ通りにある自宅に私たち親子を招いてくれた。一時間ほどかかったと思う。私の肺の写真を見た先生は、ほかの医者が見つけられなかったものを発見した。初期の結核だったのだ。すぐに学校を休んで半年ほど療養所に行き、薬を飲んでマツの森の空気を吸うようにと言われた。バウブリース先生のおかげで、両親は私にイヌを買ってくれた。できるだけ長くマツの森で過ごせるように、と。

私は回復した。学校を卒業して、一九七三年にモスクワ舞台芸術大学に入学した。同じ年の一二月、ヴィルニュスの実家に帰った。一二月一六日にはモスクワに戻るはずだった。飛行機のチケットも取っていたが、キャンセルした。授業はなかったので、ヴィルニュスにまだ数日いられたからだ。その日、モスクワ行きの飛行機にはリトアニアで最も優秀な小児科医たちが乗っていた。彼らは、その前の日にパネヴェジースで学会に参加して、そのあとユオザス・ミルティニスの舞台「死の踊り」を観劇した。モスクワ行きのTu－124機にはバウブリースも乗っていた。当時五九歳だった。Tu－124はミンスク近郊で墜落し、バウブリースは死亡した。医者も全員、乗客も全員死亡した。私は生き残った。

一九七七年、ペトラス・バウブリースは「諸国民のなかの正義の人」に認定された。

戦時中、バウブリース先生は子どもたちを何人、死から救ったか――数十人だ。先生に救われてリトアニア人の家族に引き渡されたユダヤ人の子どもたちは、おそらく自分の出自を知らないだろうし、先生が注射を打って数時間眠らせたことが死の淵から抜けだす第一歩になったことも知らないだろう。バウブリースは、一九四二年から四四年までの二年間、カウナスの孤児院「ロプシェリス」の院長を務めていた。ヴィリヤンポレのユダヤ人ゲットーのすぐ近くにいた。

バウブリースに匿《かくま》われたユダヤ人女児のルトは、その後イレナ・バルタドゥオニーテという〔リトアニア人の〕名で育てられた。

一七歳のユダヤ人の女の子が、私をゲットーから連れだしてくれました。彼女は見た目がユダヤ人っぽくなかったんです。朝早くにロプシェリスの近くに私を置いておくと、バウブリース先生と話がついていたんです。私は薬で眠らされていました。冬の日の早朝、私はそりの上に乗せられて、服の束と一緒に運びだされました。ドイツ人が確認しなかったので助かりました。確認していれば、私も彼女も殺されていましたよ。服の束のなかに私の偽の氏名が書かれた紙が入れられていて、バウブリース先生が院長を務めていたロプシェリスで私はその氏名で育てられました。[1]

とてもおかしな話もある。

一人の警察官が女の子を見つけ、ロプシェリスのバウブリース先生のところに連れてきました。そして「私には息子がいるが娘はいない、だからこの可愛い子を育てたいんだけど」と言ったんです。警察官のもとなら彼女は安全だろうからそれが一番いい、とバウブリース先生は思いました。朝その子にお菓子をあげると、その子は「ケケ！」と言いました。ユダヤ人の子どもは「ツケルケ」という言葉から、お菓子を「ケケ」と呼んでいたんです。その警察官はリトアニア人でしたが、幼少期にユダヤ人と一緒に育ったので、その子が「ケケ」と言うのを聞いて、ゲットーから運びだされた子なんだとわかりました。それで、すぐにその子をゲットーの門のところまで連れ戻しました。[2]

「ロプシェリス」で看護師を務めていた女性は次のように語っている。

連れてこられた子どもたちは、髪を切られ、過マンガン酸カリウム〔殺菌剤として用いられる〕を頭に塗られました。ゲスターポが週に二、三回、夜遅くにロプシェリスを点検しにやってきました。[3]

ゲットーに近い「ロプシェリス」で捨て子が急増していることをゲスターポが知ると、職員が夜に扉を施錠することが禁止された。「ロプシェリス」はいつでも点検を受けられるように一日じゅう開いていなければいけなくなった。

一九四四年三月、カウナス・ゲットーで「子ども作戦」なるものが行われ、母のもとから子ども

通学途中のカウナス・ゲットーの子どもたち

たちが奪われた。このとき、子どもや老人など非力な人間一三〇〇人が強制収容所に送られている。彼らを待ち受けていたのは、アウシュヴィッツやダッハウのガス室だった。

二〇〇二年、ヴィルナ・ガオン・ユダヤ博物館が、ユダヤ人を救出したリトアニアの人びとのリストを出版した。そこには二五五九人の名前が載っている。

一〇年後、「リトアニア住民のジェノサイドとレジスタンスに関する調査センター」がホロコーストに参加した可能性のある人たちのリストを作成し、センターのウェブサイト上で公表した。そこには二〇五五人の名前があった。

つまり、リトアニアでは救った人のほうが多かったのだ。これは公式記録である。

同センターが作成したリストは、二〇一二年にリトアニア共和国政府に提出された。報道もされた。私たちの政府は、歴史家ネリユス・シェペティースと同じ態度をとり続けている――「リトアニアで私たちのユダヤ人の殺害に参加した人たちの大半はリトアニア人だった。だからどうした」。

第7章　現在の視点から——歴史家へのインタビュー

米国ペンシルヴェニア州ミラーズヴィル大学の名誉教授で、「リトアニアにおけるナチとソヴィエトの占領体制による犯罪評価国際委員会」〔一九九八年、ヴァルダス・アダムクス大統領（当時）によって設置された国家機関。ナチ体制およびソヴィエト体制によって行われた犯罪に関する調査を目的とし、国内外の研究者などによって構成される〕[1]の委員も務める歴史家サウリュス・スジエデリスは、ホロコーストに関する本や記事を多く執筆している。

——政府の指示により「リトアニア住民のジェノサイドとレジスタンスに関する調査センター」が作成した、ホロコーストに関与した可能性のある人のリストについて聞いたことはありますか。

いいえ、聞いたことはありません。大変興味がありますね。

——スジエデリスさんが知る限り、私たちの同胞であるリトアニア人でナチ占領期にホロコーストに参加した人は、どれくらいいたのでしょうか。

リトアニアでは、ユダヤ人殺害に直接参加したドイツ人は少なくとも数百人です（保安機関や国防軍のスタッフなど)。大多数を占めていたのは現地の人びとで、最も多かったのは民族的リトアニア人でした。直接殺害を行ったのは少なくとも数千人です。これは、ユダヤ殺しは「一握りのならず者」だったという神話とは相反します。数千という数字は多いのか少ないのか。この問題を解決しようとした〔リトアニア・ユダヤ人の〕歴史家ソロモナス・アタムカスは、犯罪者の数を正確に捉えようとしすぎれば、犯罪の程度を明らかにするという別の問題が疎かにされてしまうと述べています。それでもなお、彼が出した次の結論は論理的に受け入れなければいけないでしょう。「ユダヤ人に対する迫害、ポグロム〔ユダヤ人に対する集団暴力〕、略奪、ゲットーへの連行、監視、さらなる招集、連行＝移送、そして射殺の過程には、数千人の地元住民が参加した」のです。

――殺人者はどんな人で、なぜ殺したと思いますか。

クリストファー・ブラウニングの著書『普通の人びと』[2]がその根源的な問いに答えようとしています。著者は、ある典型的なドイツ警察大隊のポーランドでの活動を調査しました。この大隊は、年齢層の高い予備兵からなる約五〇〇人の部隊で、約八万三〇〇〇人のユダヤ人を殺害したり絶滅収容所に送ったりしました。ブラウニングによれば、大隊が殺害に参加したのは、上官に従順であり、戦友どうしの同調圧力を感じたからです。ブラウニングは、反ユダヤ主義や犠牲者に対する嫌悪感、ナチのイデオロギーはそれほど重要ではなかったと考えます。官僚構造や上官の命令に従順であり、戦友に対する信義を重んじることが、「普通の人びと」を殺人者に変える主な機能を果たしたのです。サディストやナチを信奉していた人は少数でした。

──リトアニア人の反ユダヤ主義は、ホロコーストにどれだけの影響を与えたのでしょうか。

ボリシェヴィキ占領後のリトアニアでは、反ユダヤ主義が重要な役割を果たしました。それ以前も反ユダヤ主義が表現されることはありましたが、集団的暴力はまったく起きていません。アンタナス・スメトナ〔大統領〕は反ユダヤ主義者ではありませんでしたし、ユダヤ人の観点から見てもスメトナの政策は穏健でした。しかし、一九四〇年にソヴィエトに占領されると、ユダヤ人がリトアニアを売ったという考えが支配的になりました。ユダヤ人たちが花を持ってボリシェヴィキを出迎えたからです。また、NKVDの職員のほとんどがユダヤ人だとも信じられるようになりました。実際、職員の多くはロシア人であり、もちろんリトアニア人やユダヤ人の職員もいました。ユダヤ人はソヴィエトに苦しめられなかったとリトアニア人は考えましたが、ソヴィエト占領者は実際、ユダヤ人からもリトアニア人からも土地や財産を取りあげたのです。一九四一年六月には、リトアニア人と同様にリトアニア・ユダヤ人もたくさん追放されています。

──ホロコーストにおけるリトアニア臨時政府の役割はどのようなものでしたか。

少し前、このテーマについて、ある有名な政治家と話したことがあります。その政治家は、臨時政府がナチに忠実だったのはリトアニアの独立のための戦略の一部だったからだ、現在の象牙の塔からすべてを評価すべきではないし、リトアニアのためにすべてを尽くした当時のリトアニアの指導者を責めるべきでもない、と語っていました。当時の政府の閣僚たちは抑圧を恐れていて、ドイツ人が自分たちを逮捕するのではないかと懸念していました。それでも、独立リトアニアの再建を宣言したなら、それに対する倫理的責任は自分たちの言葉のなかで負うべきだし、適切にふるまうべきだったと私は確信しています。ユダヤ人を差別する政府の決定は、すべての国民は平等であるとする独立リトアニアで採択された一九三八年の憲法に反しています。もしリトアニア臨時政府が一九四〇年六月まで存在していたリトアニアの再建を宣言したのであれば、そのリトアニアの憲法は有効なはずです。考え方を変えれば、ユダヤ人を差別する決定を行うにあたっては、リトアニア憲法も改正すべきだったということです。

　リトアニア臨時政府は、ナチズムが起こしたジェノサイドの意味をわかっていなかったように思います。国民社会主義者《ナチ》たちは、やや過激だったり趣向が違っているとはいえただのドイツの愛国者なのだ、と臨時政府は考えていたのでしょう。警告はありました。一九三三年、〔当時リトアニアの政権党だった〕民族主義連合《タウティニンカイ》の有名な活動家ヴァレンティナス・グスタイニスは、ヒトラーが政権に就けばドイツが危険に晒されると書いていたのです。こんにちの象牙の塔から評価することについてですが、ソヴィエトに協力した人たちについてはこんにちの視点から評価されていて、リトアニアを「スターリンの太陽」〔一九四〇年、リトアニア人の詩人サロメヤ・ネリスがスターリンを崇拝して太陽として描いたことに因む〕に送った人たちは非難されています。これに関しては一貫していなければなりません。

　一九四一年、臨時政府は混乱していました。もちろん、ドイツ軍はリトアニアをボリシェヴィキの軛から解放してくれました。だけど、ナチの政策はポーランドでの行いやリトアニアでの最初の段階ですでに明らかでした。西欧におけるヒトラーの戦争は破滅的ではありませんでした。総統はイギリスを尊重し、ドイツと同等とみなしていたのです。しかしヒトラーの計画では、東欧にはまったく別の運命が与えられていました――真の破滅戦争です。ヒトラーの周囲の人たちには第一次世界大戦での従軍経験があり、ドイツが敗れた原因も知っていました。それは物資の不足と貧困です。そして、ヨーロッパで新しい戦争が始まると、どんな状況にあってもドイツ軍には食糧を不足させない、東欧がドイツ兵に食糧を供給する、と決められたのです。そのためには東欧の人口を大幅に減らす必要がありました。まずは東欧のユダヤ人を抹殺し、そのあと次の決定が下されると見られていました。

リトアニア臨時政府は、ドイツ軍の到着後は状況を統治できていませんでした。臨時政府は軍も統治できていなかったのです。実質、無秩序状態にありました。そのため、臨時政府はユダヤ人殺害を計画しておらず、同意すらしていません。一九四一年七月末、ドイツがリトアニアの統治を始め、いわゆる「顧問」(彼らは真の協力者《コラボレーター》でした)や、臨時政府が再建した行政機構や地元警察を招集しました。一九四一年八月、九月、一〇月は、リトアニアの歴史のなかで最も残虐な一ページとなりました。短期間のうちに非常に多くの人たちが殺害されましたが、犠牲者の大多数はリトアニア・ユダヤ人でした。ペトラス・クビリューナス総顧問は、〔もし連合軍に捕まっていたら〕ナチ統治下のリトアニアで行ったことについて、連合軍から厳しい処罰を受けたでしょうね。

――ほかのヨーロッパ諸国の経験はどうでしたか。ナチが行ったユダヤ人ジェノサイドに対して、もっと真剣に抵抗することができたのでしょうか。

　リトアニアではナチ支配期にユダヤ人の九〇～九五パーセントが殺害されました。同じころ、デンマークではユダヤ人の九割が救われています。一九四三年にナチがデンマーク政府に対する保護を廃止して占領政府を導入すると、デンマークの対ナチ抵抗運動は、同じくデンマーク国民であるユダヤ人約七〇〇〇人をスウェーデンに送り、デンマークのユダヤ人の九〇パーセントを死の瀬戸際から救いました。一九九九年、ワシントンDCで、ヴィルニュス・ゲットー劇場のポスターに関するすばらしい展示会が企画され、その開会式でトム・ラントス米国下院議員が挨拶をしました。ハンガリーに出自をもつ彼は、若いときにホロコーストを経験し、スウェーデンの著名な外交官ラオル・ヴァレンベリのおかげで生き延びることができました。そのラントスが挨拶のなかで、同じ国民を守ることができなかったリトアニアにとっての模範として、デンマーク人を挙げたのです。ラントスによれば、デンマーク人はスウェーデンに逃れた隣人のユダヤ人が飼っていたイヌまで守ったのだそうです。戦後、そのイヌは、シャワーを浴びてブラッシングされてから、飼い主の元に戻されました。しかし、デンマークの場合は例外であったことは明らかです。例えばポーランドと比べても、デンマークにおけるドイツの占領は過酷ではなかったと言えるでしょう。

　リトアニアには存在しなかったような大規模なファシスト運動が両大戦間期に支配的だったハンガリーやルーマニアでも、ホロコーストを生き延びた人の割合はリトアニアよりもはるかに高かったのです（ルーマニア・ユダヤ人の約半分が助かっています）。フランスではユダヤ人のおよそ四人に一人が殺害され、オランダではユダヤ人コミュニティのほぼ四分の三が移送され破壊されました。特に教訓となるのがハンガリーの事例です。ハンガリーでは、一九四四年の春まで約八〇万人のユダヤ人が生存していました。戦時中、彼らの多くが抑圧や迫害を経験し、一部は死去しました。しかし、ハンガリーの元首だったホルティ・ミクローシュ将軍は、ユダヤ人に死を与えよというナチ政府の要求には反対していました。ハンガリーのユダヤ人の抹殺が始まったのは、一九四四年三月にドイツが占領して親独傀儡政権が樹立されたことと関係しています。帝国《ライヒ》が実質的に統治権力を掌握すると、［ナチ親衛隊中佐の］アドルフ・アイヒマンにより、ハンガリー・ユダヤ人の絶滅収容所への追放が始められたのです。

ドイツが直接占領統治を導入したり現地行政機構を協力者として巻きこんだ地域では、ユダヤ人が救出される可能性は最も低かった、と結論づけられるでしょう。先に挙げた例が示しているのは、現地協力者《コラボレーター》がいたり住民のあいだで反ユダヤ主義が広まっていたりすると、ナチ政府が計画したとおりに行いやすかったということです。

——ホロコーストにおけるカトリック教会の役割はどうでしたか。殺害を行った大隊にも従軍司祭がいて、殺人者の罪を赦していた、というのは本当でしょうか。

倫理的権威をもつ組織であるリトアニアのカトリック教会は、ユダヤ人ジェノサイドを非難したりはしませんでした。当時の状況に対するユオザパス・ヨナス・スクヴィレツカス大司教の見解は両義的だったと言えるでしょう。例えば、彼がカウナスで起こっているポグロムに恐怖を感じ、状況改善のために行動すらしていたことが、日記のなかに書かれています。他方で、ヒトラーの著作を肯定的に評価してもいるのです。ヴィンツェンタス・ブリズギース司教は、リトアニアを「解放」してくれたナチを大々的に歓迎していましたが、ゲットーに収容されたユダヤ人たちの手助けをする修道士たちの取り組みには同意していました。司祭のなかには、ユダヤ人を助け、説教壇から殺人者たちを非難していた人もいましたが、それは例外的なことでした。テルシェイ司教区のユスティナス・スタウガイティス司教が一九四一年七月一〇日に教区民に向けて書いた文書が、文書館に残されています。そのなかで彼は、「異邦人」に対する復讐、暴力、傷害を行わず、手助けすらする意思を示しています。「異邦人」とはもちろんユダヤ人のことです。これは強い文書です。しかし、残念なことですが、このような態度を示した高位聖職者の文書は、これが唯一なのです。一九四一年九月、臨時政府の元指導者のユオザス・アンブラゼヴィチュス゠ブラザイティスは、スクヴィレツカス大司教のもとを訪れ、リトアニア民族がすでに大規模に行われていた殺人とは一線を画す旨を宣言する声明文に加わるよう求めています。しかし大司教がそれを拒否したため、試みは叶いませんでした。

――ユダヤ人たちは、私たちリトアニア人を非難しています。戦争犯罪者を顕彰し、戦争犯罪者のための記念碑を建て、通りに戦争犯罪者の名をつけている、と。ですが、それは本当のことです。LAFや臨時政府の指導者の話は置いておきましょう。でも、ユダヤ人を直接抹殺した人たちの記念碑はあります。ユオザス・バルズダの記念碑もヨナス・ノレイカの学校も、アンタナス・スメトナの甥で殺人者のユオザス・クリクシュタポニスの広場もあります。クリクシュタポニスの広場には彼の記念碑だってあります。

これは大問題ですよ。ウクメルゲの広場にクリクシュタポニスの名がつけられています。確かに彼はパルチザンでしたが、パルチザンになる前のナチ占領期には、信用を失うようなことをしていました。とはいえ、このような事例はそれほど多くはありません。このようなパルチザンを顕彰する動きは、独立してすぐのころ、別の側面をまったく鑑みずに行われました。サーユーディス〔ソヴィエト末期にリトアニアの独立運動を率いた政治団体〕、独立の歓喜、パルチザンの名誉回復が続くなか、どこかの誰かがナチ占領期の行いについて話し始めた。パルチザンは全員、英雄とみなされていました。ロシア人にとって悪かった人は皆、現在のリトアニアにとっては良い人なのだ、と無意識に反応してしまうような心理がありました。独立回復後、わざわざKGBの文書館に足を運ぶ〔パルチザン一人ひとりについて資料から細かく検証する〕というような意欲は起こらなかったのです。

KGBの文書館が引き渡され、サーユーディスの人たちが管理していたとき、歴史家のヴァレンティナス・ブランディシャウスカスと一緒に文書館を訪問したことがあります。私たちを出迎えた

プルンゲ近くにあるユオザス・バルズダのための記念碑。著者ヴァナガイテ撮影

文書館の管理者は怒り、私たちに疑いの目を向けていました。なにを探しに来たんだ、と。ところで、あるときヴァルダス・アダムクス大統領が私を招いて、〔ソヴィエト時代に〕抑圧されていたあるパルチザンに勲章を授与するべきかどうか尋ねました。私は、その人物がなにをしたのか、そして、表彰を推薦されているそのほかのソヴィエトに抑圧された人たちがなにをしたのかに着目すべき、と答えました。抵抗した人たち全員が聖人だったわけではありません。もちろん政治圧力は大きいですよ。リトアニア国内だけでなく、在外リトアニア人のあいだでもそうです。戦争犯罪者のアンタナス・インプレヴィチュスは、フィラデルフィアでリトアニア人コミュニティの代表に選出されています。彼は、「ドイツ軍に従軍したが私のことを不審に思う人は誰もいなかった」と述べています。

――いつか私たちが自分たちの歴史に目を開く勇気がもてるようになると思いますか。

リトアニア国内でも在外リトアニア人のあいだでも、次の七つのステレオタイプが未だに根づいています。

一、ユダヤ人殺害にリトアニア人が参加したのは、リトアニア人の抹殺にユダヤ人が参加したことに対する反応として理解されていた。

二、少なくとも、一部のリトアニア・ユダヤ人は死に値した。なぜなら、独立期にはリトアニア人を搾取する閉じた社会を構成していたし、第一次ソヴィエト期〔一九四〇～四一年〕にはリトアニア民族に対する罪を犯したのだから。この時期、ユダヤ人は共産主義者とともに行動していたし、追放された人のなかにユダヤ人はいなかった。

三、ドイツ占領期において、リトアニア人の大半はユダヤ人を救った。

四、ユダヤ人ジェノサイドのすべてはナチが起こしたことであり、ときにナチはリトアニアの軍服を身にまとっていた。おそらく、ほんの一握りのリトアニア人や元共産党員は、自らの罪を償おうとナチに協力したのだろう。

五、西側のメディアにおけるリトアニア人親衛隊員〔SS〕に関する幻想は、誹謗中傷である。皆が知っているとおり、リトアニア人は、ラトヴィア人やエストニア人とは異なり、SS軍団をつくることを断固拒否したのだから。

六、個人、特に愛国的活動家に対する非難は、KGBの偽装文書にもとづく占領者の政治的謀略である。

七、西側のメディアはユダヤ人にコントロールされていて、ナチが行ったジェノサイドには注力するのに、それよりはるかに巨大な共産主義の犯罪は無視している。

歴史的事実の一部だけにもとづくこのようなステレオタイプが蔓延《はびこ》っている限り、リトアニア史で最も残虐な一ページを冷静に評価することは難しいでしょう。私たちはまだ防戦態勢にあります。このような不適当な態度をとり続けている限り、反撃に転じることはできないでしょう。では、皆さんはなにをしてきたのか。もし自らが批判的に評価することができれば、他人は責めたてることはできない——私はいつもそう思っていました。例えるなら、武器を素手でへし折るようなものです。私たちの歴史はどのようなものだったのか、そのなかで悪い部分はなんだったのかを、私たち自身が大っぴらに語らなければならないときがくるでしょう。

第1部あとがき

最も重要な問いは、本書の最初で、一〇年生向けの歴史教科書のホロコーストに関する章を読んでから問うた、「犯罪者は誰だったのか」という問いだ。

リトアニア人当局か、一握りのならず者か、数千人のリトアニア人か。

歴史家サウリュス・スジエデリスは、数千人以上と言った。

「リトアニア住民のジェノサイドとレジスタンスに関する調査センター」が作成した、ホロコーストに関与した可能性のある人の極秘リストには、二〇五五人の名前があった。

ユダヤ殺しの社会的背景について著したリマンタス・ザグレッツカスは、特別文書館にはホロコーストに関係する人物のファイルが数千点所蔵されていると書いている。

歴史家アルーナス・ブブニースの資料によれば、ドイツ占領期に自警大隊に従軍した兵士は、一万二〇〇〇〜一万三〇〇〇人だという。少なくとも一〇大隊がなんらかの形でホロコーストに関わっていた。となると、殺害したのは、五〇〇〇〜六〇〇〇人ほどだろうか。

アルフォンサス・エイディンタスは、二〇自警大隊が帝国《ライヒ》に仕えたと述べている。

歴史家リュダス・トルスカは、ホロコースト参加者として約一万人を挙げている。

リトアニアのホロコーストは二つの部分、二つの罪からなっている。一つはユダヤ人の隔離で、一時的な収容所の提供。これが二つ目、つまり大量抹殺につながった。

ある人たちは、一九四一年六月の蜂起のときに動き、そのあとリトアニア人当局のさまざまなレベルの機関で勤務した。別の人たちは、リトアニア人補助警察、民族防衛労働大隊、補助警察の小隊（白袖隊）などリトアニア人武装組織の一員で、多くの場合はリトアニア人警察署長の下にいた。三番目に、自警大隊に従軍していた人たちが挙げられる。リトアニアでは二六の自警大隊が組織され、一万二〇〇〇〜一万三〇〇〇人の兵士が従軍していた。[1]

イスラエルの歴史家たちの計算では、ナチの下にあった軍事組織以外に、占領当局と協力してユダヤ人の隔離や殺害に関与した人たちが各郷に数十人ずついたという。彼らは、ホロコーストに直接あるいは間接的に参加した人を合わせると、リトアニア全体では二万三〇〇〇人に達すると述べている。

おそらく真実はその中間あたり、一万人から二万人のあいだのどこかにあるのだろう。私が取材した歴史家たちによれば、もし五人の歴史家が五年間かけて、特別文書館にある数万の刑事事件ファイルや、イスラエル、ポーランド、ラトヴィア、ベラルーシ、ドイツの文書館資料を調査すれば、ホロコースト参加者の概数を出すことは可能だという。

独立してから二五年、誰もリトアニアの歴史家にそのような調査を依頼していない。だから、リトアニアでホロコーストに参加した人の数を知ることはけっしてない。しかし、それがとても多かったということだけは、いつだってわかることなのだ。

第2部

敵との旅

リトアニアの歴史家は、リトアニアの地方で起きたホロコーストは、これだけ時間が経過してもなおほとんど調査されていない空白状態にあると述べている。時代が下り、ユダヤ人殺害を目撃した人はほとんど残っていない。一九四一年に一〇歳だった人は、〔原著が刊行された二〇一六年には〕もう八五歳になっている。七歳だった人でも八二歳。「ユダヤ人になる」プロジェクトが終了すると、文書館の史料や歴史家の本にあたり、さらに大量殺害の現場に行ってまだ生きていて記憶もある目撃者たちと話をして、真実を探ることが私の義務となった。一人で行こうか。それとも誰かと一緒に？　でもそんな時間がある人は誰もいないし、誰かを雇うようなことでもない。

誰がいるだろうか。敵と旅するというのは？　真実への旅だ。でも成功するだろうか。リトアニアの敵はそんなアヴァンチュールに同意するだろうか。リトアニア人は全員が殺人者だとでも思っているのでは。

エフライム・ズロフに手紙を書いた。リトアニアの一二都市をまわることを提案した。半分は彼が選ぶ。彼の両親や祖父母のシュテットル、つまりユダヤ文化の中心地となった重要な中小都市に行くのだ。そして、残り半分は私が選ぶ。私の両親や祖父母の故郷や私が生まれた街に行く。ガソリン代は割り勘で。

すぐに返事がきた。リトアニアの敵がリトアニアとのつながりについて書いた手紙は、とても長かった。

エフライム・ズロフ――私の人生におけるリトアニア

私にとってリトアニアは、若いときからずっと特別な存在だった。リトアニアは、私の祖父《ゼイデ》シュムエル・レイブ・ザル（米国ではなぜかサミュエル・L・サーになった）が生まれた場所だ。祖父が私の人生に与えた影響は非常に大きい。生まれる前からすでに影響を受けていた。実のところ、私の名前を選んだのは祖父だったのだから。私の名前は、リトアニアのホロコーストで犠牲になったある人からつけられた。この決定が、不思議と私の人生を運命づけたのだった。

私が生まれてすぐに父と祖父が互いに送り合った電報を、今でも大事にとっている。父は、当時ヨーロッパの難民キャンプでホロコーストから生き延びたユダヤ人たちの手助けをしていた自分の舅《しゅうと》に、「エステルが男の子を産みました」と送った。すると私の祖父《ゼイデ》はすぐに「エフライムという名前はどうだろう」と返信したのだった。おそらく祖父は、当時、一九四八年八月の時点で、彼の弟、六人兄弟の末っ子のエフライムがリトアニアのホロコーストで殺されたことを知っていたのだろう〔東欧ユダヤ人の伝統では、生まれてきた子どもにはすでに亡くなっている親戚の名前が与えられる〕。両親は祖父の提案を受け入れ、モーシェ・ダニエルになるはずだった私はエフライム・ヤーコフになった。

祖父は私の名前を選んだだけでなく、通うべき学校を勧めてくれたり、私がどこまで達成したかを見てくれたりと、教育面でも導いてくれた。祖父がマイアミでの休暇中に私に送ってくれた絵葉書は忘れられない。それは、雪掻きをしてお金を稼いでいることを自慢げに書いた私の手紙に対する返事だった。祖父は、私がもし勉強に時間を費やすなら、同じ時間雪掻きして稼げるだけのお金を私にくれると書いてきたのだ。祖父は私の人生に大きな影響を与えた。祖父が、米国の現代正統派ユダヤ教の教育機関として最も重要なイェシヴァ大学で最も重要な人物の一人だったからでもあるだろう。

私の両親の出会いも祖父の考えだった。祖父は、最も優秀な学生の一人だった父を婿候補として選んだのだ。父は二四歳で講師になった。こんな具合だったから、私の家庭では祖父が本当の家長であり模範でもあった。

祖父は誇り高きリトヴァク〔リトアニア・ユダヤ人のこと〕だった。祖父は、リトヴァクは非常に聡明で多才だと信じていた。明らかにリトヴァクとしての優越感を抱いていた。祖父の知的分析力と、祖母の昔話《ボベ・マイセス》という実にリトヴァクらしい組み合わせは、非常に大きな影響を私に与えた。

不思議なことに、ホロコーストというテーマは私の家庭では話題にのぼらなかった。私たちにとっては、大叔父のエフライムが才能あるタルムード研究家だったという事実のほうが、エフライムとエフライムの妻ベイラ、そして二人の息子ヒルシュとエリヤフがリトアニアで悲劇の最期を遂げたことよりも大事だった。かなりあとになってから、彼らの最期について知った。そのとき私はすでにリトアニアなどのホロコーストに関心を寄せていた。新たに知った事実は、私とリトアニアのつながりをさらに強くした。

私が古き祖国《アルテ・ヘイム》を初めて訪れたのは、リトアニアがまだソ連の一部だったときだ。一九七〇年からイスラエルに住んでいた私は、一九八五年、いわゆる「リフューズニク」に会うためにソ連に渡航しないかと、イスラエル政府から提案された。「リフューズニク」とは、イスラエルへの移住を希望したがソヴィエト当局にそれを拒否《リフューズ》された〔ソ連の〕ユダヤ人のことだ。私たちは、シオニストやヘブライ語の教師たちと会うことになっていた。〔このプログラムの〕発起人が探していたのは西側諸国からイスラエルに移住した人で、移住後も西側諸国のパスポートを所有していて、旅行者を装ってソ連に渡航できるような人だった。ヴィルニュスを希望した私は、ヴィルニュスへの渡航が認められた。

そんなわけで、一九八五年の秋、私は初めてヴィルニュスに降り立った。大叔父のエフライムが殺害されたポナリには行っておきたかった。西側からの旅行者は〔ソ連〕国内を自由に旅行できなかったので、リンクメニースまでは行けないことはわかっていた。だけどポナリはヴィルニュス市内にある。

ポナリに向かう予定の前夜、私たちはKGBに出くわした。

ソ連国内で訪問したほかの都市と同じく、ヴィルニュスでもシナゴーグを訪れた。ソ連ではユダヤ人がシナゴーグに行くことは禁じられていなかった。もちろん、祈りを捧げる人たちのなかには、いつもKGBの諜報員が紛れこんでいた。その日私たちは夜の礼拝に参加した。老人ばかりのシナゴーグに、若者が一人いた。彼がヴィルニュスに残るユダヤの痕跡を見て回ることを提案してくれた。

私たちは、シナゴーグがあるピーリモ通りからバサナヴィチュス通りに左折した。すると民間人の服を着ていた二人が突然私たちのガイドを殴り、彼を地面に押さえつけた。そして私たちに今すぐホテルに戻るよう命じた。話は明日の朝訊く、とのことだった。翌朝、ホテル「リエトゥヴァ」のロビーに降りて、話を訊かれるのを待っていた。しかし誰も現れなかった。私たちはポナリに向かった。本当に話を訊きたいのなら、私たちがどこにいようと見つけだすだろう。

三〇年後の二〇一五年夏、リトアニアで請求を出していた私は、KGB文書館の資料を受けとった。そこには、当時のシナゴーグでの私たちの会話がKGB職員にも聴かれていたことが記されていた。その職員はシナゴーグのなかにいたのか、それともどこか近くに停めてある車のなかから聴いていたのか――それは知る由もない。

◆リトアニアでのナチ・ハンティング

話をソ連解体期に進めよう。リトアニアが独立国家となる。すばらしいニュースだった。私は希望に満ちていた。何十年も想像できなかったことが、新たな政治状況のなかで可能になる。私は、自由になったリトアニアは、自らの悲劇的な過去であるホロコーストに真摯に目を向けるべきだといった内容を記事にした。「リトアニアからの正義を待つ」と題したこの記事は、一九九〇年三月に日刊紙『イェルサレム・ポスト』に掲載された。私の数十年にわたるリトアニアでの活動の幕が切って落とされたのだった。

独立リトアニアとの最初のコンタクトは一九九一年六月、それは幸先の良い始まりだった。ポナリでの新しい記念碑の建立式典に、イスラエルからの派遣団とホロコーストを生き延びたヴィルニュスの人たちが招かれたのだ。その記念碑には、犠牲者（ユダヤ人）と加害者（主にリトアニア人）の属性を隠すようなソヴィエトらしい文言は刻まれていない〔ソヴィエト時代に建立された記念碑には「ファシストによるテロルの犠牲者に捧ぐ」とだけ刻まれ、ポナリで犠牲になった人の大半がユダヤ人だったことはどこにも書かれていなかった〕。約一〇万人（うち七万人がユダヤ人）が殺害された場所には相応しくない小さすぎる記念碑も置かれなくなった。しかし、ユダヤ人たちはこれから、リトアニアなどの旧共産主義諸国でホロコーストに関係する問題を解決することの困難さを実感することになるだろう。降りしきる雨のなか行われた式典中、私はそう考え始めていた。それは、犠牲者の追悼や殺人者の訴追、さらには史料の保存、教育といった問題であり、特に厄介なのは補償の問題だった。

式典で挨拶したリトアニア首相ゲディミナス・ヴァグノリュスは、悲劇の規模も、リトアニア・ユダヤ人コミュニティの破壊にリトアニア人殺人者が果たした役割も、矮小化しようとした。「この悲劇は一瞬で起きたことではなく、少なくとも三カ月かけて行われたことなのだということを、私たちは忘れてはいけません」――ヴァグノリュスは、三年間続いた殺害を三カ月に縮めていた。

さらにひどいことに、彼は、現地住民のユダヤ人大量殺害への参加は犯罪者集団による行為だったと述べた。しかし実際には、聖職者や知識人からごろつきや犯罪分子まで、リトアニアのすべての社会階層がナチに協力していた。ヴァグノリュスの考えとしては、犯罪者集団の行為よりも、ホロコーストでユダヤ人を救ったリトアニア人の偉業や、ユダヤ人とリトアニア人がともにリトアニアの独立回復に向けて努力してきたことのほうが、歴史、国の名声、民族意識にとってよっぽど重要なのだ。

独立〔回復後の〕最初期においては、ユダヤ人を救った少数の人たちと、リトアニア・ユダヤ人コミュニティ全体を実質的に破壊することになった殺害に積極的に参加した数千人とを釣り合わせる嘘の対称性がつくりだされていた。ホロコーストは最大限軽視されていたのである。リトアニア人たちが自国の悲劇的な過去に目を向け、ナチ犯罪者の責任の追及にも乗りだすだろうと期待していた人間は、ヴァグノリュスの挨拶を聞いて希望を失ったに違いない。

ポナリでの式典のあと、祖父と祖父の兄弟が生まれた町《シュテットル》、リンクメニースを訪れることができた。曽祖父エリヤフは、若いときにリンクメニースの湖で溺れ、曽祖母《ボベ》のエルカは六人の息子を抱えて未亡人となった。リンクメニースで私は感傷的になってしまった。数十年間、おそらくは数百年ものあいだユダヤ人がここに住んでいたことを示す案内板が一切なかったからだ。私の祖先の地は開かれていて訪問することもできたが、私の家族の過去のことを覚えている人はそこにはいなかった。

あのリトアニアへの訪問から四半世紀が経った。当時のリトアニアは独立を回復し、自らの過去に対する責任を負う機会を歴史上初めて獲得した。私の父方の祖先と母方の祖先が生まれ育ったリトアニアと関わり続けた二五年間、私は常に過去に対する責任を求めてきた。殺人者の責任が問われれば、リトアニア人のホロコーストへの参加に関する歴史的真実が明らかになり、それがリトアニア国内外に知られることで、犠牲者は追悼される。四半世紀ものあいだ、私はそれを求め続けている。この課題がいかに困難で、私の努力がリトアニアでは評価されないということは、私もわかっていた。しかし私は、この使命においては妥協も人気取りも必要ないと思った。私の行いに対するリトアニア人の抵抗は、私が負うべき代償だと思った。

二五年が経過した今でも、私は自分が選んだ道を後悔していない。しかし、私が直面するであろう困難を当時過小評価していたことは認めざるをえない。四半世紀が経過して、リトアニアが真実からさらに遠ざかっているとは想像もできなかった。ホロコーストに関する事実の歪曲や、スターリンが行ったジェノサイドとホロコーストを等価とみなすダブル・ジェノサイド論が、まるで神の言葉かのように世界に蔓延している。それでもまだ、真実に迫る私の戦いが終わったとは思わないし、当局や当局から資金援助を受けている団体が広める嘘がずっと暴かれないままだろうとも思わない。遠い未来にリトアニアの歴史家や著名人たちが独立第一世代がでっちあげた物語に挑戦するようになるまで、「勝利」は達成されないだろう。私にとって慰めになるのは、自分がリトアニアのホロコーストで犠牲になった人たちを裏切らず、犠牲者たちの記憶も軽視していないことくらいだ。

私がこのような人生を歩み続けることになったのは、ナチ・ハンターとして有名なサイモン・ヴィーゼンタールに感銘を受けたからだ。私たちのセンターは彼の名を冠している。戦後、建築家としてのキャリアを捨ててナチ・ハンターになった理由を彼に尋ねると、彼は次のように答えた。

私は信心深くないけれど、あの世の存在は信じているんだ。死後、天国でホロコーストの犠牲者たちに会ったら、「生き残れて幸運だったね。命も守れたし、ほかにも人生の贈り物をたくさんもらえた。それで、その贈り物をなにに使ったの。人生でなにをしてきたの」と訊かれると思う。私たちは、「ビジネスマンになりました」とか、「弁護士になりました」、「教師になりました」とか答えるだろうね。でも私は、犠牲者たちにこう答えたいんだ――「私は皆さんを忘れはしませんでした」って。

この、敵との旅は、本書『同胞』のなかでも特に重要なパートである。親戚がホロコーストに参加していたことを勇気をもって認めた著者ルータ・ヴァナガイテや、そのほかのリトアニア人たちにホロコーストの記憶の灯火を託し、互いに和解を果たして、私はリトアニアに別れを告げたい。この『同胞』は、国内外から移送されてきたユダヤ人の殺害がリトアニアの悲劇であったことを知らしめようとする試みである。その悲劇が認められない限り、それはこの美しい国の暗い影であり続ける。悲劇が認められたそのとき、私たち民族、殺害されたユダヤ人は、宗教や伝統、生活習慣こそ違えど、同じくあなたがたリトアニア人の同胞だったことがわかるだろう。そのとき、あなたがたの国で本当の回復が始まる。私はそれを信じ、祈っている。

ミッションは可能《ポッシブル》か――出発前の対話

こうしてエフライム・ズロフがリトアニアにやってきた。敵との旅が始まる。今回の旅に関心をもったあるテレビ局が同行取材を願いでてきたが、私はその考えには同意しなかった。カメラやマイクが本書の邪魔になることはわかっていた。〔出版前に放送されれば〕リトアニアの人たちはただ恐れるに違いない。

しかし、旅の計画の前に対話する必要があった。いくつか確認しておきたかったのだ。こうして、エフライム・ズロフが到着してすぐ、あまりフレンドリーではない最初の対話が始まった。

ルータ――知り合いの多くが私に警告してきました。あなたが攻撃的で危険な人物だから、旅はやめたほうがいいと。メディアやリトアニアの人たちは、「ズロフはリトアニアを憎んでいる。地球上にリトアニア人が一人でもいる限り、彼は黙ることはない」と言っています。これは本当ですか。

エフライム――世界には、親族がリトアニア人の手で殺されたホロコーストの生き残りがいます。そういう人たちのなかには、「リトアニアに核爆弾が落ちてもまだ不十分だ」と考える人だっています。ですが、「犯罪者は自らの罪に答えなければならないが、その子孫に罪はない」と信じている人たちもいます。私もその一人なんです。リトアニアで活動を始めてすぐのときからいつも言っているのは、バルト諸国に嫌悪感を感じてはいないということです。反対に、私がやろうとしていることは、長い目で見ればリトアニアにも有益なことなんです。リトアニアは、過去に向き合い、ホロコーストで起きたことを真摯に評価しなければいけません。そうすれば、ほかの欧米の民主主義諸国と肩を並べることができます。私やユダヤ人団体のためにしないといけないのではない。あなたがた自身のためにしないといけないんです。

ルータ――別の訊き方をしてみましょう。なにかリトアニアのいいところを言ってもらえますか。

エフライム――二つ言えるでしょうね。ユダヤ人から見れば、リトアニアはバルト諸国で最も重要な国です。ナチ占領期の初め、リトアニアには二二万人のユダヤ人が住んでいました。ラトヴィアのユダヤ人は七万人で、エストニアのユダヤ人は一〇〇〇人だけでした。二つ目に挙げられるのは、リトアニアの自然は非常に美しいということ。私の問題は、リトアニアの森を見ると「この美しい森には数百の殺害現場がある」と言ってしまうことです。殺害とリトアニアの自然の美しさとのコントラストは大きすぎますよ。あともう一つ、私が認めないといけないことがあります。私は、ホロコーストに過剰に反応しないようにしているのですが、それでも、歳をとるにつれて、リトアニアで殺された大叔父のエフライムとエフライムの家族のことをますます考えるようになりました。彼らを殺したのは、あなたがたの同胞ですよ。

ルータ――あなたは自分の民族を愛しているんですね。私も自分の民族を愛しています。確かに、私の民族の人たちがあなたの民族の人たちを殺しました。あなたは私たちの同胞を、殺人者だろうと傍観者だろう、と人とはみなしていない。私たちが敵どうしなのも避けられないことのようです。あなたは犠牲者側の代表で、私、あなたにとっての私は、殺人者側を代表している。敵との旅が始まったら、私はまず、当時私たちの同胞、殺害を犯したリトアニア人になにが起きたのかを理解しようとするでしょう。彼らはロボットでも悪党でもありませんでしたから。まだ生きている隣人たちは、彼らのことをどんなふうに語るでしょうね。私は、自分の民族に起きたことを理解したい。一度起きたことは、また起きるかもしれませんから。

エフライム——言いたくはないですが、また起きるかもしれないですね。すでに一度起きていますから。もし一九三〇年に誰かが、数千人のリトアニア人が隣人を射殺しに行くと予言していたら、その人は精神病院に入れられていたでしょう。しかし、実際に起きた。私の長年の経験から言えるのは、ホロコーストに参加した人の九九・九九パーセントは普通の人間だったということです。彼らは、ホロコーストのあとにも先にも犯罪活動には参加していません。家族と一緒に普通の生活を送っていたんです。

ルータ——ある一人のナチが、ニュルンベルク裁判で自らの罪を否定しました。曰く、警察学校で犯罪の定義を学んだとき、加害者、被害者、意図、行為の四つがなければ犯罪とは言えないと聞いた、と。そして、殺す意図はなかったから犯罪ではなかったと弁明したんです。祖国に尽くすために自警大隊に入隊した若いリトアニア人たちに、ユダヤ人を殺す意図はありませんでした。ただ、ユダヤ人をある場所に連行、移送したり、ユダヤ人の監視や移送を命じたり、……殺害を命じたり。

彼らは、一歩ずつ殺害に引きずりこまれていったんです。そのような状況に置かれて巨大な圧力を受けたとき、命令されたことやみんながやっていることは相当意志が強くないと拒否できませんよ。軍隊にいたんですからね。実家で庭仕事させられるのとはわけが違います。

エフライム――まず、殺害を拒否する選択肢があったことは誰もが知っています。取り調べを受けた犯罪者たちもそう言っています。ユダヤ人の隔離や射殺現場までの連行に参加しないことだってできました。ではその選択肢をとった人は何人いたでしょうか。何人の当局者が、ナチの計画したユダヤ人の隔離や殺害の手助けを拒んだでしょうか。残念ながら、多くは当局が望んだとおりに行動しました。大量殺害に参加したり、殺害実行のための条件を用意したりしたんです。

ルータ――だけど、どれだけ強い惰性があったか、わかりますよね。彼らは入隊して、武器を手にした。領土やそこにいる人たちを守ることに同意したわけです。なにから守るのか、なんのために守るのか、そんなことはわかりません。一度始めてしまえば退路なんてなかったですよ。

エフライム――だから国際法上は個人の刑事責任が認められているんですよ。若い兵士たちがアンタナス・インプレヴィチュスと同等の犯罪者だったなんて、誰も言っていません。だけど殺したのは彼らです。彼らは犯罪を犯したんです。彼らのような人たちがそういう行動をとっていなければ、ホロコーストはこれほどの規模にはなっていなかったでしょう。だから彼らも罪を負わないといけないんです。

ルータ――私は、過ちを犯してしまった若者たちに同情してしまいます。

エフライム――彼らへの同情は不適切ですよ。もし殺害が一度きりの行為であったなら、過ちを犯してしまったという議論も説得力をもったかもしれません。しかし、殺害は何度も行われました。例えば、特別部隊やインプレヴィチュス大隊の隊員たちは、自分たちがなにをしているのかよくわかった上で行動していました。

ルータ――独立リトアニアの当局者が彼らにそれをやらせていたとしたら、指導者が命令して、教会が黙認して、ほかの隊員も全員やって、ついには神もそれを認めたとしたら、そんななかでなにができたでしょう。彼らが考えていたのはそういうことです。私じゃないですからね。現実的に考えてみましょうよ。隊員の大半は教育を受けていなくて、半数は文字がまったく読めないかほとんど読めませんでした。彼らは、倫理的価値観についてそんなに考えていなかった。彼らのなかには、田舎から出てきた野暮ったい青年だっていました。

エフライム――親戚がホロコーストで殺された人のところに行って、「ごめんなさい、殺害した私たちの同胞は教育を受けていなかったんです」と言ったところで、それが説得力をもつと思いますか。

ルータ――いいえ、思いません。でもやっぱり、教会や当時のリトアニアでの倫理的権威の役割について考えてしまうんです。神の役割と言ったほうがいいでしょうか。信じられないことかもしれませんし、馬鹿げた考えかもしれませんが、殺人者の多くは信心深く、教会に通い、告白をしていました。そうすることで、自分が行ったことに対する責任が軽く感じられたんです。インプレヴィチュス大隊の隊員が「どうして神はこんなおそろしいことを許したのか」と言っていました。神がこれを許したのなら、非力な人間になにができたでしょう。

エフライム――それでも、自分が行っていることは想像できる限りで最もおそろしい犯罪だということを一人ひとりが考えなければいけません。いつから、教育を受けていないとか頭が悪いということで責任回避できるようになったんでしょう。私たちは、間違えて引き金を引いてしまって一人の人間を殺してしまったような不運なできごとについて話をしているのではありません。数千人の男性、女性、子ども、老人、病人が殺されたことについて話しているんです。自分がなにをしているかも考えずにそんなことを行うなんて、まったくの愚鈍な人間でないとできませんよ。そういう点では、リトアニアには実際、二種類の犯罪者がいました。中小都市では、一、二回だけしか殺さなかった人がいましたが、特別部隊や飛翔部隊、インプレヴィチュス大隊に従軍した兵士は、長期間、何カ月あるいは何年も殺害を続けました。

ルータ――そういう人たちのことも考えています。なかには、射殺するのは最初は難しかったけど、その後は麻痺してなにも考えずに撃てた、と言う人もいました。射殺した人たちは犠牲者の顔すら見ていませんでした。一〇メートル離れたところから背中に向けて撃ったり、穴のなかでうつ伏せにさせて撃ったりしていましたから。

エフライム――あなたはまるで、彼らのことを正当化して彼らの罪を減らそうとしているようですね。自分の家族の悲劇について語りたくはありませんが、私は大叔父のエフライムとその子ども

射殺の瞬間。リトアニア特別文書館所蔵

たちのことを考えてしまいます。大叔父は無実で、才能あるすばらしい人でした。大叔父の子どもたちは将来なにになっていたでしょうか。このようなすばらしい人たちを失ったことは、私たちにとっても、あなたがたにとっても大きな損失です。彼らが生きていれば、あなたの国にどれほど貢献したことでしょう。

ルータ——もちろん私はリトアニア人として考えています。文字がほとんど読めなかったり、判断力が衰えていたり、アルコール中毒だった田舎の青年が、癌の治療薬を開発して自分の妹を救うはずだった将来の科学者を殺害したのかもしれない。でも彼は引き金を引いた……。

エフライム——すばらしい発言だと思います。しかし、自らの罪を認めようとしない人も同じことを考えていました。

ルータ——私は、あなたが私たち民族に押しつける罪をすべて受け入れることはできません。リトアニアの地方に住むユダヤ人の証言を載せた本を送ってくださいましたね。私は怒りを抑えながら読みましたよ。ページをめくるたびにリトアニア人に対するひどい非難が書かれている。リトアニア人が略奪した、強姦した、拷問した、射殺した、子どもの頭を打ちつけた……。ただリトアニア人とだけ書かれていて、大隊兵士とか警察官といった言葉はどこにも出てきません。あの本は、私たち民族全体に対する嫌悪感に満ちていました。いろんな人たちがいて、いろんな運命があった。殺人者だけでなく、無関心だった人も、ユダヤ人を救出した人もいた。この敵との旅で、あなたにそれをわかってほしいと思います。私もいろんな側面を見たいと思っています。彼らは私たちの同胞、私の祖国の歴史ですから。

エフライム——リトアニア人の大半は無関心でした。殺人者でも正義の人でもない。あなたがそのような議論をすることで、殺人者のことを少しでも正当化しようとしているのは明らかですね。

ルータ——そんなことありませんよ。

エフライム——本当ですか。

ルータ——まあ、まったくそんなことないとは言い切れませんが。

エフライム——いいでしょう、正直に認めましたね。それでもあなたは、やっぱり衝撃を和らげようとしています。リトアニア人が過去と折り合いをつけやすいように。だけど、過去と折り合いをつけたいなら、過去を美化せず和らげたりもせず、事実をそのまま受け入れなければいけません。これは、私に対する義務ではなく、ルータさんご自身やルータさんの国に対する義務ですよ。私はここに住んでいません。私は自分の国に帰りますし、私の国がこんなことをしたわけでもありませんから。

ルータ――エフライムさんがどうしてリトアニアのことが嫌いなのか、わかります。リトアニアがあなたを遠ざけているからですよね。エフライムさんがリトアニアに来たのは一九九一年、リトアニアがまさに独立を勝ちとったときでした。あなたは、「お前たちは人殺しだ」と伝えにリトアニアにやってきた。私たちの結婚披露宴をめちゃくちゃにするために。祝いの席も台無しですよ。もっとあとになってから、注意深く、遠くから少しずつやるべきだったんじゃないですか。私たちにはもっと時間が必要でしたよ。

エフライム――その結婚式にどれだけの時間が必要だったと思いますか。

ルータ――うーん、二〇年でしょうか。一〇年かもしれません。結婚式がすばらしくても結婚自体が幸せだったわけではないと理解するまで、時間がかかるものですよ。私たちリトアニア人がナチと協力《コラボ》していたことを認めるのは、私たちには特に難しいことなんです。もしこれがエフライムさんの唯一の非難であれば、まだ「わかりました、実際になにがあったか調べてみましょう」とでも言えたでしょう。だけどエフライムさんは、ナチが来る前に私たちがユダヤ人を殺し始めたと言って攻撃を重ねてきます。それはやりすぎですよ。エフライムさんの過ちはまだあります。エフライムさんは、我々のおじいさんたちの命を奪おうとした。犯罪者だったカジース・ギムジャウスカスとアメリカの市民権を剥奪されたアレクサンドラス・リレイキスのことです〔アレクサンドラス・リレイキス（一九〇七〜二〇〇〇年）は、第二次世界大戦中、保安警察のヴィルニュス地方署長としてホロコーストに関与した。戦後、米国に移住するためにCIAの諜報員となり、のちに米国の市民権を取得。その後、対ホロコースト協力の過去が公となると、九六年に米国市民権を剥奪される。同年にリトアニアに戻ると、九八年にジェノサイド罪で訴追されたが、健康上の理由から証言を拒否するなどした。二〇〇〇年、心臓発作により死去。カジミエラス（カジース）・ギムジャウスカス（一九〇八〜二〇〇一年）は、第二次世界大戦中、保安警察のヴィルニュス地方副署長としてリレイキスに仕えた。五六年に米国に移住し、九〇年代前半にリトアニアに戻る。九六年には米国の市民権を剥奪された。九七年、リトアニアの検察がジェノサイド罪に関する捜査を開始。二〇〇一年、ヴィルニュス地方裁判所はギムジャウスカスの有罪を認める判決を下したが、本人が老年であることから、健康上の理由により刑は執行されなかった。ギムジャウスカスは同年に死去〕。このおじいさんたちは当時すでに九〇歳近くだったんですよ。

エフライム――彼らが私のおじいさんの弟と家族の命を奪いましたからね。

ルータ――だけど、私たちのおじいさんを殺したところであなたの大叔父さんは生き返りませんよ。あなたが裁判に引きずりだそうとした二人の老人は、もう完全に衰えていました。リレイキスは私の家の近所に住んでいたので道端で何度か見たことがありますが、実に不憫な姿をしていましたよ。その人に裁判だなんて……。リトアニア全土の人たちがこのおじいさんたちをテレビで見ていました。カトリック教徒の私たちは、おじいさんと怒り狂っているエフライムさんを見て、「このズロフってのが帰ればいいのに」と思ったものです。おじいさんたちに罪があったとして、どうせすぐに地獄に落ちていましたよ。だから神の裁きに任せておけばよかったんです。人間がなにかするには遅すぎました。

エフライム——あなたがたがなにもしていないし、なにもしようとしないからですよ。一五人の戦争犯罪者が〔亡命先で〕国外追放となり、リトアニアに戻ってきました。だけど誰一人として裁かれていません。これは世界にとって非常に悪い知らせです。もし誰も裁かれていないのであれば、つまり犯罪もなかったということになる。全部ユダヤ人の作り話だとでも言うのでしょうか。

ルータ——どうして二人の老人を起訴することにエネルギーを全部注いだんですか。どうしてリトアニアで最も悪い戦争犯罪者とされたヴィータウタス・レイヴィーティスを探さなかったんですか。警察局長だったレイヴィーティスの命令があったから、リトアニア全土のユダヤ人が抹殺されるために招集されたんですよ。レイヴィーティスは戦後スコットランドに移り、それからアメリカに移住しました。そして一九八八年、シカゴで穏やかに死去しました。

エフライム——私がいつからリトアニアのナチ犯罪者を捕まえるために活動しているか知っていますか。一九九一年からです。レイヴィーティスが死んだのが一九八八年なら、私が彼を探さなかった理由もわかりますよね。だけど、どうしてアメリカ人は彼を探さなかったんでしょうか。信じられない。ショックです。彼がアメリカに住んでいたのは知りませんでした。この二五年間、戦争犯罪者の発見と裁きのために、できることはすべてやってきました。だけど私は一人だった。私を両手で歓迎し、自国民の裁きに向けて動いてくれた国は、一つもありませんでした——それを求めているのがズロフだったから。ところで、リトアニアにとって自分たちの罪を認めることがどれだけ大変なことか、私はよくわかっているんです。フランスは、自分たちの罪を認めるまでに五〇年かかりました。ドイツには、それ以外の選択肢はありませんでした。あなたがたも、自分たちとその子どもたちのために、過去に真摯に目を向けなければいけません。それが早ければ早いほど、リトアニアが抱える大きな傷もすぐに癒えるでしょう。

ルータ――フランスが五〇年かかったんなら、リトアニアも五〇年かかりますよ。

エフライム――いや、リトアニアは九〇年必要でしょうね。リトアニアの罪はもっと大きいし、この問題に対処する力はリトアニアのほうが弱いですから。フランス人は、ユダヤ人を集めて国外に送りだしました。ユダヤ人は国外で殺害された、つまり、フランス人は殺していません。だけど、リトアニアではリトアニア人自身がユダヤ人を殺しました。あなたの同胞が殺したんですよ。

ルータ――私たちの同胞が殺した。かわいそうな同胞たち……。

エフライム――最後の審判の日まで嘆き続ければいい。だけど事実は事実として残ります。だから真実に目を向けなければいけない。私ではなく、あなたがたがね。リトアニア人がどうして私のことが嫌いかわかりますか。リトアニア人は、私が正しいということを知っているからですよ。

ルータ――エフライムさんが正しいかどうかは、私が判断させていただきます。真実に目を向けさせていただきますよ。リトアニアを旅して、当時のことを覚えている人たちから話を聴き、いろいろ見て、一緒に考えましょう。それでは、敵との旅の始まりです。ガソリン代は割り勘で。あとお互いを罵ったりはしないでおきましょうね。最悪な旅にしないために。
エフライム――いいでしょう。敵との旅、殴り合いもなしということで。

旅

リンクメニース／リングミヤン

一九世紀末、リンクメニースには二九七人のユダヤ人が住んでいた（全人口の三五・一パーセント）[1]。

敵どうしで最初に訪れたのは、エフライム・ズロフの祖父の生まれ故郷だった。ズロフの曽祖父は〔リンクメニースの〕ジエズドラス湖で溺死した。エフライムは今でも水が怖いという。戦前、リンクメニースには二三のユダヤ人家族が暮らしていた。

ジエズドラス湖畔にパジエズドリス村がある。リンクメニースのユダヤ人たちの家からは一・五キロメートル離れている。リンクメニースのユダヤ人を殺害したパルチザンたちを指揮したアドマス・ルニュスは、このパジエズドリス村で生まれた。

一九四一年になにが起きたのか。リトアニア特別文書館のファイルに証言が記録されている。

リンクメニースの住民ビレイシスは、次のように証言している。

独ソ戦の初め、リンクメニースの町やその周りでは「パルチザン部隊」なるものが活動していました。目の前に坐っているアドマス・ルニュスがその部隊を率いていました。私もその「パルチザン」部隊の隊員でした。隊長のルニュスは、ピストルを持っていました。

正確な日付は忘れましたが、一九四一年七月の終わりごろ、ルニュスは、以前消防署だった建物を部隊の本拠地にして、そこに隊員全員を集めました。その集まりには三〇人か四〇人くらい来ていて、私も参加していました。ルニュスは、私たちのことを「パルチザン」とか「反乱者」などと呼び、すべてのユダヤ人家族をドヴァリシュケイにある学校の建物まで連行する必要があると伝えてきました。そのときルニュスは、反乱者全員を四〜五人の班に分け、それぞれの班が具体的にどのユダヤ人家族を捕まえてドヴァリシュケイの学校の建物まで連れてくるといった任務を与えました。私は、そこで初めて会った「パルチザン」二人と一緒に、あるユダヤ人一家——名前は忘れました——を連れて集合場所まで来るという任務を受けました。当時、任務のとき、私がその一家の家のなかに入ると、そこには三、四人の家族がいました。その家にはユルギス・シェレナスも住んでいました。

私たちは、ユダヤ人たちの家に着くと、一緒にドヴァリシュケイ村の学校のほうに行くぞと伝えました。そして学校の近くまで連れてきたとき、正面にルニュスが坐っているのが見えました。私たちは彼に「パルチザン」「反乱者」と呼ばれ、ドヴァリシュケイ村の裏にあるウーセイ湖畔の空き地にユダヤ人を連れていくよう言われました。言われたとおりに集合場所を見つけ、ユダヤ人たちを湖畔の空き地まで連れてくると、そこにはほかの「パルチザン」たちが連れだしてきたユダヤ人たちがもういました。ユダヤ人たちがひとかたまりになって地面に坐っていたのを覚えています。私たち三人は、連れてきたユダヤ人をそこに坐らせました。

その空き地に集められたユダヤ民族のソヴィエト国民〔当時のリトアニアはナチ占領下にあったが、ナチによる占領は不法であったというソヴィエトの立場から、ソヴィエト時代の調書では「ソヴィエト国民」と書かれていた〕は、だいたい五〇人ぐらいでした。湖畔の空き地にユダヤ人全員が集められると、ルニュスがやってきて集合場所を見渡し、ユダヤ人全員に地面にうつ伏せになるよう命令しました。みんなうつ伏せになりました。

それからルニュスは、「ユダヤ人を撃つ、『パルチザン』たちは合図に合わせて発砲を開始せよ」と言いました。ルニュスのピストルが合図でした。

地面に伏せていたユダヤ人たちは、射殺されると聞き、泣いたり叫んだりしました。射殺現場の近くに立っていた私には、ルニュスがピストルを撃ったのがよく見えました。でも、上に向けて撃ったのかうつ伏せのユダヤ人に撃ったのかまでは見ていませんでした。

それは昼の一一時か一二時ごろでした。彼が発砲すると、武器を持っていた「パルチザン」(反乱者)が全員地面にうつ伏せになっているユダヤ人を射殺し始めました。ユダヤ民族のソヴィエト国民の射殺は一五分ぐらい続きました。ユダヤ人を射殺したあと、ルニュスは武器を持っていない反乱者たちに向かって「家に帰りたいやつは帰ってもいい」と言いました。なので私は帰宅しました。
数日後、殺されたユダヤ人の持っていた物品が、ユダヤ人たちのアパートからリンクメニースのシナゴーグに集められました。それから「パルチザン」たちが物品を取っていきました。私ももらいました。タオル二枚やテーブルクロスなどで、そのほかになにをもらったのかは覚えていません。[2]

ルニュスは次のように答えた。

証言者の証言の一部には同意しません。[…]反乱者たちは私に、ユダヤ人を裸にして射殺して、彼らの時計や指輪などの貴重品を押収させてほしいと願いでてきましたが、私はそれを禁じ、ユダヤ人の射殺は服を着させたまま行うよう命令したのです。[…]私が「撃て」と命令したあと証言者は逃げだしたと彼は証言していますが、私はこれに同意しません。反乱者が射殺現場から逃亡した事例は一切ありませんでした。[3]

射殺現場の近くに住んでいたヴラダス・クリュカスは、次のように証言している。

反乱者たちの部隊の隊員がユダヤ人をウーセイ湖畔の空き地に連れていくのが窓越しに見えました。反乱者たちがユダヤ人になにをするのか興味がありました。私はうちの庭にでて、木のうしろに隠れ、ミーコラス・ピラニスさんの農場の倉庫のなかに入りました。それから、壁に備えつけてある棚を梯子のようにして登り、空き地側の壁にあった大きさ三〇センチメートルの穴から眺めました。そこからはドヴァリシュケイ村近くの草原がよく見えました。その自分だけの観測所から、ユダヤ民族のソヴィエト国民が地面に坐っているのが見えました。［…］ユダヤ人の一人が、死ぬ前に祈りを捧げたいと反乱者たちに頼んでいました。ユダヤ人たちがどうやって祈っていたのか、坐っていたか地面に伏せていたかは、昔のことなので覚えていません。

　射殺が終わると、倉庫をでて自分のウマの様子を見に行くことにしました。射殺現場から三〇〇〜四〇〇メートルくらいしか離れていないところで放牧していたんです。ウマを見に行ったとき、二〇メートルか二五メートルくらい歩いたところで射殺現場の近くにいた反乱者の一人が私を呼びました。そこに近づくと、アドマス・ルニュスが私にシャベルを見せ、穴を掘れと命令しました。私たちは数人で穴を四つか五つほど掘りました。[4]

　次は、証言者アレクナの証言。一九六〇年一月七日、KGB支局の第一五七号室で「電灯のもと」事実確認が行われた。リトアニア語で行われ、タラシュケヴィチュスが通訳した。その調書には次のように書かれていた。

一九四一年の夏、独ソ戦の初め、私がリンクメニースの町を通って歩いているとき、今私の正面に坐っているルニュスに出会いました。彼は私に、彼が率いる反乱者の部隊に入隊しないかと誘ってきました。もし入隊すれば、ドイツ軍に動員されたりドイツに送られたりしなくて済むという話でした。それを聞いた私は、反乱者の部隊に入隊するとルニュスに伝えました。こんな具合で、私は二週間、ルニュス隊長の部隊にいました。

覚えているのは、今私の正面に坐っているルニュスの命令で、リンクメニースに住んでいたユダヤ人が殺されたあと集められたユダヤ人の物を、リンクメニースのシナゴーグで監視していたことです。ルニュスは、ユダヤ人の物が持っていかれるかもしれないから、お前が行って監視しろ、と言いました。部隊が本拠地にしていた部屋には小銃が立てかけてあり、私は一丁手にして監視に向かいました。小銃があった部屋にはルニュスもいて、彼がシナゴーグの鍵を持っていました。

四、五日ほど経って、ルニュスから、シナゴーグ近くの持ち場についている反乱者が窓から手を出して物を取っていかないよう見ておけと言われたので、そうしました。

数日後、シナゴーグでの監視を終えると、いついつにシナゴーグに来い、ルニュスが指導する委員会がユダヤ人の物を反乱者たちに分配して、お前にも手渡されるから、と反乱者の一人から伝えられました。言われた日にシナゴーグの入り口に行くと、反乱者の一人から下着やただの襟巻き、あと細かい物をいくつか手渡されました。私は、物をもらって、その場をあとにしました[5]。

アドマス・ルニュスが指揮するリンクメニースの蜂起部隊は、七〇人を殺害した。うち九人は子どもだった。ルニュスはどこかの司令部で、おそらくナチから殺害命令を受けていた。部隊の反乱者たちが全員隣人を撃ったわけではない。独立期にリトアニア軍に従軍したことのある人が、各班に一人ずついた。彼らは小銃も持っていた。このような話が事情聴取のなかで語られた。

殺害を指揮したルニュスは二六歳だった。妻と二人の子どもがいて、変わらずパジエズドリス村に住んでいた。家族については、両親、子どもたち、ほかの親戚に関して、すべてファイルに書かれている。ルニュスの姉は、弟が逮捕されたときオーストラリアに住んでいた。彼女の名前はオナ・ヴァナギエネ——読んでいい気分はしなかった。殺人者の姉オナ・ヴァナギエネは、私の遠い親戚の妻だったりするのだろうか〔著者の姓ヴァナガイテは、ヴァナガスという男性の娘の姓であり、ヴァナギエネはヴァナガスの妻につけられる姓〕。それは永遠にわからないことだが、私たちは皆つながっているのではないかとたまに考えたりもする。

ルニュスは一九五〇年に逮捕され、刑法一一七条により五年の拘禁刑が言い渡された。当時のKGBは、彼の殺害行為を把握していなかった。監獄から戻ったルニュスは、新たな場所で新しい家族に恵まれた。彼が二回目に逮捕されたのは一九五九年一二月二五日、クリスマスの日だった。

逮捕後、彼の私物が監獄の倉庫に納められた。

革製のベルト、一点
ウールの上着、一点
一〇五ルーブリ〇五カペイカ
(倉庫係の署名)

逮捕された人からは、収監時に使える物が没収されるのが常だった。取り調べのため独居房に収監されていたルニュスが肩の痛みを訴えたので、一九六〇年五月二三日、外科医のオヴセイ医師が治療を行った。ルニュスの肩のレントゲン写真を撮ったあと、医師は肩関節の可動域に制限があることを確認した。

1960年2月17日、リンクメニース近くの殺害現場で行われた遺体の発掘に立ち会うアドマス・ルニュス被告。リトアニア特別文書館所蔵

患者に施された治療――
一、温熱療法（パラフィン浴、ソラックス灯照射）
二、運動療法、マッサージ

治療に効果があったかはわからない。数カ月後の一九六〇年九月、ルニュスはヴィルニュスで死刑に処された。ルニュスの娘は当時五歳だった。

◆二〇一五年七月

リンクメニースでのユダヤ人殺害から七四年後、エフライム・ズロフと私は、一九四一年七月にアドマス・ルニュスの命令によりユダヤ人が坐らされ、そのあとうつ伏せにされた牧草地に立っていた。ルニュスはきっとユダヤ人たちに祈りの時間を与えたのだろう。裸にもせず、服を着せたまま射殺した。人道的なふるまいだった。近くの森はラズベリーで赤く染まっていた。今年は、いつになくたくさんベリーがなっている。一九四一年の七月もたくさんなっていただろうか。リトアニアじゅうを旅するなかで、どこの殺害現場でも大量のベリーを目にすることだろう。エフライムは、それまで森のラズベリーを見たことがなかった。こんなところで初めて見ることになったのだった。私はと言えば、ラズベリーを見て、昔読んだマリナ・ツヴェタエヴァの詩をふいに思いだしていた。

伸びはびこった蔓《つる》を
それから実を　ちぎりとれ
墓場に育つベリーは
どこよりも大きく　そして甘い

エフライムは記念碑の前に立ち、死者のための祈りカッディシュを唱えた。祈りを捧げ、歌を唄った。私はどうしていればいいかわからなかったので、離れたところで彼が祈り終わるのを待っていた。そのとき、おかしな音が聞こえた。とてもおかしな音だった。ナチ・ハンターが泣いていたのだ。

射殺現場と記念碑のすぐ近くに農場があった。トラクターに乗って草刈りをしている男性と、畑で草むしりをしている女性がいた。通りがか

リンクメニースの犠牲者のための碑の前でカッディシュの祈りを捧げるエフライム・ズロフ。著者ヴァナガイテ撮影

リンクメニースのユダヤ人が射殺されているあいだ、子どもたちが閉じ込められていた納屋

りに殺害について訊いてみた。殺害が起きたのは、彼らの家の窓のすぐ先だった。二人は若すぎるので、両親あるいは祖父母の家の窓の先と言ったほうがいいだろう。女性の父親が昔ここに住んでいた。女性は、近くの倉庫を指さした。ルニュスの部隊がユダヤ人を射殺した日、白袖隊はドヴァリシュケイ村の子どもたち全員を半日間この倉庫に閉じこめ、子どもたちが倉庫からでていったり殺害を目撃したりしないよう監視した。丘の上にあったミーコラス・ピラニスのウシ小屋はもう取り壊されていたが、倉庫はまだ残っていた。「射殺したのは誰だったんですか」と尋ねた。「リトアニア人ですよ、みんなリンクメニースのリトアニア人でした」、と女性は答えた。彼女の父親がそう話していたという。「夫の両親も、ユダヤ人が殺されたときこの倉庫にいたんです。殺したリトアニア人も殺されたユダヤ人も、夫の両親の知っている人でした」。

隣の農家には、九〇歳のおばあさんが一人で暮らしていた。「お隣のヤニナさんが全部知っているよ」と女性に教えてもらった。「だけどヤニナさんはなにも話してくれないよ、夫がパルチザンだったから」。おばあさんの家に長居した。「嫌です、話したくないので」――ヤニナさんはそう言った。「殺したのは誰だったんですか」「ドイツ人だよ、ドイツ人だけだった」――そう答えた。そのあとようやく話してくれたのだった。

私はまだ若かったですよ。ユダヤ人が連れてこられたとき、私はうちの向かいの女の子の家にいました。その家のすぐ前の道を歩かされていたんです。集まりがあるから家から連れだしているんだと思いました。そう聞かされたんだったかな。連れだしているあいだ、ユダヤ人の家で捜索をしているんだろうと思いました。捜索が終われば帰宅できるんだろうって。その子の家にいるとき、銃声が聞こえてきたんです。銃声が鳴りやんでからうちに戻ると、ユダヤ人がみんな殺されたと母から聞かされました。

ロシア人〔ソヴィエト当局〕がリトアニアに戻ってくると、ヤニナさんの夫はソヴィエトの兵士に殺害された。ヤニナさんもシベリアに送られた。夫の活動のせいだろう。ユダヤ人たちが射殺されたとき、将来ヤニナさんの夫になるパルチザンもこの牧草地にいただろうか。それはわからない。ヤニナさんの姓を訊きたかった。でも訊いてどうする。文書館に行って、殺人者として挙げられているリストから夫の名を探すのか。だけど、この貧しい家で一人暮らしをしているおばあさんにはなんの責任もない。だからそのまま別れを告げることにした。若い男性の写真が壁にかけられていた。「お相手の方?」「いいえ、息子ですよ」——ヤニナさんは言った。「一人息子です。もう亡くなりました」。

私たちは、旅を続けるために車に戻った。ヤニナさんを紹介してくれた女性が手招きした。掘りたてのジャガイモと玉ネギをくれるという。彼女は、ヤニナさんの家に一緒に行こうともしなかった。彼女は私のことをテレビで知っていたらしい。どうして話に加わらなかったのか、ジャガイモをくれたときに訊いてみた。「いや、だってこのことを書いたりテレビで話したりするでしょう。嫌ですよ」。

シュヴェンチョニース/スヴェンツャン

一九世紀末、シュヴェンチョニースには三一七二人のユダヤ人が住んでいた(全人口の五二・六パーセント)。

◆一九四一年

一〇月七日、ヴィルニュスから特別部隊が到着した。到着した隊員は三〇人だった。

特別部隊の供述調書によると、フベルタス・ディエニニス、スタシース・チェポニス、ディオニザス・ゴルツァス、ヴラダス・クリュカス、ヴラダス・ブトクーナスらシュヴェンチョニース地方の男性たちが、シュヴェンチョニースとその周辺に住むユダヤ人を射殺するため、一九四一年一〇月七日にヴィルニュスからトラックでやってきた。[6]

ユダヤ殺しの調理係だったユオザス・ブトケヴィチュスはこう証言している。

射殺しにやってきたとき、私はシュヴェンチョニースにあるリトアニア協同組合の倉庫の責任者として働いていました。シュヴェンチョニースの街にある食堂やレストランに食料品を届けるのが仕事でした。殺害が行われた日、「部隊がやってきたから数日間食事を提供しないといけない」とドゥデナス部長から話がありました。どういう部隊でどこから来たのかといった説明はありませんでした。ただ、「シュヴェンチョニース駅の食堂で昼食を提供しないといけない」とだけ言われました。あと、協同組合の倉庫から三〇人分の食料品を余分に回すよう命じられました。

殺人者がどんな人たちなのか見てみたかったので、一三時ごろ、昼食が用意されている駅の食堂に行きました。殺人者たちは無蓋トラック二台でやってきました。みんな軍服を着ていましたが、どこの軍隊の服だったかは覚えていません。殺人者は三〇人ぐらいだったかもしれません。彼らは、食堂で昼食を済ませると、トラックに乗りこんで射撃場のほうに向かいました。再び射撃の音が夕方になるまで聞こえてきました。[…]

射殺が行われて何日目だったか忘れましたが、協同組合のドゥデナス部長が「殺人者たちのために夕食会を開くよう命令があった」と私に伝えてきました。誰からの命令かは言いませんでした。

カルタネナイ通りにあるレストランで夕食会があるとドゥデナスから聞かされた私は、「酔った殺人者たちが若い女性に付きまとうかもしれないので女性のスタッフは帰しましょう」とドゥデナスに助言しました。ドゥデナスは、キッチン勤務の中年女性から殺人者たちの接客係を選んで対応していたと思います。

ドゥデナスは、ツィツェナス市長から殺人者の夕食会を企画するよう命令を受けていたのかな、と思います。[7]

次に、ユオディス=チェルニャウスカスの証言。

一九四一年の秋、九月の末か一〇月初めだったでしょうか、正確には覚えていませんが、酔った男たちの部隊がアドゥティシュキス通りを歩いているのを見ました。隊列で並んではいませんでしたね。二〇人か三〇人ぐらいで、旧ブルジョワ・リトアニア〔独立期のリトアニア〕の軍服を着ていて、小銃や自動小銃を持っていました。脇の歩道をドイツの将校の軍服を着た男が歩いていました。うち何人かはとても酔っぱらっていて、叫んだりしていました。一人が、「俺はスティオプカ・メラギャンスカスだぞ！」だったか「スティオプカがメラゲナイ〔シュヴェンチョニース近郊の村〕から来たぞ！」だったか、正確には覚えていませんが、そんなことを叫んでいました。その男は「この街のことは知っているんだ」と叫んでいました。彼もほかの人たちもリトアニア語で叫んでいました。

彼らがやってくると、ユダヤ人を殺した「ユダヤ殺し」がシュヴェンチョネレイ〔シュヴェンチョニース近郊の街〕から休暇でやってきたんだと、住民たちが話していました。[8]

一九四一年一〇月八日から九日にかけて、シュヴェンチョネレイの射撃場で三四五〇人が射殺された。特別部隊の隊員の数、三〇で割ると、一人あたりちょうど一一五人を殺害した計算になる。

◆二〇一五年

私たちはシュヴェンチョニースの中心部、ゲットー跡地の目の前にいた。シュヴェンチョニース郷土博物館で、博物館の責任者の一人が私たちを出迎えてくれた。

ホロコーストについて尋ねると、責任者の女性はこう答えた。

ほかにもいろいろ問題はあるのに、どうしていつもその問題ばかり調べられるんでしょう。私たちは、ユダヤ人の問題だけでなく、私たちが受けた損害についても調べなければいけません。街の人たちにとってはそんなに切実な問題ではないんですよ。あと、私たちは、リトアニアの自治体がどこもやっていないようなこともたくさんやってきましたから。

（そのあと、秋ごろになって、この責任者がシュヴェンチョニースでの殺害の犠牲者について語っているのを耳にした――「一九四一年にユダヤ人ゲットーとして選ばれた場所は街のなかでも最も綺麗な中央広場でした。ここで、永遠の世界へと続く門が二つもユダヤ人に開かれていたのです」……。）

博物館の職員が、生徒向けの教育用出版物を無料でくれた。『シュヴェンチョニース地方のユダヤ人』という小冊子も購入した。ホロコーストに関する展示を見てみた。三四五〇人が殺害された シュヴェンチョネレイの射撃場に残されていたメガネや財布などが置かれていて……それだけだった。どの出版物にも同じフレーズが繰り返されていた。受動態の動詞が使われていた。「一九四一年一〇月七日から八日にかけて、シュヴェンチョネレイ近くの森でシュヴェンチョニース地方のユダヤ人コミュニティが破壊された」、「連行された」、「子どもたちは冷淡に殺された」――誰が破壊したのか。誰が連行したのか。子どもたちを殺したのは誰だったのか。

ところが、救出した人の話になると、受動態は消える。「救われた」などとは書かれていない。もっと具体的だ。「シュヴェンチョニースの街に住んでいたエレナ・サカラウスキエネが救出した」（『シュヴェンチョニース地方のユダヤ人』）、といったように。

シュヴェンチョネレイの射撃場に続く道の曲がり角に店があったので、近くに車を停めた。店の庭先におばあさんがいるのをエフライムが見つけた。おぼつかない足どりだったが、顔はしっかりしていて理性が感じられた。彼女に射撃場の場所を訊き、そこで起きたことを覚えているかおそるおそる尋ねてみた。

シュヴェンチョネレイのおばあさんはこう語ってくれた。

連行されていくのを見ていましたよ。ユダヤ人の女の子たちを救ってあげられなくて、本当に悔んでいます。私は母と一緒にパドゥンブレ村〔シュヴェンチョネレイ近郊の村〕に住んでいました。ユダヤ人たちと仲良く暮らしていて、小麦粉を貸してあげたりしていましたよ。ベンツキさんの家に女の子が二人、一五歳と七歳の子がいました。彼女たちが連行されて近くを通ったとき、〔連行している人は〕みんな武装していました。それで、その子たちを救えなかった私と母は、泣きましたよ。その子たちを引きとるなんてできませんでした、周りの人がみんな武装していたんですから。もっと早くに引きとって、地下に匿ってあげていればよかった。いろんな人たちがユダヤ人を引きとりたいと思っていましたけど、みんな怖がっていたんです。ドイツ人ではなくて、私たち〔リトアニア人〕のことが怖かったんですよ。〔匿っていることを〕私たち〔リトアニア人〕が報告しなければ、ドイツ人は知る由もなかったんですから。おそろしいことでした。残酷な人たちです。それから、〔シュヴェンチョネレイの〕シャルナイティス湖の近くでみんな射殺されました。そのあと二日間、射撃場の地面からは血が湧いてでてきたそうです。その様子を見ていた人たちはもう死んでしまいましたし、若い人たちはただ遊びたいだけ。なにもわかっていないし、知ろうともしません。

誰が殺したのか訊いてみると、おばあさんは「殺したいと思った人がみんな殺したんですよ」と答えた。「誰も止められなかったんです。頭がおかしくなった人を止めることなんてできませんでした。神父さんのことは恐れていたかもしれませんけど」。

名前を尋ねた。おばあさんは名前を教えてくれたが、誰にも言わないでほしいとのことだった。「ここに住み続けないといけないし、一人暮らしですから」「もちろん誰にも言いません」——お別れをした。柵の向こうを見ると、家の戸口のところでおばあさんが泣いていた。七五年前に救えなかったベンツキ家の女の子たちのこと

3450人の遺体が眠るシュヴェンチョネレイの現場に立つエフライム・ズロフ。著者ヴァナガイテ撮影

で泣いていたのだろう。

シュヴェンチョネレイの射撃場に着くと、ソヴィエト時代の一九六一年に犠牲者のためにつくられた記念碑が建っていた。

二〇〇一年、イギリス大使館の予算で記念碑が改修された――博物館のパンフレットにそう書かれていた。よくやった、イギリス人。

◆敵との対話――シュヴェンチョネレイからヴィルニュスへ

エフライム――リンクメニースで、大量殺害の現場のすぐ近くに人が住んでいるのに驚きました。殺害された人たちが地下にいるような場所に引っ越してきて、なにもなかったかのように住んでいる。まるで、あの殺害がなんでもないできごとだったかのように。

ルータ――殺害が起きたあとにあの人たちがあそこに引っ越すことにしたと思っているみたいですね。あの人たちの先祖も両親もずっとあそこに住んでいたんですよ。あの人たちにとって自分たちの家、自分たちの土地はずっとあそこなんです。そこに他人がやってきて、無実の人たちの血を流してその土地を穢《けが》した。あそこで生まれ育った人たちにどこに行けと言うんです。

エフライム――あの人たちは、あそこでなにが起きたのか話そうとしませんでしたよ。本人があのおそろしいできごとに関係していたか、あるいは話し始めたら言いたくないことまで言わないといけなかったり、思いだしたくないことを思いだしたりするかもしれないと恐れたんでしょうか。

あの人たちの隣人は、無実だったにもかかわらず、まるで最初からいなかったかのように地球上から消されてしまったんです。その人たちの所持品は、テーブルクロスのような物まで盗まれました。私は、死者のためのユダヤの祈りカッディシュをずっと繰り返しているんです。何度も何度もカッディシュを唱えています。パブラデ〔ヴィルニュスとシュヴェンチョニースの中間に位置する街〕でもリンクメニースでもシュヴェンチョネレイの射撃場でも祈りを捧げました。これだけの狭い範囲に、大量殺害現場がこんなにたくさんある。みんなに聞こえるように叫びたいですよ。なんでこんなことが起きたんだ！ってね。

ルータ――ご老人たちが話すことをあんなに怖がっていたことに驚かなかったんですか。私はびっくりしましたけど。

エフライム――驚いたと言えば驚いたかもしれません。これだけの年月が経てば、話そうと思えるものでしょう。なにかを隠しているように私には思えました。彼らが話すのを拒んだのは、恐怖からか、あるいはほかの人たち、隣人たちとの連帯心からか。彼らが恐れていたのは、外国人の私ではなくあなたでした。彼らはあなたのことをテレビで見たことがあった。リトアニアのテレビ局が「この人が大量殺害について語りました」なんて報じるんじゃないかと恐れていたんです。

ルータ――あの人たちは孤独な年寄りです。そして恐れています。あれだけおそろしいことが起きたのなら、もう一度同じことが起きるかもしれない。シュヴェンチョニース地区に住んでいる老人が、あるとき私に殺害について語ってくれたことがあります。それから、ボイスレコーダーを持って再訪したところ、その人は話すのを拒みました。その人は、「殴られる」と言ったんです。「誰が殴るんですか」と訊くと、その人は苦笑いしながら、「誰って、リトアニア人ですよ」と言いました。恐れている人たちのことは痛いほどわかります。彼らの祖父母や両親、そして彼ら自身、歴史的変動や危機を生き抜いてきたので、話さないほうがよっぽど安全なことはわかっています。ロシアに「水より静かに、草より低く」という諺があります。彼らの人生は「静かにしていれば生き残れる」という教訓に満ちていました。それからもう一つ。犯罪を目撃して、それを証言したら、その犯罪者は罰せられるでしょう。しかし、犯罪者が監獄から釈放されれば、犯罪者かその仲間が復讐にやってきますよ。

エフライム——申し訳ないが、その議論は完全に馬鹿げている。ユダヤ殺しの連中は、ほとんど全員がとうの昔に死んでいるんですよ。死んでいないとしても、九〇歳にもなる老人が復讐にやってこれますか。あともう一つ。あの人たちは殺害を目撃したと言っていましたね。だけど、殺害のための場所は、射殺した人や遺体を埋めた人以外誰も目撃しないように、完全に孤立した場所が選ばれました。あの人たちが目撃したのは連行されるところであって、射殺されるところではありません。

ルータ——彼らは発砲音を聞いていました。話も聞いていました。なにが起きたとか、地面が血だらけだったとか、生きたまま埋められたせいで数日間は地面が動いていたとか、どこの村でもそんな話が流れていましたから。この本のはじめで紹介した詩人〔マルティナイティス〕が血まみれのユダヤ人が遺体の山から這い出てくるのを見たとき、彼はまだ五歳でした。それは、人生ずっと引きずってしまうような恐怖体験だったんです。

エフライム――影響を受けた人たちもいたかもしれませんが……。

ルータ――幼少期にユダヤ人殺害を見た人たちは、けっしてそれを忘れたりしません。だけど、誰も公の場で話そうとしなければ、このテーマはタブーのままになってしまいます。警察が犯罪を捜査しないのに自分から捜査しようとする人なんていません。ユダヤ人大量殺害について誰も語らないのに、テレビに出て語ってくれる人なんて誰もいませんよ。田舎の孤独なおばあさんが語る？誰が語ると言うんです。どうして語らないといけないんですか。今になってどうして。死んだ人はもう戻ってこないというのに。

エフライム――でも、起こるべきは正反対のことですよ。警察が犯罪を捜査していなくても、目撃したのなら、警察に行って証言すべきでしょう。おばあさんが九〇歳だからどうしたっていうんです。どうしてもっと前に証言しなかったんでしょう。ソヴィエト時代に黙っていたことは理解できます。でもリトアニアが独立してからもう二五年も経ったんですよ。サイモン・ヴィーゼンタール・センターは「オペレーション・ラスト・チャンス」という計画を発表し、ホロコーストに関する情報提供者に資金を提供しています。リトアニアの新聞全紙に私たちの広告が掲載されました。どうして恐怖のことばかり話すんですか。皆さんがいるのは民主主義国家でしょう。もうＥＵの一部なんですよ。

ルータ――だけど、殺人者は彼らの隣人なんです。殺人者の息子や娘が今も近所に住んでいます。近所でなくてもリトアニアのどこかにはいます。事件について語り始めて、犯罪者の名前を言おうものなら、家族がそれを止めるでしょう。村じゅう、親戚じゅうが、それを告げ口だと思いますよ。私が、ホロコーストに関する本を書こうと思っていると親戚に話し、私の親戚の名前も出したとき、親戚たちはとても怒りました。「なんだお前、パヴリク・モロゾフ〔一九三〇年代のソヴィエトで父親を告発したことで英雄となった少年〕にでもなったつもりか、腐った金が欲しくてユダヤ人のために働くのか」ってね。私は親戚で厄介者扱いされるでしょう。そんな仕打ちを受けないといけないんでしょうか。

エフライム――犯罪には代償が伴います。誰かがその代償を払わないといけないんです。

ルータ――でもどうして私がその代償を払うんです。私の政府、裁判所、警察がなにもしないからですか。リンクメニースのヤニナさんのように、私が九〇歳で森の近くの小屋に住んでいたとして、それでも代償を払わないといけないんですか。私、ルータ・ヴァナガイテ個人としては、厄介者になる準備はできていますよ。ほかの人がやらないことをやるべきだという信念がありますから。私以外に誰がやるんですか。今やらなければいつやるんです。目撃した人たちは皆亡くなりつつあります。だけど一つ言えるのは、もし私の祖父がユダヤ人を殺害していたとしたら、私は多分黙っているだろうということです。心が痛むし、恥だと感じるでしょうから。私の親戚で、他人に銃を向けて引き金を引いたことがある人なんていません。

エフライム――どうしてそう言いきれるんですか。ただ知らないだけかもしれませんよ。とりあえず恐怖の話に戻りましょう。ルータさんは、ソヴィエト時代に生きた人たちは恐怖を抱えて怯えながら今まで生きてきたと言おうとしましたよね。私が問いたいのは、ソヴィエト時代に覆い隠されたものを取り払うときがくるのはいつなのか、ということです。幼少期に辛い思いをした人にだって、なんでもかんでも父や母のせいにするのをやめて自分の人生に対して責任をもつようになるときがくるでしょう。

ルータ――誰かの幼少期の話なんてしていません。人生について話しているんです。数世代にわたる人生、恐れながら過ごす人生について。全然違いますよ。

エフライム――じゃあ別の訊き方をしましょう。あと二五年経てば語るようになるでしょうか。

ルータ――なにがあったか知っている人たちは、もうとっくに死んでいます。あるいはもうかなり年老いている。老年期というのは、英雄になりたいと思うような時期ではないですよ。

エフライム――となれば、私たちが目的を達成する唯一の手段は、ソヴィエト時代を経験していないリトアニアの若者世代に投げかけることになりますね。しかしそれは、もっと上の世代やリトアニアの政権の責任を問わないということになります。

ルータ――政権が真実に耳を傾けたくないのは、有権者が望まないからです。政権は政権の地位にしがみついていたい。それが唯一の目的ですから。誰かが調査や証言を始めても、それに注目してくれる人なんていません。「リトアニア住民のジェノサイドとレジスタンスに関する調査センター」はホロコーストに関与した可能性がある二〇五五人のリストを作成し、リトアニア政府に送りました。それからなにが起きたか——なにも起きなかったんです。だから、リンクメニースのおばあさんが「隣人の父がユダヤ人を射殺した」とテレビ越しに告白したところで、どうなるって言うんです。この本のはじめで引用したリトアニア人歴史家の言葉みたいに、「だからどうした」で終わりです。

エフライム——でも、そのとき真実がやっと明らかになります。

ルータ——真実が明らかになってなににになるんです。なにか得することがありますか。

エフライム——リトアニアとリトアニア社会にとっては大変有益です。

ルータ——そのリトアニア社会ってなんですか——私は今おばあさんの立場に立って話しています。

エフライム——社会とは、おばあさんが生きているところ、将来おばあさんの面倒を見るものです。

ルータ——だけど……。

エフライム——ルータさんが言いたいことはわかる。そのおばあさんが住んでいるのはもっと小さな世界なんだ、トイレも水道もないような田舎の小屋に住んでいるおばあさんに社会なんて存在しない、と。でも、それはあまりに悲しすぎますよ。

カヴァルスカス／コヴァルスク

一九世紀末、カヴァルスカスには九七九人のユダヤ人が住んでいた（全人口の六三・三パーセント）。

カヴァルスカスは、私の祖父の故郷であり、父が生まれた場所だ。目抜き通りのウクメルゲ通りに今でも家が残っている。庭には井戸があったはずだ。ヴァナガス爺――うちではみんなそう呼んでいた――が水をひいてきて井筒をこしらえた。井戸の脇には一〇歳の息子ヴィートゥカスが坐っていた。私の父にとってはただ一人の弟だ。井戸の取っ手を回したときにヴィートゥカスの頭にあたってしまった。彼は、一〇日間泣き喚き続けたあと、亡くなった。父の妹のエミリヤが生まれてすぐ、姉のヴァレリヤも亡くなった。戦争が始まる直前、結核に襲われた。二一歳だった。それから、ソヴィエトが家族全員をシベリア送りにした。祖父のせいで追放された。

私の親戚はみんなカヴァルスカスの墓地に埋葬されている。墓地はきれいに整備されていて、全部の墓に花が植えられていて、草も刈られている。親戚の墓の前に立った。今回は蝋燭も持参せずに来てしまった。「カトリックの墓地に初めて来ました」とズロフは言った。私たちの旅は、墓ばかり巡っている。なんの印もない、管理もされていない、名前もない墓ばかり。

私の祖父ヨナス・ヴァナガスはカザフスタンの収容所《ラーゲリ》で亡くなったが、それでもカヴァルスカスの墓地には祖父のための碑が置かれている。リトアニア特別文書館に保管されている祖父に関するファイルの量は少なく、ソヴィエトが一九四五年一月二〇日に逮捕した祖父と隣人のバリース・シムケの二人分合わせて九六ページだけだ。二人とも一緒のファイルで管理され、一緒に判決を言い渡され、そして一緒に収容された。収容所《ラーゲリ》から戻ってきたシムケの話では、ヴァナガス爺は収容所《ラーゲリ》で半年間生き延びたあと、一九四六年二月一六日に収容所《ラーゲリ》のベッドで凍死した。

ファイルには、ヨナス・ヴァナガスが富農だったとの証言がある。土地五〇ヘクタール、ウマ六～八頭、ウシ一四頭、ヒツジ一六～一八頭、屋敷一棟。ソヴィエトが祖父の土地二〇ヘクタールを押収し、土地をもたないカヴァルスカスの人たちに分配したことに、祖父が怒ったという。戦争が始まったとき、彼はもう六〇歳で、十分歳をとっていたので、若い反乱者たちと一緒に武器を見せびらかしたりしないで済んだ。

実際、私の祖父はなにをしたのだろう。証言者三人の話は全部同じだった。祖父はドイツ人に気に入られていて、ブローニング〔自動式拳銃〕を持っていて、ナチの司法委員会で委員を務めていた。戦争が始まると司法委員会は一〇人の活動家のリストを作成した。その活動家たちは戦争初期に射殺された。彼らは何者だったのか。全員ユダヤ人だったのだろうか。ファイルには殺害された一人の氏名が掲載されていた――共産主義青年同盟《コムソモール》区委員長ヤコヴ・オフチニコフ〔ユダヤ人と思われる氏名〕。

祖父は裁判で自分の罪を認めなかった。三人の証言にもとづき、一五年の自由剥奪が命じられた。実際にはなにがあったのか。三人の証言者は嘘をついていたのか、祖父がなにか恨みを買うようなことをしたのか。

◆二〇一五年八月

私たちはカヴァルスカスにいた。殺害現場はわからない——明記されていないのだ。カヴァルスカスの中央を走る通りで年老いた男性を見かけた。ロマスという男性は、区の事務所で管理人をしていたので、なんでも知っていた。時間があるということで、街を見せてもらった。シナゴーグがどこにあったのか尋ねた。一九四一年八月、マジェイカ警察署長によって出された指示により、カヴァルスカス周辺のユダヤ人五〇〇人が連行された。

シナゴーグの建物は今でもカヴァルスカスの中心部にあった——私有化されていた。ソヴィエト時代は農業資材の店だったが、今はカヴァルスカスの企業家が倉庫として使っている。戦前や戦中にここになにがあったのか、それを示す案内板はもちろん一切ない。企業家の母親がシナゴーグだった建物を開けてくれた。自動車の部品や破片を踏みながら歩き、二階へと登った。どうやってここに五〇〇人も入れることができたのだろう。殺害のためにウクメルゲに連行されるまでの二日間、こんな狭いところで彼らが息をし続けられたのが不思議だ。異臭がたちこめていたこの場所で、喉が渇き、腹も減ってもなお、彼らは神を信じて祈りを捧げたのだろうか。

カヴァルスカスのあたりでユダヤ人活動家一〇人が殺害されたのはどこだったのか、ロマスに尋ねた。「可能性としては、無宗教の人たちの墓地の近くか、シュヴェントイ川近くのプンプチェイ村あたり」――きっとそこだ。ロマスと一緒に、カヴァルスカスの近くに広がる草原のなかにあるプンプチェイ村に向かった。殺害現場を示す案内板はなにもない。道路はなくなり、そこから数キロメートルは徒歩で進んだ。道はほとんど見えなくなり、周りの草は高く、川の近くは藪《やぶ》で覆われていた。川すら見えなかった。「そのうち刈りにこないとな」、ロマスは言った。藪のなかに小さな記念碑があった。こんなところ、誰か来たことがあるだろうか、かわいそうに。ロマスは去年、イスラエルから来た夫婦をここに案内したらしい。ズロフは黙って立っていた。記念碑を這うカタツムリをじっと見ていた。私がカタツムリを取ってあげると、ズロフはカッディシュの祈りを始めた。私とロマスは離れて待った。静かにしていた。

それから三人で丘に登り、一〇〇メートルか二〇〇メートルほど離れたところに住んでいる人たちを訪ねた。ある小屋を訪ね、次の小屋を訪

殺害されたカヴァルスカスのユダヤ人のための記念碑。著者ヴァナガイテ撮影

ね……誰も知らなかったし、覚えてもいなかった。ヴェブラ一家が生きていれば、全部知っていたはずなのに。カヴァルスカスの殺害に関するファイルに、証言者としてヴェブラの名前があったのだ。だけどヴェブラ一家はもういない。殺人者たちももういない。真相は、シュヴェントイ川を覆う藪のなか。

◆一九四一年――教会の鳴鐘人の証言

ファイルに、一九五二年に判決を受けたアンタナス・グデナスの証言があった。グデナスは、私の祖父のファイルで白袖隊の一員として名前がでていた。部隊に参加した罪と、グデナスによるものとして立証された犯罪により、グデナスは二五年間モルダヴィア〔現在のモルドヴァ〕の収容所に収容されることとなった。しかし一九六三年、カヴァルスカスの白袖隊の隊長だったカロリス・チュクシースの刑事裁判で証言するため、モルダヴィアからヴィルニュスに連れ戻された。

カヴァルスカスの教会の鳴鐘人だったグデナスは、戦争が始まってから四、五日後に白袖隊に加わり、白袖隊が解散する一九四一年一〇月まで所属していた。そのころには、カヴァルスカスのユダヤ人は全員地面の下にいた。

一九四一年七月、何日だったかは覚えていません。二〇時ごろ、私は家を出て街に向かいました。なんの用事だったかは忘れました。庭を出てすぐ、カヴァルスカスの街の白袖隊の人たち三人に出くわしました。ヨナス・ミシューナスとヨナス・ブリガツカス、あともう一人は知らない人でした。三人とも民間人の服を着ていて、みんなシャベルを持っていました。どの人だったか忘れましたが、そのうちの一人はシャベルを二つ持っていました。

三人に会ってすぐ、ミシューナスとブリガツカスは、「一緒にシュヴェントイ川の岸まで行って穴を掘るのを手伝うよう指示が出ている」と言いました。誰が彼らにそんな指示を出したのか、なんのために穴を掘らないといけないのかは言いませんでした。私も訊きませんでした。初めは穴を掘るのを断ろうと思いましたが、ミシューナスとブリガツカスは、ほかに人がいないから私が行かないといけないと言いました。それで、シャベルを二つ持っていた人から一つ受けとると、その人を先頭に、川岸のほうに向かって草原を歩いていきました。カヴァルスカスの街から一キロメートルぐらい離れたところまで歩き、プンプチェイ村に入ると、ミシューナスとブリガツカスは、灌木が生えている川岸で立ち止まって「ここに穴を掘る」と言いました。ミシューナスとブリガツカスが穴の場所を指示すると、四人全員で掘り始めました。ほかに人はいませんでした。穴を掘り始めたときにはもう日は暮れていて、あたりは暗かったです。

私たちが穴を掘っていたとき、一台のトラックが幌を開けたまま、カヴァルスカスとウクメルゲを結ぶ道路から草原を走る道を通ってこちらに向かって走ってくるのが見えました。そして、私たちのところまで五〇メートルほど離れたところで停まったとき、そのトラックの荷台に人が坐らされていて、その人たちの周りに小銃や自動小銃を持った男たちが立っているのが見えました。武器を持っている人たちが、拘束したソヴィエト国民を射殺するためにここに連れてきたことは、見たらわかりました。

トラックが停まって、知らない男が降りてきて、私たちのほうに近づいてきました。私たちが掘っている穴を確認したあと、穴から出て離れているよう私たちに命令しました。それを伝えると、その男はトラックのほうに戻っていきました。そのときその男は、民間人の服を着ていました。武器を持っていたかどうかは覚えていません。

その男が離れてから、私たちはすぐに穴から出て、穴から二〇メートルほど離れていました。こういう具合に、私たちは、シュヴェントイ川岸の灌木の近くに、長さ二・五メートル、幅二メートル、深さ約一六〇～一七〇センチメートルの穴を掘ったんです。

さっき話した男がトラックのほうに戻ると、最初に小銃や自動小銃を持った男たちが八人か一〇人ぐらいトラックから降りてきました。それから一〇人か一二人ほどの拘束された人たちがトラックから降ろされました。正確な人数は覚えていません。

拘束された人たちがトラックから降ろされると、武器を持っている男たちがその人たちの周りを囲んで、私たちが掘った穴のほうまで連れてきました。武器を持っていたのは、民間人の服を着た中年の人たちでした。私の知り合いはそのなかにはいませんでした。拘束された人のなかにも私が知っている人はいませんでした。一人、髭を蓄えている人がいました。

穴まで連れてこられた拘束された人たちは、下着姿になって脱いだ服を一まとめにするよう命令されました。そして、拘束された人たちが靴を脱いで下着姿になり脱いだ服を一箇所にまとめると、武器を持っている人が、「穴の近くに行って、穴のほうを向いて一列に並べ」と彼らに命令しました。そして、拘束された人たちは、穴の縁から一メートルか一・五メートル離れたところで、穴のほうを向きシュヴェントイ川のほうに背を向けて、下着姿、裸足で立たされました。その後ろ、四メートルほど離れたところに武器を持った男たちが一列に並びました。男たちは互いにリトアニア語で話していました。どこかの軍隊の軍服を着た人はそのなかにはいませんでした。カヴァルスカスの白袖隊の人は、誰もいませんでした。

武器を持った人たちが小銃や自動小銃を向けると、「撃て！」という命令が響きました。誰がその命令を下したのかはわかりませんでした。「撃て！」という命令が響くと、一列に並んでいた人たちが、目の前に立っているソヴィエト国民に向けて小銃や自動小銃を発砲し、撃たれた人たちは地面に崩れ落ちました。射殺のとき、殺害された人たちの叫び声はありませんでした。射殺はたった数分で終わりました。

射殺が終わると、射殺した人たちは穴の縁に横たわる遺体に近づきました。重傷のまま生きていた人が一人か二人いたので、一発撃ちこんでとどめを刺しました。拘束した人たちを全員射殺したと確信した彼らは、遺体を穴に投げこんで、射殺された人たちの服や靴を持ってトラックのほうに戻りました。物品を全部トラックに積みこみ、トラックに乗りこむと、草原の道をカヴァルスカスとウクメルゲを結ぶ道路のほうに向かって走っていきました。〔…〕

射殺した人たちがトラックで去ってから、私たち四人で射殺された人たちの遺体を埋めました。それからシャベルを持ってカヴァルスカスの街に行き、どこにも寄らずにそれぞれ家に戻りました。[9]

ファイルを読み進めた。グデナスはただの証言者でも穴を掘っただけの人でもなかったようだ。グデナスは、もっと多くのことを行っていた。殺害に参加したほかの人たちや目撃者たちがそれを証言している。驚くことではない。教会の鳴鐘人だって、死にたくなかったのだろう。活動家の証言をすべて合わせると、あの日射殺したのは「知らない人たち」などではなかった。カヴァルスカスの隣人たちが射殺したのだ。

カヴァルスカスのユダヤ人が殺害されたシュヴェントイ川近くの現場。著者ヴァナガイテ撮影

◆敵との対話――カヴァルスカスからヴィルニュスへ

エフライム――私たちは今、カヴァルスカスを走っています。ソヴィエト活動家が殺害された現場を示す案内板はありません。道路から草原の道を川岸の谷に向かって七〇〇メートルも歩くだなんて、地元の人の助けがなければ絶対に見つけられませんでしたよ。ここで殺された理由がよくわ

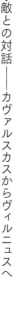

かります。誰も見ないし誰も知らない。地元の人と話しても、なにも知らない。一年前にイスラエルから誰かが来た、二年前にどこかの夫婦がやってきた、だけど、リトアニアに住んでいる人は誰も来ません。「リトアニア・ユダヤ人のジェノサイド犠牲者を記憶する日」である九月二三日ですらもね。川岸の灌木のなかのこの一角は、私がこれまで見てきたユダヤ人殺害現場のなかでも最も衝撃的だった場所の一つです。誰が、何人、いつ亡くなったのか、殺したのは誰だったのか、案内板は一切ありません。ソヴィエトの供述調書でも目撃者の証言でも、ここで殺されたのは一〇人から一二人だと書かれていますが、イスラエルで出版された資料には三、四〇人がここで殺されたとあります。

ルータ——イスラエルの資料は、犠牲者の数も残虐さも二、三倍に膨らましていますから。

エフライム——私たちの見解が違うわけですね。私たちはシナゴーグ、というか、一個人の倉庫になってしまったシナゴーグ跡を訪れました。これはリトアニアが悪いわけではない。ソヴィエト当局がとうの昔にシナゴーグを農業資材の店に変えたわけですから。かつて女性の祈りの場だったシナゴーグの二階にも登りました。ユダヤ人がウクメルゲの監獄に輸送されるまで収容されていた場所です。彼らは、ウクメルゲに輸送されたあとすぐにピヴォニヤの森で殺害されました。ユダヤ人が恐怖に襲われ、神に救いを求めて祈る様子が目に浮かびます。彼らは、なにが待ち受けているかは知らなかったでしょうが、おそろしいことになると感じていたに違いない。

ここは、リトアニア国内にある大量殺害現場というたくさんの点のなかの、一つの小さな点にすぎません。ユダヤに出自をもつポーランド人〔現在は米国の市民権を取得〕の歴史家ヤン・グロスが、著書『隣人たち』[10]で、ポーランドのイェドヴァブネという町で起きた殺害について記しています。イェドヴァブネで地元のユダヤ人を殺害したのは、〔ドイツ人ではなく〕ポーランド人でした。この本が出版されるとポーランド全土に衝撃が走りました。それもそのはずです。私が自分に言い聞かせているのは、国境の向こうにもイェドヴァブネのような場所をたくさん抱える国〔リトアニア〕があって、しかもその国はまだ受けるべき衝撃を受けていない、ということです。私たちが話すべきはこのことなんです。私たちがそれぞれバリケードの反対側にいて別の立場にあるなんてことは、重要ではありません。私たちの感覚はある程度同じですし、真実を明らかにしてほかの人たちにそれを伝えて理解してもらう、という目的も同じですから。

ルータ――私はソヴィエト当局のことが嫌いだった祖父のことを考えています。祖父がユダヤ人共産主義者のリストを作成する委員会にいたとしても、なんのためにリストを作成したのかまでは知りませんでした。草原や灌木を抜け、シュヴェントイ川近くの藪に連れてこられた一〇人から一二人――エフライムさんは三、四〇人とおっしゃいましたけど――のことも考えています。彼らは、七〇〇メートルの道を死に向かって下っていきました。武器を持った五人の男が連行していたので、どこに連れていかれるのか知っていたでしょう。私はこんな場所は我慢できません。川岸のノミがたくさんいる草むらを掻き分けながら散歩だなんてありえませんから。リトアニアの自然のなかでも、最も不快な場所ですよ。灌木や藪に覆われていて誰も来ないような場所を見て、もし私が車に轢《ひ》かれてあの灌木のなかに捨てられても、異臭を放つようになるまで誰も見つけてくれないだろうなと思いました。人生最後のおぞましい道です。あの場所は、永眠するにはひどすぎます。エフライムさんは、カッディシュを唱える前、あなたがた同胞のための記念碑を這うカタツムリを私に見せましたね。エフライムさんはなにも言いませんでしたが、カタツムリを取ってほしいということはわかりました。だから、あなたがた同胞のための記念碑からカタツムリを取ってあげたんです。

エフライム——ええ、それについては感謝しています。今、カヴァルスカスの町の中心部を通るウクメルゲ通りを走っています。目撃者の証言によれば、この通りはナチの軍隊が来てすぐに燃やされたそうですね。ここにユダヤ人が住んでいるという理由で、地元住民が火をつけたんです。ルータさんの祖父や父もこの通りに住んでいたというのは不思議なことです。その家は私たちも見てきたところですが。

ルータ——私はその話を信じていません。〔もし本当なら〕私の父はその火事について話していたと思います。父は一九二一年生まれですので、戦争が始まったときは二〇歳でした。父は当時カウナスで学生をしていましたが、夏はこのカヴァルスカスで過ごして、祖父母の農場を手伝っていました。父は、戦前ユダヤ人たちと一緒に暮らしていた様子を話してくれました。反ユダヤ主義はほとんどなかったそうです。リトアニア人はナチが来る前からユダヤ人に暴力を働こうとしていたんだと、あなたはいつもひっきりなしに繰り返し話します。なかにはそういう事例もあったかもしれませんが、それが社会現象だったなんて信じられません。祖父も父もそんなことは言っていませんでしたよ。ナチが来たあとのリトアニアでなにがあったのかは知っています。ですが、お願いですから、ナチが来る前から社会全体で残虐なことが始まったなどと信じこませないでください。

エフライム――そうですか、それではイスラエルで出版された『リトアニアのユダヤ社会《ヤハドゥート・リタ》』に書かれていることを読んでみましょう。第四巻のウクメルゲに関する章です。「ウクメルゲでは、多くのリトアニア人が、戦争が始まってまもなくユダヤ人の家を襲撃し、ユダヤ人を拷問し殺害した。ユダヤ人の家で働いていた〔リトアニア人〕女性たちは、武器を持った男性を連れてきて、ユダヤ人がどこに貴重品を隠しているかを彼らに教えた」。

ルータ――エフライムさんが「多くの」と言うたびに、私の心臓が止まります。誰のことを言っているんですか。エフライムさんが「多くの」と言うと、私の国全体が一つの巨大な怪物のように聞こえます。二〇〇万人のリトアニア人全員が、リトアニア人の近くで六〇〇年間住み続けていたユダヤ人を殺害する機会をずっと伺っていたとでも？　そしてついにそのときがやってきたと言いたいんですか？

エフライム――「リトアニア人全員」なんて言っていませんよ。「多くのリトアニア人」と言ったんです。実際多かったですよ。ウクメルゲは大都市でした。ここにはユダヤ人が八〇〇〇人住んでいましたし。

ルータ――「多く」って何人なんですか。

エフライム――「多く」と言えば、一〇〇人だったり、五〇人だったり、八〇人とか二〇〇人とかです。どうしたんですか、ちょっと過剰に反応しすぎですよ。

ルータ――自分の民族が誹謗中傷を受ければ過剰に反応します。普通のことでしょう。あなたが「多くのリトアニア人」と言えば、私は苛立ってしまいます。

エフライム――では一つご提案です。リトアニアの国歌を歌って怒りがおさまるようなら、お歌いになられてはどうですか。あなたがたの同胞が、カウナスの「リエトゥーキス」〔農業協同組合〕の車庫《ガレージ》でユダヤ人を殺戮してから国歌を歌ったようにね。

ウクメルゲ／ヴィルコミル

一九世紀末、ウクメルゲには七二八七人のユダヤ人が住んでいた（全人口の五三・八パーセント）。

私たちは、一九四一年の秋にユダヤ人がシナゴーグから連れていかれた道を走っている。私の祖父ヨナスは、ユダヤ人の連行には加わらなかった。幸運なことに、当時祖父はもう六〇歳だったので、警察署長も祖父を巻きこもうとはしなかった。祖父と一緒に逮捕され監獄に入れられたバリース・シムケはユダヤ人を連行しただろうか。供述調書には、シムケは連行したと書かれていた。シムケは、ユダヤ人を輸送し監視したことで、対価としてユダヤ人の家と四・五ヘクタールの土地を得たという。別のところには、シムケは白袖隊の隊長だったとも書かれていた。ほかにも、ウクメルゲでの殺害の証言では、チュクシースの名前の横にシムケの名前があった。このシムケは、祖父と一緒に一つのファイルに入れられていたあのシムケと同一人物だろうか。

カヴァルスカスのユダヤ人五〇〇人は、シナゴーグからウクメルゲの監獄に連れてこられた。監獄には監房が三七室あった。一九四一年七月、収監される人の数は四五人から七八九人に激増した。食料が供給されていた囚人の数が監獄の記録帳に書かれている。

九月一日——大人六六七人、子ども八人
九月五日——大人一四〇九人、子ども二四人
九月六日——大人一一一人、子ども〇人

私たちはヴァイトクシュキス邸宅〔一六世紀ごろ、ウクメルゲ地方ヴァイトクシュキスに建てられた荘園領主の邸宅〕跡地の近くに車を停めた。数千人のユダヤ人が連れてこられた場所だ。グループごとに下に連れていかれ、グループごとに射殺された。邸宅は私有地になっていて、柵で囲われている。案内板はもちろん一切ない。EUの補助金により再建される見通しのようだ。再建計画に関する案内板が立てられていて、EUのロゴが描かれている。死にロゴなんてないから、その案内板もない。

◆一九四一年

証言者はアドマス・ダイニューナス、二四歳、カヴァルスカスの病院の滅菌係。白袖隊に入隊しなければ〔ドイツの〕ザクセンに送るとカヴァルスカス警察署長に脅され、入隊した。

一九四一年の一〇月だったか九月だったたか、正確には覚えていませんが、私は、カヴァルスカスのナショナリスト部隊の隊員たちと一緒に、ピヴォニヤの森でのユダヤ人大量射殺に一度だけ参加しました。

その日の朝一〇時ごろ、カロリス・チュクシースが私の家に来て、一緒にウクメルゲに行くよう命令してきました。警察署長の命令により監視のためにウクメルゲに行かなければいけないと言われました。しかし、監視がどういうことなのかは言われませんでした。

1941年、ユダヤ人数千人が殺害されるまで捕らえられていたヴァイトクシュキス邸宅跡地。現在は私有地となっている。著者ヴァナガイテ撮影

服を着替えて、チュクシースと一緒にアパートを出ました。そのアパートは当時学校の敷地内にありました。学校の近くの道でナショナリスト部隊の隊員たちが乗っている馬車を見ました。全部で何人乗っていたかは覚えていません。彼らがどこの所属だったか、御者が誰だったのかも覚えていません。カヴァルスカスからは一二人ほどの男がやってきました。全員軍隊の小銃を持っていました。そのとき私は、班長だったチュクシースから小銃を受けとりました。ロシア製のカービン銃でした。カービン銃は、私が坐っていた座席の下に入っていました。挿弾子には銃弾が入っていました。つまり、カービン銃に銃弾が装填されていたということです。

私たちは一〇時三〇分ごろカヴァルスカスを出て、ウクメルゲから四、五キロメートル離れたところにあるヴァイトクシュキス邸宅にまっすぐ向かいました。邸宅はウクメルゲからヴィルニュスに向かう道からそんなに遠くないところにあって、今でも廃墟が建っています。邸宅に到着すると、馬車を庭に停めて、全員下車しました。着いたのは昼の一時か二時でした。武装した男たちが一〇〇人くらい邸宅に集まっているのがわかりました。ドイツ軍や警察の制服を着た人たちもいました。私たちは全員民間人の服を着ていました。私たちのほかにも、ヴァイトクシュキス邸宅にいる武装した人たちの半分以上は、民間人の服を着ていました。ドイツ人は緑の軍服を着ていました。警察官は、旧ブルジョワ・リトアニアの警察の制服を着ていました。

私たちが邸宅に着いてから一時間ほど経つと、小銃を持った知らない人たちが、納屋からユダヤ人たちを連れだしました。そのなかには子どもや女性、男性、老人がいました。全部で五〇人ぐらいだったと思います。チュクシースは、建物から庭に連れだされたこのユダヤ人たちを森に続く道に連れていくようにと、集合していた私たちカヴァルスカスのナショナリスト部隊の隊員全員に命令しました。なんのために森に連れていかないといけないのか、私たちは当初まったく見当がつきませんでした。働かせにいくんだと言われていました。

草原の道を通って森に行き、森の際《きわ》から四、五〇メートルほど奥に入ったところの広場まで連れていきました。広場の広さは覚えていません。広場には大きな穴がいくつかありました。どの穴もだいたい同じで、長さは二〇メートルくらい、幅は二・五メートル、深さは二メートルほどだったでしょうか。穴の端は坂になっていました。穴の近くには人がいました。そのなかにはドイツ軍や警察官の制服を着た人が二〇人ぐらいいて、広場の周りを囲んでいました。ほかにも民間人の服を着て武装している男が一〇人か一五人ほどいました。

私たちがユダヤ人たちを森の広場まで連れてくると、チュクシースは服を脱いで下着姿になるようユダヤ人に命令しました。ユダヤ人が服を脱ぐと、チュクシースは穴のなかに入るよう命令しました。なかに入る人もいれば、入ろうとしない人もいました。すると、チュクシースと民間人の服を着て武器を持っている男たちが、木の棒で彼らを殴り始め、穴のなかに追いやりました。棒は森に生えていた灌木から取ってきていました。

私たちは全員穴の縁に立っていました。反対側の縁には自動小銃を持ったドイツ人が五、六人立っていました。ユダヤ人たちは、全員穴に入れられると、並んで横たわるよう命じられました。ユダヤ人たちは、なんとかして横たわりました。ユダヤ人が全員穴で横たわると、私たちは全員穴の縁に一列に並ぶように命令されました。カヴァルスカスから来たナショナリスト部隊の隊員は、例外なく全員、穴の縁から一メートルぐらい離れたところに並びました。小銃に銃弾を入れるよう誰かが命令したので、そうしました。そして誰かがリトアニア語で「穴に向けて、撃て！」と合図しました。

「撃て！」の合図のあと、私たちは全員穴に向かって発砲しました。私は一発だけ発砲しましたが、どこに撃ったかは見ていません。撃ったあと手が震えました。その様子を穴の反対側で見たドイツ人が、私を穴から退かせました。リトアニア語を話す人が、小銃を脇に置いてシャベルを持つよう言いました。シャベルは穴の近くに置いてありました。私たちの班が撃ったのは最初のグループだけで、彼らを撃ったあとはシャベルで穴を埋め、武器を手にして邸宅まで戻りました。その日はそれ以上射殺しませんでした。

質問――どうしてあなたは、以前事情聴取したときに、ピヴォニヤの森でのソヴィエト国民の大量射殺について話さなかったのですか。

回答――以前は、ピヴォニヤの森でのソヴィエト国民の大量射殺に参加したことを認めたくなかったからです。恥ずかしかったので。[11]

チュクシースはソヴィエト当局から有罪判決を受けていない。チュクシースはなにか〔取引〕を持ちかけたのだろうか。

カール・イェーガーの報告書に、ウクメルゲでの殺害に関する数字が挙げられている。

一九四一年九月五日、ウクメルゲ、ユダヤ人男性一一二三人、ユダヤ人女性一八四九人、ユダヤ人の子ども一七三七人、計四七〇九人。[12]

「私の学歴が低いことを考慮して、減刑してください」――ウクメルゲ監獄のクズミツカス所長は申し立てを行った。クズミツカスは、リストをもとにユダヤ人を収監し、リストをもとに射殺のためにユダヤ人を引き渡した。彼はまた、邸宅近くの納屋でのユダヤ人一一七人の絞殺やピヴォニヤの森での射殺にも参加した。

◆二〇一五年

エフライム――ピヴォニヤの森……。私が持っている資料によれば、ここで一万〇二三九人が殺害されました。みんなウクメルゲやカヴァルスカス、周辺の村や町から連れてこられました。最もおそろしいのは、この場所を見つけるのは不可能だということです。私たちは一四の穴、一四の巨大な墓の前に立っています。墓の上、数千人の遺体の上に立っているんですよ。

ピヴォニヤの森に立つエフライム・ズロフ。著者ヴァナガイテ撮影

ルータ――私たちの下に、投げ捨てられた遺体、骨、頭蓋骨の塊がある。数メートルにわたって何層にも重なっている。そんなこと、頭で考えようとしても無理ですよ。〔スペインの〕ミランダ・デ・エブロの強制収容所に収容されたポーランドの著名な精神科医、アントニ・ケンピンスキのことをご存知ですか。彼は、強制収容所を出て一般社会に戻った人たちはもうどんな葬式にも参加できないと書いています。一人が死んだくらいで騒ぎすぎだと笑わずにはいられないのだとか。ひどいのを承知で言いますが、今回の旅のあと親戚の墓参りができるだろうかとたまに考えます。全部とてもきれいなお墓で、きちんと手入れされていて、名前も刻まれている。私はいつもどおり、花を摘んで、墓標を磨き、蝋燭に火を灯すで

しょう。でも、地下で重なる数万人の名もなき赤の他人の墓のことも考えてしまいます。穴の開いた頭蓋骨、砕けた顎の骨、引き抜かれた歯……生きたまま埋められる自分の子どもを抱きかかえる人たち……。リトアニアにはそういう場所が二二七もあるんです。リトアニアの地面がもう動かないだなんて、あってなるものですか。

エフライム――リトアニアの人たちはみんなルータさんのような考えをもつべきでしょうね。

ルータ――いつかそうなりますよ。進展はもうあるじゃないですか。ピヴォニヤの森の記念碑は、金属の柵もチェーンも、カヴァルスカスみたいに盗まれたりしていないじゃないですか。

車に乗りこむとき、特別文書館にあった記録を見つけた。私は、今回の旅が始まるまでずっとこの発掘記録のことを考えていた。内容もほとんど暗記していた。記録を読み返してみたが、エフライムには訳して伝えなかった。訳してあげる必要があっただろうか。

墓において、遺体は二ないし三層、場所によって四層で埋葬されていた。一つの墓で発見された遺体は、身体を丸め、手足を腹部あるいは胸部に引き寄せ、手足の上部はほとんど顔や目の前にあり、また子どもの遺体を抱きかかえていた[13]。

ウクメルゲの中心部に向かって走った。ピヴォニヤの森で殺された子どもたちや若者のことを考えていた。学校で暗唱したユスティナス・マルツィンケヴィチュスの詩を思いだした。一番好きだったのは、「ああ、一六歳のアインシュタインやガリレオが地下に何人眠っているだろう」という詩だった。これは、殺されたユダヤ人ではなく森の兄弟〔第二次世界大戦末期から一九五〇年代にかけてリトアニアの独立回復のために活動した対ソヴィエト・パルチザンのこと〕についての詩だ。ユダヤ人であるアインシュタインに触れたのは、きっとただの偶然だろう。一九四一年に将来アインシュタインになる一六歳のユダヤ人を殺したのも、ガリレオじゃなくて、ほんの少し年上のリトアニア人だった。ただの偶然だ。

ウクメルゲの中心部で車を停め、ウクメルゲ市の郷土史博物館に立ち寄った。ホロコーストのこと、ピヴォニヤの森のことを尋ねた。するとホロコーストに関する展示に案内された。国際ホロコースト記憶同盟（ＩＨＲＡ）〔二〇〇〇年にスウェーデンのストックホルムで開催されたホロコースト国際フォーラムを機に結成された、ホロコーストに関する教育、記憶、研究の促進を目的とする国際機関〕の予算でつくられた展示だった。写真がいくつかあり、シュヴェンチョニースの博物館やパンフレットに書かれていたお決まりの文章が続く。ユダヤ人が拘束された、移送された、殺害された——誰が拘束して、誰が殺害したのか。拘束した人と殺害した人の違いは——もう昔のことだ。最後に、これはウクメルゲの歴史の一部なのだろうか。

ウクメルゲ市が最近ユオザス・クリクシュタポニスの名前をつけたという広場を探した。地元の人は誰も、広場のことも記念碑のことも、クリクシュタポニスのことも知らなかった。モンシニョール〔カトリック教会の高位聖職者に対する敬称〕・アルフォンサス・スヴァリンスカス〔ウクメルゲ出身の聖職者で、戦後、対ソヴィエト・パルチザンに加わっていたことでも知られる〕が毎年訪れる記念碑があることだけは知っていた――そう、それだ。中心部を走るヴィータウタス通りの公共図書館の隣に、英雄のレリーフが付いた大きな記念碑があった。アンタナス・スメトナ〔元大統領〕の甥として有名なクリクシュタポニスが、パルチザンになる前に、インプレヴィチュス大隊でナチのために忠実に動いていたことはあまり知られていない。クリクシュタポニスは、主にベラルーシで行われた殺戮にすべて参加し、その実行を指揮した一人だった。リトアニアの歴史家によれば、インプレヴィチュス大隊はベラルーシで一万五四五二人のユダヤ人を殺害したという。二〇〇二年、リトアニア大統領令により、クリクシュタポニスに大佐の階級が与えられた（没後昇進）。「リトアニア住民のジェノサイドとレジスタンスに関する調査センター」は二〇一四年、クリクシュタポニスが戦争犯罪者であ

ウクメルゲ中心部のヴィータウタス通りにあるユオザス・クリクシュタポニスのための記念碑。著者ヴァナガイテ撮影

ったと認定した。でも、記念碑は今も建っている。ただ、スヴァリンスカスはもう来なくなった。ほかのリトアニアの愛国者たちは、今でもここを訪れる。

リトアニアの自治体は、誰かの記念碑をどこかに建てたり、記念プレートを取りつけたり、通りに人の名前をつけたりする前に、その英雄が対ソヴィエト活動を始める以前はどんな人物だったのか、何人殺したのかを、少なくとも歴史家に訊いたりしたのだろうか。

殺人者の記念碑の前に立ったとき、私はズロフの目を見るのが恥ずかしかった。ズロフも私の目を見なかった。記念碑のレリーフをまっすぐ見つめ、「くそ、くそ、くそ」と繰り返していた。この記念碑を見つけないほうがよかったと思った。

◆敵との対話——ウクメルゲからヴィルニュスへ

エフライム——ウクメルゲ郷土史博物館の三階にホロコーストの展示がありました。あの展示は、国際ホロコースト記憶同盟の援助でつくられました。ホロコーストについては、「一九四一年八月一八〜一九日および九月五日、ウクメルゲ近郊ピヴォニヤの森で六三五四人以上のユダヤ人が殺害された」と書かれていました。だけど、誰が殺したのかは書かれていません。国際ホロコースト記憶同盟があの展示の設置のために資金を出しているということに、特に怒りを感じます。あの団体は、リトアニアでの犯罪を隠すために金を出しているということですよ！　八〇〇〇人以上のユダヤ人が住んでいた街で起きたことだというのに。

ルータ――ホロコースト教育に最も効果的なのは、博物館の展示で抽象的な文章を並べることではなく、殺害に関係のある場所すべてに案内板を設置することでしょうね。カヴァルスカスだったら、ユダヤ人が閉じこめられていたシナゴーグ、今は私有化されて一企業の倉庫になっていますけど、あそこの壁とか。あるいは、こちらも私有地ですけど、ヴァイトクシュキス邸宅の横とか。数十年後には、あそこでなにがあったのか知っている人は誰もいなくなってしまいますよ。今だって誰も知らないですけどね……。

ヴィルニュスに戻る前に、恥ずべき場所をあと二カ所訪れた。ウクメルゲからジェルヴァに向かう途中にある第二アンタカルニスでは、裁判で低学歴を言い訳にしていたクズミツカス監獄所長たちが、納屋のなかでおよそ一〇〇人のユダヤ人の首を絞めた。ピヴォニヤの森で一万人を殺害したときのように射殺してしまうほうが簡単だったのに、どうしてわざわざ首を絞めるという方法にしたのだろう。殺害場所は示されていない。案内板もない。ウクメルゲのユダヤ人が絞殺された場所には、食肉工場が建っていた。今は別のものを製造する工場になっている。

次にシェシュオレイ村に向かった。記念碑が設置されていない殺害現場をもう一つ、この村の近くで探さなくてはいけなかった。ここで誰がいつ何人死んだのか、わかっていない。ポールを見ると案内板があった。藪を掻き分けて丘に登ると、目の前には枝や切り株に覆われた大きな穴があった。シェシュオレイに住んでいたユダヤ人は全員、ここで射殺されたのだろう。

◆敵との対話――シェシュオレイからヴィルニュスへ

ルータ――ユダヤ人が殺害された現場、つまり彼らの集団墓地はまったく管理されていない。誰も管理しないということは、ここでなにがあったのかは重要ではないというメッセージを社会に伝えることになります。ユダヤ人の記憶はどうでもいい、ユダヤ人の人生なんてどうでもいい、ユダヤ人の死だってどうでもいい。ユダヤ人が連れてこられて絞殺されたり射殺されたりした――だからどうした。戦争だったんだから。それに昔のことだし、自分たちの同胞のことでもない。同胞が死んだわけでも同胞が殺したわけでもない。それに、シュヴェンチョニースの博物館の責任者が言っていたみたいに、ほかの問題があるんじゃないか――そういうことです。

エフライム――それはおぞましいメッセージですよ。あなたがたにとって、ユダヤ人は人間ではなかった。あなたがたにとって、ユダヤ人の墓は墓ではない。

ルータ――リトアニアは、記念碑を建てて案内板を設置して、ユダヤ人が殺害された二二七カ所を管理できるほど、豊かな国ではありませんから。

エフライム――ユダヤ人を殺す前に考えるべきでしたね。

ルータ――ユダヤ人を殺したのは文字も書けないような人たちでした。計算なんてしていませんよ……。雰囲気も険悪になってきたので、ついでにもう一つお伝えしておきます。道中「ブタ熱に注意」と書かれた看板に気づきましたか。私たちのブタが病気に襲われているのなら、ユダヤ人だって似たようなことで死んだんでしょう――なにか違いがありますか。
エフライム――ないでしょうね。
ルータ――違いはありますよ。ブタのほうが数が多い。この冗談はあまりにブラックすぎますか。
ホロコーストというユダヤ熱で死んだ。私を殴りたければどうぞ殴ってください。
エフライム――結構です。この旅で殴り合いはしない、そう決めましたからね。

シェドゥヴァ／シャデヴェ

一九世紀末、シェドゥヴァには二五一三人のユダヤ人が住んでいた（全人口の五六・二パーセント）。

エフライム――私たちは今シェドゥヴァに向かっています。私の母方の祖母、ベルタ・ザルが生まれた街です。祖母の故郷を訪問することをイェルサレムに住む母に電話で伝えると、母は喜んでいました。祖母の家は裕福でした――どうしてそんなことを知っているのか、お話ししましょうか。シェドゥヴァにはテルシェイ・イェシヴァ〔ユダヤ教の学塾〕の分校がありました。そこの男子学生が住んでいた寮には食堂がなかったので、学生たちは食事のために毎日別々のユダヤ人の家に行っていました。祖母の家は、イェシヴァの学生を数人食卓に受け入れていたんです。祖母は、昼食の食卓で、当時イェシヴァの学生だった祖父と出会いました。そしてお互いに好きになり、結婚しました。二人はそのあとアメリカに移ったので、大叔父のエフライムのようにホロコーストの犠牲になることなく、生き残ることができました。戦前、シェドゥヴァの人口の半数以上をユダヤ人が占めていました。現在ユダヤ人は一人も住んでいません――言うまでもないことですけど。

あそこに年老いた男性が歩いていますね。私の祖父が埋葬されているシェドゥヴァのユダヤ人墓地の場所を教えてくれるかもしれません。車を停めて訊いてみましょう。

こうして私たちはロマスと知り合った。ロマスは三〇年間土地改良に関わる仕事をしていたので、シェドゥヴァ周辺のことはよく知っていた。私たちはユダヤ人墓地に行き、それから飛行場に向かった。ユダヤ人たちは、射殺される前にこの飛行場の格納庫に入れられていた。それから、街の中心のシナゴーグがあった場所には、一時的に市場の店がいくつかでていた。「ソヴィエト時代はまだシナゴーグが建っていて、建物は家畜の見本市に使われていました。それから建物は取り壊されました」――ロマスは言った。

私たちの旅で最初に氏名を名乗ったのがロマスだった。彼は語ってくれた。

父は農民で、ウシを育てていました。父のところに買い物に来るのは、大半がユダヤ人でした。支払いは金貨でしたね。学校はユダヤ人の子どもたちと一緒でしたし、一緒に遊んだりしました。あのときはみんなに日の光があたっていましたよ。それからドイツ軍がやってきて、私たちの同胞は、ドイツ軍が永遠にいるんだと考え、ドイツ人に擦り寄って満足させようとするようになりました。ほかには財産目当てで殺した人もいました。まずはじめに、一番財産を持っている人から探していましたね。なんでもありでした。ユダヤ人の上に馬乗りになったり、指輪を奪うために指を切り落としたりした、なんて話もあります。ユダヤ人に隠れ家を提供した人もいました。ユダヤ人が隠れ家に持ってきていた財産は、最終的に引き渡されました。叔父の家には、ユダヤ人の家から持ってきた椅子がたくさんありましたよ。ヴァイダトネイ村から白袖隊の人たちがたくさん来ていました。みんな農家の息子たちでしたね。神父さんがその隊員の母親に向かって説教をしていたのを覚えています――「どうして息子が殺人するのを認めるのです、皆さんはなんでもお持ちで、もう十分じゃないですか」、そう言っていましたね。

エフライム――お二人に訊きたいことがあります。「ユダヤ殺し《ジードシャウディース》」というのは普通の言葉なんでしょうか。ネガティヴな意味が含まれていますか。

ロマス――いや、それは悪い言葉ですよ。

ルータ――「ユダヤ殺し」とは、ユダヤ人を射殺した人のことです。私は、別の形でホロコーストに関与した人に対応するような言葉もあって然るべきだと思います。例えば、リトアニア語には「イヌ捕り《シュンガウディース》」という言葉がありますけど、同じように「ユダヤ捕り《ジードガウディース》」とかね。あとは、殺害現場まで輸送した人を「ユダヤ送り《ジードヴェディース》」とか、ユダヤ人の家を強奪したり歯を抜いたりした人を「ユダヤ盗み《ジードヴァギス》」とか呼んでもいいかもしれません。

エフライム――そういうプロセスの背後にいた人たち、リトアニア人行動主義戦線やリトアニア臨時政府の人たちは、なんと呼べばいいでしょう。

ルータ――そういう人たちは、リトアニア国歌の替え歌を嫌がるでしょうね。彼らがしたことは、「リトアニアの名のもとに　統一に栄えあり《テジーディ》」ではなく、まさに「リトアニアの名のもとに　統一にユダヤなし《ベ・ジードゥー》」でしたよ。

エフライム――悲しい冗談ですな。でも真実です。彼らはユダヤ人のいないリトアニアを目指していたわけですから。彼らの目標は達成されました。

ルータ――このシェドゥヴァは、まさに完璧にユダヤ人なき街になりました。あなたがた同胞がいなくなったおかげで、どれだけの空き家ができて、私たちリトアニア人がそこに居住できたでしょうね。

エフライム――そういうブラック・ジョークには慣れています。〔イスラエルの〕ヤド・ヴァシェム博物館でも、サイモン・ヴィーゼンタール・センターでも、たまにそういう冗談を言います。だから、あなたの馬鹿みたいな冗談でショックを受けたりはしません。ロマスさんにお訊きしたいのですが、シェドゥヴァの人口は現在何人ぐらいですか。三〇〇〇人だけ？　あなたがたは、現在の人口の二倍以上のユダヤ人を殺したんですよ！　殺したのは実に八〇〇〇人にもなります！

ロマスは、彼の姉のユーラが住むラドヴィリシュキスに行こうと提案した。ユーラは当時のできごとをよく覚えているという。ラドヴィリシュキスに向かった。

ロマスの姉のユーラは、かつてリトアニア語の教師として働いていて、今は年金生活を送っている。戦争が始まったとき、彼女は一二歳だった。彼女の話を聴かせてもらった。

とても怖かったですよ。私の知っている人たちでしたから。お店で働いていた一八歳ぐらいのお姉さんが好きでした。店主の娘さんだったんですけど、今そのお店は〔コンビニ・チェーンの〕「アイベ」になっています。学校では〔ユダヤ人とリトアニア人が〕お互いに対立したりしませんでしたし、教室も近かったです。殺害が始まると、白い腕章をつけた若い男の人たちがユダヤ人を家から連れだしました。歩道は歩かせずに、道の真ん中を通って連れていっていましたね。子どもたちもいました。どこに連れていったのかは知りません。今は市場になっているシナゴーグに最初連れていったと聞きました。いつも連行していました。七月に始まって、何日も続いたんです。あのとき街にドイツ人は一人もいませんでしたよ。殺害については、いろんな人がいろんなことを言っていました。ユダヤ人のことをよく知っていて、同情する人は、とても多かったです。私たちの両親は、村から出てくるといつもユダヤ人の家の庭に馬車を停めさせてもらっていました。ユダヤのイースター〔ペサハ（過越）の祭のこと〕のときは、両親がマッツ

シェドゥヴァ最大のシナゴーグがここに建っていた。著者ヴァナガイテ撮影

アー〔ペサハの祭で食べられる酵母の入っていないパン〕をもらったりもしていました。

神父さんが殺人者の母親たちに行った説教は、私も聞いていました。「自分の子どもが人を殺すのをどうして認めたんですか？　血には血で償わないといけませんよ！」と叫んでいましたね。殺人者が服に血がついたまま戻ってくると、母親たちはその服を川で洗濯していました。私たちは誰も殺害現場を見ていません。ただ話で聞いただけです。街なかでは誰も殺していませんでしたから。森の近くに住んでいる人が連行の様子を見ていて、射殺音も聞いていたので、ほかの人たちに話をしていたんです。射殺のときにはドイツ人もいたはずです。セヌリスという人がたくさんの人を殺したのはみんな知っていました。あと数学の先生だったグリニュスもね。ロシア人〔ソヴィエト当局〕が戻ってくると、グリニュスもシベリアに送られました。息子は生き残りましたし、孫もいました。ユダヤ人を殺害してシベリアに送られたあと戻ってきた人は、ほかにもいましたよ。

いろんな人がユダヤ殺しの話をしていました。シェドゥヴァでは戦後、ユダヤ殺しはみんな死んでしまった。たいていは酒の飲みすぎです。殺害の光景が目に浮かぶので、飲まずにはいられなかったんですね。それでも良心は残っていたでしょうけど。あと、酒を買うお金はあったんですね。でも働いたりはしていませんでした。みんな酔っぱらっていました。身体のなかが燃えているって言っていましたね。ただの普通の人たちだったんですよ、本当に。農家の息子たちが、ユダヤ人を殺したのか、ただ連れていっただけなのかは、わかりません。無職の人とかアルコール中毒の人とかで、他人の物を奪おうとした人たちもいました。そういう人たちは軽蔑されて「ユダヤ殺し」って呼ばれていました。「ユダヤ殺し」は一番下の人たちでした。そういう人たちに向かって反対の声をあげるのは怖かった。とにかく怖かったですよ。それが戦争です。おそろしい時代でしたよ。誰かがユダヤ人を助けようとしたり匿おうとしたりしたかは覚えていません。助けたら自分が死ぬのは、みんなわかっていましたから。

一九四四年九月一〇日、特別委員会報告書――

リャウディシュケイの森で遺体二〇体を検査、うち八体は六〜八歳の子どもの遺体。すべての頭蓋骨から傷が発見される。子どもたちの頭蓋骨の割れ目は、この傷が子どもたちがまだ生存しているときに固い鈍器で殴られたか固い表面に頭を打ちつけられたかしてつけられたことを示している。

委員長シロモロトニー[14]

◆敵との対話――シェドゥヴァからヴィルニュスへ

ルータ――ロマスさんもロマスさんのお姉さんも、私が考えたことのない大事なことを言ってくれました。一九四一年にドイツ軍が来たとき、リトアニア人の多くは、ドイツ軍が長いあいだここにいるだろうと考えていたんですね。だからリトアニアの若者の多くは、ドイツ人と協力すれば生き残れるだけでなく豊かな生活を送れると信じたんでしょう。これも彼らがナチを満足させようとした要因の一つですね。

エフライム――殺害の手配を整えたリトアニア人たちがドイツ人を満足させたかったのは間違いありません。殺人者の動機にはもう一つの側面があります。別の観点から見てみましょう。リトアニアが再び独立国家となるのを望んでいたことが主な動機の一つでした。リトアニア人は、一方で独立回復を望みながら、他方ではドイツ人がユダヤ人を嫌っていることも知っていた。リトアニア人は、自らの手でリトアニアのユダヤ人を抹殺すれば、ドイツ人が喜ぶだろうと信じていたんです。

集団墓地をいくつもまわる今回の旅はおそろしいですよ。そのおそろしさを乗り越えると、怒りという別の感情に襲われます。犠牲者の命を取り戻すためになにもすることができない、という怒りです。これが、あなたがたの「動機」とか「理由」とかのためにユダヤ人が払った代償ですよ。あなたがたリトアニア人は、自らの罪の負担を軽くしようとして、言い訳を探している。それでも、なかには、親戚が引き金を引いたわけでもないのに罪や恥、嫌悪感を感じている人もいます。皆さんいろんな動機を抱えている。

ルータ――それは、彼らだって人間ですから。

エフライム――ええ、わかっています。この本の特徴がなにかおわかりですか。あなたは、それぞれの人たちのことを、まるでその目で見たかのように書いています。過去のできごとを歴史家のように見るのではなく、一人ひとりの目線から見ているんです。読者に登場人物の立場に立ってほしいのでしょうね。

ルータ――リトアニアの読者にユダヤ人を殺害した同胞たちのことをもっと注意深く見てほしいのなら、私自身が彼らのことを人間として見なければいけません。社会の屑として描くのは簡単ですが、そのように見たりはしない。大事なテーマに入ってきましたね。

エフライム――つまり……。

ルータ――殺人者の日記、特別部隊の隊員がルキシュケス監獄で死刑を待つあいだに綴っていた、自分が見た夢についての日記のことです。その夢の内容を翻訳してあなたにお送りしたところ、エフライムさんは「気分が悪いから読めない」と返事されましたね。エフライムさんを怒らせてしまいました。私は、三五年間もホロコーストの犯罪を調査している人が、殺人者が見た夢について読むこともできないなんてありえないと思いました。気分が悪い？　どうして？　私は答えを見つけました。この三五年間あなたが聴いたり読んだりしてきたのはすべて、あなたがた同胞、つまり犠牲者の親戚だったり生き残りの人たちの証言です。おそろしく衝撃的だけど、いい人たちの証言なんです。悪い人、つまり殺人者たちもまた人間なんだと考えたことはない。彼らも生きていて、将来のことを考えたり悪夢を見たり、子どもたちを愛したり死を恐れたりしているんです。こういう殺人者の別の側面に怒りを感じるのでしょう。

エフライム――違います。殺人者もまた人間だということは、いつだってわかっています。私の問題は別のところにあります。あなたがたのことを人間として考えて理解しようとすれば、自分たちが犯した罪に対する責任をとらせるんだという決心がどうしても揺らいでしまいます。処罰という正義を達成するまでには相当たくさんの障害があります。犯罪者たちが感じたことを考える余裕は私にはないんです。この点で私たちの立場は異なります。

ルータ――彼らが怪物なのかどうか、彼らのことをもっと注意深く見るだけで彼らのことを正当化しようとしていることになるんでしょうか。誰かの夢、誰かが書いた詩、取り調べで語った証言、そういったものを読めば、その人は当然人間として映るようになりますよ。

エフライム――そこが要点なんです。ホロコーストの最もおそろしいところは、普通の人が犯罪を犯したということです。犯罪者は、ホロコースト以前も以後も普通でした。だけどホロコーストを実行するときには最もおそろしい犯罪を犯したんです。これはナチ犯罪者全員について言えることです。

ルータ――「普通」ってどういうことですか。

エフライム――法や社会の規範を守る人のことです。

ルータ――そういう人たちは、ホロコースト以前も以後も、ホロコーストを行っているときだって、人生ずっと普通でした。ただ、法のほうが変わってしまった。「ユダヤ人追放」という新たな法は、憲法や法律に文言として書かれたりはしませんでしたが、それでも法としては存在していました。彼らはその法に従い、その法の実現に関わるよう求めてきた当局に従ったんです。普通の人間としての人生がホロコーストの時期だけ「切り取られた」わけではありません。人生を通してずっと普通だったんです。おそろしいけど、これが真実です。

エフライム――真実でしょうね。ルータさんの考えはとてもおもしろい。悲しいけど説得力があります。非常に鋭い洞察力です。納得させられましたよ、残念ですけど。

ルータ――法や社会規範にいつも注意を払っているドイツの普通の人たちや、この場合であればリトアニアの普通の人たちは、当局に言われたことをやったんです。ユダヤ人を監視し、輸送し、射殺した。なかにはそれで満足感を得ていた人もいましたし、そうじゃない人もいたでしょう。考えないようにして、そのあとは自分がしたことを思いださないようにした。私も、エフライムさんと同じで、そんなことを考えたことはありませんでした。今まで考えもしなかったことがたくさんあります。私たちの車のなかでの対話で重要なことがなにか、ご存知でしょうか。ホロコーストの専門家であるエフライムさんは、三五年間このテーマを探求してこられました。門外漢だった私は、一年前までほとんどなにも知りませんでした。私が投げかける質問は浅はかです。でも、エフライムさんが私の浅はかな質問や考えに触れたとき、よく知っていることが違って見えたりもしますよね。

エフライム——そうですね、私がそこまで深く考えなかったこともあるんだと教えてくれます。第三帝国《ライヒ》は、ごく一部の強靭な人たちだけが倫理的にふるまえるという現実を作りだしました。大半の人たちは、流れのままに動いていました。アウシュヴィッツで殺害するまでの流れだったり、リトアニアの森での大量殺害までの流れだったり。

ルータ——ここで静かに音楽を聴いてみましょうか。四月、「ユダヤ人になる」プロジェクトの最後に行われた、〔イスラエル政府が定める〕ホロコースト記念日のヨム・ハショアでの式典に、あなたがいたのを覚えています。今から聴くのは、生徒たちがポナリに行く前に、ポナリで殺害されたユダヤ人に対して哀悼の意を示して〔ヴィルニュス中心部の〕市庁舎広場で歌った詩です。二〇〇人の子どもたちが市庁舎の階段に並び、五〇〇人が広場で手をつないでダヴィデの星をつくりました。ヘブライ語の歌だったんですけど、私に訳していただけますか。詩の内容は今も知らないんです。神がヘブライ語でハシェムというのだけは知っていますが。

私たちは詩を聴いた。そのあと長い静寂に包まれた。エフライムは詩を訳さず、窓のほうを向いていた。顔が赤くなっていた。

エフライム――涙が止まりませんでした。我慢できず、ただ涙が溢れてしまいました。なぜかはよくわかっています。リトアニアで見るものは、アウシュヴィッツよりも一〇〇倍衝撃的です。私個人に関わることだからでしょうね。ナチを捕らえるという目的を達成するには、ホロコーストを私個人の悲劇にしないようにして冷静でい続けなければいけないと、いつも思っていました。ナチが裁かれないのなら、私は屈服するわけにはいきません。ナチが隠れ続けられるのであれば、私は彼らを探し続けなければならないんです。長年それでうまくいっていました。だけど、今回の旅はなにもかもが私個人に非常に関わることなので、私の防護壁も下がってきているように感じます。リトアニアで頑張っても期待した成果がでないのはどうしてでしょう。私は実質一人きりでした。外国人でしたから。リトアニアに来たのが早すぎたのでしょうね。リトアニアが独立を回復してすぐの一九九一年にやってきて、ルータさんがおっしゃったように結婚披露宴を台無しにした。そのときは台無しにするなんて考えてもいませんでした。

ルータ――それはそうでしょうね。エフライムさんの結婚式ではなかったですから。

エフライム――ええ、私の結婚式ではなかったですね。

ルータ――そして私たちはエフライムさんを招待していませんし。

エフライム――そのとおりです。誰も私を招待してくれませんでした。だから頑張っても相応の成果がでないんです。今は、私がなにかを達成する最後のチャンスでしょう。私には、リトアニア人から信用されているパートナーがいます。ルータさんは、少なくともホロコーストに関するこの本を書くまでは信用されていました。もしその信用があるなら、ルータさんがこれまで書いた本の読者で、この本を開いて立ち止まって考えてくれる人もいるでしょう。そうなれば最高です。リトアニアのホロコーストの歴史はこれほど劇的で衝撃的なのですから、この本の読者は心を動かされ、自国の歴史を別の視点から見るようになるでしょう。

ルータ――思いついたことがあります。批判していただいても構いません。もし市庁舎で歌を歌った子どもたちがユダヤの詩を五つか六つ覚えてくれれば、私はバスを数台貸し切って、手入れが行き届いていない大量殺害現場を一緒に旅してまわります。カヴァルスカスの灌木や第二アンタカルニスの食肉工場、シェシュオレイの穴に寄ります。そして、子どもたちにユダヤ人のための「レクイエム」を歌ってもらうことで、殺害された人たちの記憶に対して哀悼の意を示しましょう。灌木や藪のなかに分け入って、立ち止まって歌うんです。この七五年間、誰もやっていないことです。殺された人たち、積み重なる骨になってしまった人たち、発掘され、そして忘れ去られた人たち……そういう人たちのために歌うんです。穴にいるのが一〇人か一〇〇〇人かは関係ありません。私が最も怒りを感じるのは、ユダヤ人が殺されたということではありません。そんな事実は知っていましたし、自分なりに受け入れてもいました。だけど、ユダヤ人の記憶が消されてしまったのは知りませんでした。ユダヤ人は灌木の下に埋められていて、ドブネズミの死体のように放置されている。道は草で覆われてしまい、記念碑もソヴィエト時代に建てられたか、犠牲者の親戚のお金、あるいはイギリス大使館の予算で建てられたきり。記念碑すらない場所もある――あの食肉工場を記念碑とみなさなければ。嫌な考えですみません。

エフライム――大丈夫、もうあなたの皮肉にも慣れました。

ルータ――私たちリトアニア人はどうしちゃったんでしょう。これが死者に対して哀悼の意を示す方法でしょうか。カヴァルスカスの墓地で私の親戚が埋葬されている場所を見ましたよね。植物園のすぐ近くの。うちでは、あんなふうにお墓に花を植えていないとか、あんな記念碑は建っていないとか言って怒っていました。〔一一月二日の〕死者の日には親戚全員のお墓に蝋燭を灯しに車を数百キロメートルも走らせます。誰も蝋燭を灯していないお墓にも灯してあげたりします。どうして私たちは、集団墓地、つまり殺害されたユダヤ人のお墓では哀悼の意を示さないんでしょう。どうしてユダヤ人のことを忘れようとするんでしょうか。ユダヤ人は私たちの同胞じゃないから？あるいは私たちの同胞がユダヤ人を殺害したから、灌木が覆い茂っているところにその恥を隠しておけば、気も楽になるからでしょうか。

私が今回の旅で予期せず発見したことが二つある。一つ目は、悲劇から七五年が経ってもなお、話すことに怯えている人たちがいるということ。年老いた人たちは、もう死を目の前にしているというのに、まだ自分たちが殺されることに怯えていた。二つ目は、死者に対する無関心である――私たちリトアニア人に殺されたというのに。カヴァルスカスで話した女性は、殺害現場から数百メートルのところに住んでいた。彼女はどうして花を植えに行かないのか。道に生える雑草をたまにはむしってほしいと、どうして夫に頼まないのか。リトアニア各地でユダヤ人のお墓の手入れをしているのは、学校の先生に連れられてくる生徒たちだ。今回も、国立合唱団のような人たちではなく、普通の生徒たち一〇〇人に、忘れられた一〇人ないし一二人のユダヤ人が七五年間眠り続けるカヴァルスカスに行ってもらおう。地下に眠るユダヤ人たちのために、カヴァルスカスじゅうに聞こえるくらい力強い「レクイエム」を歌ってもらおう。そうすれば、リトアニアじゅうで考えてもらえるだろう。

テルシェイ／テルズ

一九世紀末、テルシェイには三〇八八人のユダヤ人が住んでいた（全人口の四九・八パーセント）。

テルシェイ方面に車を走らせ、ライネイの林の近くで停車した。いろんな友人がライネイの話をした――お前はユダヤ人に対するリトアニア人の罪について書くのかもしれないけど、ユダヤ人はライネイで私たちの同胞に暴行を加えたんだぞ、と。

エフライム――ライネイでユダヤ人になにがあったのか、証言を読んでみましょう。ユダヤ人は、臨時収容所になった林のなかの小屋に連れてこられていました。

〔金曜日の夕方、〕ラビ〔アブラハム・イツハク・ブロフ〕がドイツの司令官に近づき、ミンハー〔午後に捧げられる祈禱〕を捧げるのを認めてほしいと頼んだ。司令官は許可した。〔…〕ラビは大声で始めた――「〔…〕私たちが生きながらえるのであれば、三つのこと、つまり、シャバット、カシュルート〔食物の清浄規定〕の遵守、そして家族の清浄を果たすと約束せよ」と。共同体の人たちは皆、「然り《アーメン》」と答えた。〔…〕シャバットに入るとポケットのなかを空にした。エルーヴ〔シャバットにおける同一領域内または異なる領域間の物品の運搬に関する決まり〕が破られてしまうため、シャバットのあいだはなにも持ち運んではいけないからである。

暗闇とともに命令が下された――女と子どもは全員家に戻り、男はその場に残されたのであ

ライネイの林のユダヤ人殺害現場を囲う柵。著者ヴァナガイテ撮影

る。皆、男たちが死ぬときが来たと感じていた。［…］ラビは、人びとが頭を覆うのを認めてほしいと司令官に頼んだ。[15]

ルータ――では、次は私の番です。一九四一年六月二五日にライネイで私たちの同胞に起きた悲劇についてお話ししましょう。

戦争が始まると、NKVDとNKGBの職員は、囚人の射殺は撤退するための手段であると考えた。文書では「第一カテゴリーによる撤退」と称されていた。［…］テルシェイの監獄にいた一六二人の囚人のうち七六人がNKGBによって取り調べを受けた。［…］赤軍兵が監房から監視室に囚人たちを連れだした。それから囚人たちはトラックに折り重なるように横たえられた。六月二五日を迎えるころ、囚人たちを乗せた車はルオケ方面へと走りだし、ライネイの林に入っていった。それからなにが起こったのかはよくわかっていない。リトアニアでほぼ唯一の、生きている目撃者が一人も残っていない殺害だった。殺害を実行した人の証言だけが残っている。ドマス・ロッュスは以下のように述べている――「射殺は赤軍兵が行いました。私たちのなかで現場にいたのは、NKVD支局長のペトラス・ラスラナス、実行責任者のガルキン、そして監獄看守のポッェヴィチュスでした」[16]。

テルシェイ監獄の囚人の拘束、取り調べ、殺害に参加したNKVD職員二六人のなかにはおそらくユダヤ人と思われる名前の人物が二人いる。テルシェイの実行責任者だったナフマン・ドゥシャンスキ〔ナフマン・ドゥシャンスキ（一九一九～二〇〇八年）は、リトアニア生まれのユダヤ人。独立期に共産主義運動に関わる。四〇年、リトアニアで体制転換が起こると、NKVDの職員となり、ソヴィエトにとっての「人民の敵」のシベリアなどへの追放に関わる。独ソ戦期はロシアに逃れ、諜報の訓練を受けていた。ソヴィエトが再びリトアニアを支配すると、ドゥシャンスキは対ソヴィエト・リトアニア人パルチザンの逮捕や取り調べに関わった。取り調べのなかでパルチザンに対する拷問を行ったことでも知られている。その後、八九年にイスラエルに移住。リトアニアが独立を回復すると、リトアニアの検察は、ドゥシャンスキがパルチザンの抑圧に関わっていたとして捜査を開始。イスラエル政府は捜査への協力を拒否した〕と、ダニール・シュヴァルツマンである。[17]

ライネイに住んでいたスタシース・キルチャウスカスは次のように証言しています。

拷問を受けた人たちが穴に寝かされていました。ヨナス・チンスキスと一緒に、ライネイの林で掘られたばかりの穴を見つけたんです。[…]原動機が二つあり、キャベツが煮こまれていました。[…]三〇分後、林に人が来ました。ユダヤ人が連れてこられていました。多くの人が手で穴を掘っていました。[18]

次はプラナス・サバリャウスカスの証言です。

私は、ライネイの森のすぐ近くで生まれ育ちました。〔…〕殺害については、夫と一緒に殺害に参加したアンタニナ・ロッツィエネ〔ドマス・ロッツュスの妻〕が私に話したので知っています。実行委員会に非常委員《チエキスト》が二人来て、ロープ、釘、金槌、ナイフを持って監獄に行くよう命じました。監獄に着くと、囚人が連れてこられて、囚人を拷問するよう命令されました。非常委員が指示した拷問は、両手を後ろ手に縛ってから唇を裂いて傷つけるという方法でした。囚人の頭に釘を打ちつけると囚人は大声で叫びました。叫び声をあげさせないために、性器を切り落としてそれを口のなかに突っこんでから、外に停めてある車に囚人を乗せました。

拷問は、キャベツの鍋が用意されていた森でも続けられました。囚人の手を熱いキャベツに突っこみ、生きたまま穴のなかに横たえました。穴の上から這い出てきて、森からライ麦畑に出ていくと、畑で遺体がさらに三体見つかりました。叫び声をかき消すために車が三台停められていました。私も森のできごとを目撃しました。

ユダヤ人の男たちが遺体を掘り起こしました。ユダヤ人は、遺体を洗うときにその水を飲むように命令されたそうです。水を飲まなかった者は連れていかれて射殺されました。[19]

エフライム――また私の番です。

〔殺害から〕数日が経ったとき、新たな悲劇がユダヤ人を襲った。リトアニア人がライネイの森で、ソヴィエトによって殺された政治犯七二人の墓を発見したのである。リトアニアの指導者たちと教区長の〔ユスティナス・〕スタウガイティス司教は、四人の殺害という問題を〔ソヴィエトに対する〕勝利を祝うパレードに変えた。そして、ほかでもないユダヤ人たちが生きた展示物となり、殺害の責任を負っているとされ、民衆の怒りの復讐を一身に引き受けなければならなかった。

ユダヤ人の集団が毎日、共同墓地の現場に連れてこられた。墓から遺体を取りだし、洗い流して、遺体の傷を舐め、一体ずつ棺桶に入れるよう強いられた。多くはこの労働に耐えられなかった。遺体は腐り、悪臭がひどかった。なんともひどいことに、精神的に耐えきれず、気を失う者もいた。

〔…〕スタウガイティス司教は、日曜日――おそらく七月一三日――を「聖なる日曜日」と決めた。この日、宗教的なパレードにより、遺体がカトリック墓地の墓に移された。〔…〕パレードのとき、ユダヤ人の男たちが墓地に集められた。リトアニア人は全員、ユダヤ人に近づいて、ユダヤ人の顔に唾を吐きかけたり顔を叩いたりすることが認められていた。〔…〕

〔七月一五日〕殺害のため連れてこられた人のなかに、修正主義シオニズム〔ユダヤ教の聖地「イスラエルの地」への「帰還」を目指すユダヤ思想・運動であるシオニズムのうち、アラブ人との共存の試みを批判し、アラブ人との分離・対決を主張した一派。のちのイスラエル右派の源流となった）の指導者イツハク・ブロフがいた。ブロフは立ちあがり、リトアニア人のほうを向いて叫んだ――「お前らの国は、お前らの血で満たされる！ 我々の復讐心は、墓のなかからでも湧きあがってくる！ 我々の血は木々を潤すが、お前らの血は歩道を浸すんだ！」と。[20]

ルータ――ライネイでのリトアニア人の悲劇の話に戻りましょう。この殺害に関する最近の調査によれば、ライネイでのできごとは、戦争初期の当時もそのあとも、政治事件とされていたそうです。犠牲者の拷問に特別な方法が用いられていたことは、ユダヤ人が参加していた証とみなされました。性器を痛めつける拷問を好んだドゥシャンスキが拷問に参加していたとも見られていました。ライネイでの殺害を計画した首謀者だったペトラス・ラスラナスは、ロシアに逃亡しました。殺害に参加したロッュス夫妻も裁かれませんでした。ドゥシャンスキはイスラエルに移りました。リトアニアでは今でも、ライネイの殺人者はユダヤ人のNKVD職員だったと信じられています。教師がホロコーストについて話したとき、生徒たちは「ユダヤ人を殺したのはいいことでした、ライネイで私たちの同胞を拷問したからです」と言うそうです。私の知り合いにも同じことを言う人たちがいます。こうして一人のドゥシャンスキがたくさんのドゥシャンスキになる。そうすることで私たちはたくさんのドゥシャンスキ、ユダヤ人たちを憎むことができるのですから。だけどこれは、あなたがた自身が悪いんですよ。ドゥシャンスキがイスラエルに逃亡したのに、リトアニアに引き渡さなかった。あなたがたユダヤ人は私たちにはホロコースト犯罪者を裁くよう要求するのに、どうしてライネイの殺害の主犯の一人を私たちに引き渡さなかったんですか。

エフライム——私は、ドゥシャンスキがリトアニアから逃げてきた一九九一年に彼と会ったことがあります。二つの理由から彼に罪があるとされていました。一つ目の罪は、テルシェイ近郊のライネイでの政治犯の殺害に参加したこと。二つ目の罪は、戦後、リトアニア人パルチザンを取り調べるときに拷問を行ったことです。ドゥシャンスキは私に、ライネイの殺害には参加しなかったと言っていました。「殺害が起きた日はアリートゥスかどこかに行っていたと思う」とのことでした。リトアニア政府は、ドゥシャンスキの捜査に関してイスラエルの司法協力を求めました。専門家グループが組織され、在イスラエル・リトアニア系ユダヤ人の代表だったヨセフ・メラメド、著名な歴史家のドヴ・レヴィン、そして私が加わりました。イスラエルには、司法協力の要請が反ユダヤ主義によって行われた場合には司法協力に応じる義務はないという法律があります。ドゥシャンスキと同等かそれより高位の職員でライネイの悲劇に参加したのは、ドゥシャンスキのほかに二五人もいるのに、ほかの誰の捜査も行われていない〔つまり、ドゥシャンスキだけが捜査されているのは彼がユダヤ人であるからと考えられる〕、というのがイスラエル政府の回答です〔これに対してリトアニアの検察当局は、ほかの人物に関して捜査を行っていないのは、その多くがすでに死去しているか、あるいは戦後生まれでドゥシャンスキに協力するには若すぎたためであり、ドゥシャンスキに関してのみ捜査を進めているのは反ユダヤ主義によるものではないと回答した〕。ドゥシャンスキについて私が知っているのは以上です。

ルータ――ドゥシャンスキには安らかに眠ってもらいましょう――彼が本当に犯罪者だったのなら、安らかには眠らせたくありませんけど。ほかの犯罪者と同じく、ドゥシャンスキもうこの世にはいません。あなたも私も、ドゥシャンスキの罪についてはわからずじまいです。だけど、ライネイでのできごとがリトアニア人の反ユダヤ主義に火をつけたのは確かです。

エフライム――そして、ライネイで殺害された七二人のリトアニア人犠牲者のために大きな礼拝堂が道端に建てられました。道の反対側の公園にはカシの木〔リトアニアでは強靭な木として国の象徴とされる〕も植えられています。ライネイで殺害された七〇〇人のユダヤ人のために建てられたものはなにもない。殺害現場を示す案内板すらありません。新しく作られた工場の近くにある壊れたフェンスの脇に、ソヴィエト時代の古い記念碑があるだけです。

ルータ――つまり、リトアニア人の命はユダヤ人一〇人分ということです。礼拝堂やカシの木に値するし、ライネイでの殺害に関する本数十冊分に値する。ライネイで亡くなったのは私たちの同胞ですからね。あなたがたの同胞は、リトアニア国内の二二七カ所あるいはそれ以上の場所で亡くなっているのですから、ライネイが特別な場所というわけではありません。カシの木の森もありません。カシの木はユダヤ人には相応しくないですよ。私たちがユダヤ人を射殺したのはカシの木の下だったんですから。

プルンゲ／プルンギャン

一九世紀末、プルンゲには二五〇二人のユダヤ人が住んでいた（全人口の五五・六パーセント）。

エフライム――プルンゲに着きました。ここでは、プルンゲ最後のユダヤ人芸術家ヤコヴ・ブンカの息子のエウゲニユスさんにお会いします。ヤコヴ・ブンカは最近〔二〇一四年に〕亡くなりました。リトアニアで重要なユダヤ人都市の一つだったプルンゲに、ユダヤ人はもういません。ヤコヴ・ブンカは、テルシェイ・イェシヴァの、イェシヴァにまだ入学できないくらい若い男子生徒のためのマヒナと呼ばれる学校に通っていました。ソヴィエト時代、イェシヴァの建物は土産物工場に転用され、ヤコヴはそこで働いていました。イェシヴァだった建物の壁には、「イェシヴァは、一九四〇年にソヴィエトがリトアニアを占領したのち〔米国の〕クリーヴランドに移転した」と書かれています。

テルシェイ・イェシヴァだった建物。著者ヴァナガイテ撮影

プルンゲにはシナゴーグがたくさんありました。イェシヴァの近くにもシナゴーグがありました。その建物は現在、窓や扉などを売る建具店になっています。私は一度だけ、一九九一年にテルシェイに行ったことがあります。当時はブンカのほかにユダヤ人の女性が三人住んでいて、みんなリトアニア人と結婚していました。今はもう誰も生きていません。

エウゲニユスは私たちをヴァンダさんの家に連れていってくれた。ヴァンダさんはプルンゲ郡での事件を目撃した一人だ。ヴァンダさんはクロフサスグリの飲み物を出してくれた。そして、どもりながら話をしてくれた。

抹殺したのは誰かって？　アルセジェイ〔プルンゲから北東に約二〇キロメートル離れた町〕の場合は、鍛冶屋のバルティエユスでしたね。あそこにはユダヤ人が一三四人いました。戦前はみんな仲良く暮らしていましたよ。ドイツ人が来ると、バルティエユスが突然本性を現しました。ここではドイツ人は殺しを行っていません。ただドイツ人の事務所があっただけです。戦後バルティエユスは、妻と三人の子どもを置いて消えました。ポーランドで捕まって、ここに連れ戻されました。彼の手は折り曲がっていましたよ。正義が下ったんですね。バルティエユスは二九人の女性を殺しました。

私たちはアルセジェイのユダヤ人三人を匿っていましたが、使用人がそれを密告しました。

私たちがお粥をつくって母がそれをどこかに運んでいくのを、農場の近くにいた使用人が見ていたんです。匿っていたユダヤ人は、仕立て屋のサラ・ブラウディエネと二〇歳くらいの娘のブラウダイテ、それにブリクマナイテという四〇歳ぐらいのまったく知らない女性の三人でした。三人がうちに来たときは裸でした。それから三年間、場所を転々としていました。一年半経ったころ、二歳だった私の面倒を見てくれました。

日曜日は毎週父が使用人を連れて教会に行っていたのですが、ある日曜日にその使用人がうちに帰ることにしたんです。家に着いてみると、ユダヤ人三人が部屋で私たちきょうだいを抱いていました。そのあと、父親がどれだけお願いしてもだめでした。彼女は、ユダヤ人を殺した警察官と交際していたんです。彼女は若くて馬鹿だったんですね。父はすぐにユダヤ人たちを逃げさせました。捜索が行われ、父は逮捕され、三カ月間収容されました。それからユダヤ人たちがうちに戻ってきたんです。道を歩いているのを窓越しに見たとき、すぐに地下室に匿いました。バルティエユスや白袖隊の隊員たちが父を訪ねてきたとき、父は台所のテーブルの横に樽を置いて、みんなで酒を飲んでいました。私とユダヤ人たちは地下室にいて、彼女たちは私が泣き声をあげないように口を手で塞いでいたそうです。バルティエユスたちが酒を飲み終わってうちを去って数時間してから、私たちは地下室から出てきました。バルティエユスは町で父と会ったときに「おいカレイヴァ、お前、ユダヤ人を匿っているんだろ、知っているぞ」と言ってきたそうです。父は「行きましょう、酒でも飲んで話しませんか」と言いました。二人とも酔っぱらい、バルティエユスは「お前を逮捕してやるぞ」と叫んでいました。近くに坐っていた近所の人が全部聞いていていて、ウマに飛び乗って自宅に戻り、私の母に知らせるよう自分の妻に伝えたんです。アルセジェイのユダヤ人は、全員クリスマスに射殺されました。うちで隠れていた三人は、皆生き残ることができました。父、プラナス・カレイヴァは、「諸国民のなかの正義の人」のメダルをもらいました。だけど、助けた人はほかにも何人かいましたよ。神父さんたちも助けていましたね。

ルータ――ここジェマイティヤ地方〔リトアニア北西部〕の人たちは、リトアニアのほかの地方よりもお互いの信頼感が強いようです。ジェマイティヤ人は違うんでしょうか。より強い連帯感をもっていますよね。ジェマイティヤ人は、ヴィルニュスに住んで三〇年経ちそれぞれエリートかなにかになっていたとしても、会えばお互いにジェマイティヤの言葉〔リトアニア語の一方言とされることが多いが、共通語とは大きく異なるため、別の言語とみなされることもある〕で話し始めるに違いありません。それに、一つの村に集住するのではなく農家が一軒一軒離れているので、近所の目を気にする必要は少なく、だけど近所付き合いはさらに重要で必要になります。

エフライム――エウゲニユスさん、何人のリトアニア人がユダヤ人殺害に参加したかご存知ですか。私の資料によれば二万五〇〇〇人から四万人のあいだのようですが。

ルータ――あなたがたユダヤ人は、ここでも少なくとも五〇パーセントは水増ししているようですね……。

エウゲニユス――私が言えるのは、そういう人はプルンゲ郡では七〇〇人ぐらいいたということだけです。そういう人たちは、ドイツ軍が来たときにドイツ軍がずっとリトアニアにいると思ったんですね。ユダヤ人を助けた人たちも、ドイツ軍がずっといると思っていました。ユダヤ人を匿うときは、生涯その義務を負うことになると考えていたんです。死ぬまで地下室に匿い続けなければいけない、と。ただ自分たちが義務を負うだけでなく、子どもたちにもそれを負わせることになる。勇気があったというだけでは説明できません。もっと大きななにかをもっていましたね。

エフライム――私はそういう話を聞いたことがありませんでした。誰もそんなことを私に話してくれませんでした。私は、ホロコーストの正義の人ではなく殺人者のほうに関心があるわけですけどね。

ルータ――それでもこういう話も聴かないといけませんよ。私たちが敵で、私たちのことが嫌いだからといって、それでも私たちの話は全部聞いてください。

エフライム――聴きます、聴きますよ。エウゲニユスさん、ユダヤ人を救った人たちにはどういう共通点があったと思いますか。農民だったとか、信心深かったとか。殺害した隣人や無関心だった隣人たちとなにが違ったのでしょうか。ユダヤ人を救った人たちはイスラエルでは尊敬されているんでしょうか。尊敬されていないのなら、私たちは動かなければいけませんね。

エウゲニユス――救った人たちにとって、そういうことはどうでもいいんです。彼らがユダヤ人を救ったのは、ユダヤ人が隣人で知り合いだったからです。なかには、ユダヤ人の家で働き、ユダヤ人の子どもを育てていた人もいたでしょうね。ほかにも、ユダヤ人と取り引きしていた人、ユダヤ人が経営する酒場で食事をしていた人、ユダヤ人のお店で買い物をしていた人、ユダヤ人から商品を借りていた人もいました。あるリトアニア人女性が、隣人のユダヤ人から金品などの貴重品を預かってほしいと頼まれたそうです。そのユダヤ人はパレスティナに行くつもりをしていて、彼がパレスティナに着いたら貴重品を送ってほしいと伝えました。女性は、「だめです、もし私の子どもたちを食べさせてあげられなくなったら、あなたの金《きん》を売ってしまいますから、あなたにお返しすることはできなくなってしまいます」と言いました。そのユダヤ人の金は今どこにあるでしょう。殺人者が見つけて持っていったんでしょうね。

ルータ――プルンゲの殺人者はどんな人たちでしたか。教育を受けていなかったんでしょうか。信心深かったですか。野暮ったい田舎者だったでしょうか。それとも失業者だったとか？

エウゲニユス――いろんな人がいましたよ……教師も医者も公務員だっていました。

エフライム――私は二五年間そのことを話してきました。リトアニア社会のあらゆる階層がナチとの協力《コラボ》に関わっていたんです。なのにリトアニア政府は、二五年間ずっと、一部のならず者だけが協力したと言い続けています。

エウゲニユス――殺人者の多くはユダヤ人の財産を目当てにしていました。ほかには、頭がおかしくなっていた人もいました。街なかに殺人者が三〇人くらいいました。ある人は裁判で、どうしてユダヤ人を殺したのか訊かれて、「ユダヤ人はずるかったからです」と答えました。「私はユダヤ人にガチョウを売っていましたが、やつらはいつも値切ってきました」と言っていたんです。ウジュヴェンティス〔テルシェイから南東に四〇キロメートル離れたところにある町〕のユダヤ人でツィクという人が逮捕され監視されていました。ツィクが外に出たいと申しでたとき、ユダヤ人を監視していたリトアニア人はツィクの友人だったんです。その監視役はツィクに「行け」と言いました。ツィクは丘の上の農場に逃げ、農家に匿ってほしいと頼みました。それから戦争中ずっと隠れていたんです。おそろしいのは、ユダヤ人たちが射殺されるためにその農場を通って連行されていたとき、ツィクは家の壁の隙間からそれを見ていたことです。ツィクはそのあと、その農家の娘と結婚しました。

プルンゲのギムナジウムの女子生徒たち（1939年ごろ）。ヤコヴ・ブンカの個人アルバムより

エウゲニユスは私たちをカウシェナイの森に連れていってくれた。エウゲニユスの父の基金の予算で大きな記念碑が建てられていた。記念碑には殺された一二〇〇人のユダヤ人の名前が刻まれていた。プルンゲのギムナジウム〔高等専門教育への準備課程にあたる中等学校〕の女子生徒八四人が、別々の穴に横たわらされ、別々に殺された。エウゲニユスは、殺害現場の記念碑まで続く階段を公園の敷地内に整備したせいで、自治体に罰金を支払わされたことがある。金額は大きくなかったが、罰金は罰金だ。それから、エウゲニユスが殺害現場を整備し始めると、一人の自治体職員がその土地をすぐに購入した。売却すれば利益になると考えたからだ。ビジネスセンスのある職員だった。そして、確かに売れた——エウゲニユスがその土地を購入したからだ。こうして、記念碑の整備は今も続けられている。

プラテレイ／プロテル

一九世紀末、プラテレイには一七一人のユダヤ人が住んでいた（全人口の二八パーセント）。

プラテレイのすぐ近くに広がる牧草地に、ボクシュタカルニスという丘がある。階段が丘の上の記念碑まで続いている。ここでプラテレイの若くて屈強な男性たちが射殺された——ユダヤ人だ。近くの農場で老夫婦が穀物の束をくくっていた。近づいてみた。ジェマイティヤの言葉だったので、理解するのに苦労した。この不思議なジェマイティヤ人夫妻は口数こそ少なかったが、一つひとつの言葉に重みがあった。口数が少ないと他人を裏切ることも少ないからだろうか。

――射殺を見ましたか。

全部見ました。私は八歳でした。全部覚えています。私たちは一〇人で、丘の上から見ていました。車が到着すると、非常に女性的で美しいドイツ娘が車から降りてきて、命令を出していました。全員が射殺されて車が走り去ると、酔っぱらいが一人だけ、監視のために残りました。道路と穴の近くに坐ってうたた寝をしていました。それからノルヴィラスが穴を掘りに来ました。ノルヴィラスは手際のいい人で、歯を抜きとっていました。これは、見たわけでなく、両親から聞いた話です。一人が墓場から這い出てきました。その人は血だらけでしたが負傷はしていませんでした。丘のほうに逃げればいいのに、その人は、馬鹿なことに監視役のほうに走っていったんです。あの藪へビ野郎はまだ弾薬を持っていたので、発砲しました。酔っぱらっていたので、どこに向けて撃ったのかはどうでもよさそうでした。逃げた人の足を引っ張って、穴に戻しました。

――それ以前はユダヤ人との付き合いはありましたか。

そりゃもちろん、みんな知っていましたよ。父は鍛冶屋だったので、ユダヤ人にも車輪を作ってあげたりしていました。射殺されたのは若い男たちです。五、六人ずつ穴の前に並ばされ、ライフル銃で射殺されました。みんな気を失っていたみたいに叫び声もあげずに死んでいきました。それからさらし粉が運ばれてきて、遺体の上にかけられました。遺体を埋めたのは、撃たなかった人たちです。

――見たことを親に伝えましたか。

そりゃ伝えましたよ。でも見に行ったらいけなかったんです。「どこ行くんだ、お前が撃たれたらどうする」って言われていました。父は殺されたユダヤ人に同情していました。そりゃそうですよ、一緒に仲良く暮らしてたんですから。ユダヤ人が生きていたときは、ユダヤ人のお店でベーグルを五セントで買って、ベーグルの穴に腕を通して持って帰ったりしましたよ。ケーキを焼いたり、仔ウシを屠殺したりしてね。燻製場とか屠殺場とかありました。みんなのことを知っていました。だけど、射殺されたときは誰が殺されたかはわかりませんでした。遠かったですからね。

二週間後、プラテレイの女性たちが射殺された。

シナゴーグにはまだ一〇〇人程度が収容されていた。八月初め、クレティンガの保安警察署長だったヤキースが、反乱者の指導者だった教師のバルカウスカスに対して、彼らの抹殺を指示した。会議が招集された。場所と日時を決め、騒ぎが起こらないように女性たちを集める方法を検討するためだった。女性たちが働いていた農家から、老人や子どもたちを運ぶための馬車を十分確保することができた。会議には、バルカウスカス、ジュヴィニース、そして戦前、市自治体の記録係を務めていたズバヴィチュスが参加した。すべてが決まると、警察官や反乱者ら一二人が招集された。そのうち六人は志願兵だった。
ユダヤ人の女性たちがプラテレイ湖近くの穴に連れてこられ、なにが待ち受けているかわかると、神経に障るような叫び声や泣き声があがった。大人は一人ずつ順番に服を脱いで射殺されたが、子どもたちは違った。子どもたちは穴から離れたところで射殺され、穴に投げ捨てられた。一歳から一〇歳までの子どもたちは合わせて二〇人ほどだった。子どもたち全員を射殺したのは警察官グリシュマナウスカスの妻ベルタ・グリシュマナウスキエネである。射殺は約一時間続いた。服は参加した人たちで分け合った。次の日、バルカウスカスがヤキースに任務遂行に関する報告書を送付した。[21]

ベルタ・グリシュマナウスキエネはドイツ人——私たちの同胞ではなかった。

◆敵との対話——プラテレイからクライペダへ

エフライム——今回の旅で心配していることが一つあります。ルータさんが運転しているあいだに私が読みあげる証言を、ルータさんはどれも信じてくれませんね。ナチが来る前にリトアニア人がユダヤ人にとても残虐なことをしたという証言も。人間がそんなふうになれるわけないと思っていますよね。

ルータ——そうです。ユダヤ人の女の子がお腹を空かせてプルンゲじゅうを歩き回っていて、リトアニア人たちはイヌに餌をやるように残飯や骨を窓から投げつけたという証言のことですよね。ありえないですよ。

エフライム――それです。目撃した人がそう証言しているんです。信じない理由は見あたりませんよ。今回の旅で見てきた証言のなかでも特に重要な証言です。リトアニアにはユダヤ人の殺害ではなく救出に動いた人たちが多くいたということを示す一例として、プルンゲのできごとを見せようとしていますよね。確かにそうなのかもしれません。ほかの地方とは違って、ジェマイティヤの人は隣人を恐れず、ユダヤ人を匿う勇気があったのかもしれません。

ルータ――これだけ年月が経ってからイスラエルの出版社が出した生き残りの証言を、どうして信じないといけないのですか。人間というのは、ある程度時間が経てば、自分が経験した苦しみを何倍にも膨らませるものですよ。経験した恐怖は二倍にも三倍にもなって語られますし、十数人のリトアニア人による射殺がリトアニア民族全体によって行われたことにされます。いろんな証言をお互いに読み聞かせるのではなく、リトアニアじゅうをまわって、実際に見聞きしたり両親から話を聞いたりした人の話を二人で聴く、というのが今回の旅の目的です。話してくれる人たちの目を見て、目に浮かぶ涙を見つめ、話の抑揚を聴いて、彼らの沈黙にも耳を傾けるんです。

エフライム――その人たちが本当のことを話しているなんて、どうしてわかるんですか。

ルータ――どうしてわかるんだ、やつらはリトアニア人じゃないか、ってことですよね。プルンゲでは五人とお話ししたと思いますが、みんな、地元の人たちの多くはユダヤ人を助けようとしたと話していました。彼らを信用すべきでないのはどうしてですか。

エフライム——わかりました。お互いが抱いている信用とか疑念とかは置いておいて、次に向かいましょう。

ルータ——殺人者の動機の話に戻ってもいいですか。

エフライム——動機について話すのは一度やめにしませんか。

ルータ——いえ、その話がしたいんです。プラテレイの話に戻りましょう。丘の殺害現場の近くで穀物の束をくっていた老人の話を覚えていますか。私は、どうして農家の息子がユダヤ殺しになってしまったのか、老人に尋ねました。ユダヤ人の財産を奪いたかったからか、残虐な人間だったからか、ただ酔っぱらっていたからか、それともドイツ人のことを信じたかったからか。老人は、「彼らは強くなりたかったんだ」と言っていました。そんなこと考えもしませんでしたよ。野暮ったい田舎の少年たちはきっと、ユダヤ人を下に見ることで自分が強くなった気になって、喜んでいたんでしょうね。殴りもせずにいきなり射殺したりしていました。白袖隊の隊員や警察官になって、なににも縛られなくなった。人生で初めて小銃や腕章をもらって、同時に、他人を統治して、他人に対して適切な措置をとる権限も与えられた。「見せつけてやろう」という、別の村の少年との喧嘩で殴りつけるときの心理状態になっていたんです。集団の力、集団の鈍感さ、集団の残虐さ、ですね。あとは、ドイツ人が権力を見せつけていたから、ドイツ人と一緒にいれば強くなった気がしたんでしょう。

エフライム――彼らは権力構造の一部になった、ということですか。でも、リトアニア社会においてユダヤ人はいつも「他人」でしたよ。反ユダヤ主義という非常に強い要因もありました。彼らはついに、ユダヤ人よりも強くなれた気になった。ユダヤ人がどこか優れていることを、いつも感じていたんです。ユダヤ人は教養があって、良い生活を送っていて、地元のビジネスの大部分を占めていて、自由業も大部分を占めていた。今回の旅で一つ大事なことを学びました。ユダヤ人とリトアニア人は他人どうしなんですよ。リトアニアの地方に住むユダヤ人は田舎の人たちよりも明らかに優れていると自負していて、そういう態度がリトアニア人のユダヤ人に対する敵対心を強くさせたんです。

ルータ――そんなことは考えたこともありませんでした。ユダヤ人は、自分たちが優れているという考えをどうやって相手に「発信」したんでしょうか。

エフライム――なによりもまず、ユダヤ人は孤立し続けていました。歴史的に見れば、ユダヤ人が同化せずに自分たちの独自性を維持するためには、孤立する必要があったんです。また、ユダヤ人は自分たちが選ばれし民なんだと信じていました。あの時代もそう信じていて、リトアニア人もそれを感じていたに違いありません。それが、リトアニア人社会、特に地方に住む野暮ったいリトアニア人たちとユダヤ人のあいだにある大きな障壁だったんです。

ルータ――歴史家リマンタス・ザグレツカスの研究によれば、ユダヤ人を殺害した罪で処罰を受けたリトアニア人の半数は文字が読めない人たちで、四分の一は初等学校に数年通っただけだったそうです。ザグレッカスが調べたのは、特別文書館に保管されている数千のファイルのうち数百だけですけど。

エフライム――それを明らかにした歴史家には頭があがりません。非常に重要な調査です。とはいえ、リトアニアで発表される調査や研究は、どれも問題の解決にはつながっていません。というのも、メディアがそれを取りあげず、政治家の談話にも反映されない。そして、若い世代が学ぶ教科書にも載らない。だから、人びとの意識の変化にはつながっていない。

ルータ――ホロコーストについて研究しているリトアニア人歴史家がこういう調査を行っているということは、前進していると言えますよね。

エフライム――ええ、彼らの調査は一歩前進と言えるでしょうね。

ルータ――私たちがやらないといけないのは、歴史家たちが学術書などで書いた内容を世間に広めることです。リトアニア人一人ひとりが、発見された事実に触れ、理解するよう、私たちは努めないといけません。

エフライム――リトアニアの歴史家の学術研究で書かれていることと、リトアニア社会の大半の人たちが知っていることのあいだには、大きなずれがあります。

ルータ――そのずれを埋めないといけないのは誰でしょう。

エフライム――皮肉なことですが、あなたがたが埋めないといけないと思います。この本がガラスの天井を打ち破って真実を明らかにすることを願っています。ヤン・グロスの『隣人たち』についてはすでにお話ししましたよね。あの本が出たとき、ポーランド人は「私たちが殺人者だって？」と衝撃を受けました。私たちは、今も昔もいつだって犠牲者なんです。リトアニアで、この本が同じような影響を与える可能性はあります。

ルータ——しかし、本来なら歴史家によるホロコースト研究に関する本がそういう影響を与えるべきだったんですよ。いろんな歴史家が書いています。例えば、アルーナス・ブブニースとかアルフォンサス・エイディンタス、それにヴァレンティナス・ブランディシャウスカスやアルフレダス・ルクシェナス、あとはリュダス・トルスカにサウリュス・スジエデリスにルータ・プイシーテ、それからリマンタス・ジザスやリマンタス・ザグレツカス……。

エフライム——でも、彼らの研究は社会に影響をもたらしませんでした。誰もあんなことが起きたなんて思いたくなかった。歴史家の本がリトアニアで誰にも読まれず、議論もされなくて、歴史家たちはラッキーでしたよ。彼らは、定職に就いていて学術的キャリアも積んでいる。それらはすべて、真実を隠そうとする当局者たちによって壊されてしまう可能性もありました。リトアニアの歴史家の研究を読む人間が少なければ少ないほど、歴史家たちが今の研究を続けられる可能性は増えます。

ルータ——リトアニアの地方でのユダヤ人殺害については実質なにも調査されていません。これは、残念ながら歴史家自身も認めています。リトアニアの歴史でも、歴史研究においても、そこだけ空白のまま、いや、真っ黒のままと言ったほうがいいでしょうか。「リトアニア住民のジェノサイドとレジスタンスに関する調査センター」の所長は、ホロコースト研究を行うには単純に人手が足りず、詳細には調査できていない、とジャーナリストに対して述べています。しかし、対ソヴィエト・レジスタンスの研究、つまり私たちの同胞に関する研究を行うには十分人手が足りているんですよね。

タウラゲ／タヴリグ

一九世紀末、タウラゲには三六三四人のユダヤ人が住んでいた（全人口の五四・六パーセント）。

◆一九四一年

私アンタナス・シェグジュダは、自分の意志で保安警察に加わることを宣言しました。私が警察に加わった目的は一つ――より多くの権利を得て、必要なものをすべて手に入れる可能性を増やし、そして生活を豊かにすることでした。[22]

アンタナス・シェグジュダは、一九三九年からタウラゲの教員養成学校に通っていた。一九四一年六月一五日、教員養成学校の学生たちに夏休みが与えられた。当時シェグジュダは一九歳だった。

六月二五日か二六日に友人二人が私のところに来て、志願兵の部隊に加わらないかと持ちかけました。もし部隊に入れば私の生活が楽になると言っていました。［…］警察にいたときは民間人の服を着て、小銃を身につけ、白い布にドイツ語で「秩序部門《オルドヌングスディーンスト》」と自分で書き、それを腕章として左腕につけていました。

一九四一年八月末、私はユダヤ人殺害に三回参加しました。私たち警察官約五〇人で殺害を行いました。最初の作戦では、私個人で一〇人のユダヤ人を射殺しました。街から森にユダヤ人を連行してきたのは、普通の警察官たちです。町の住民に見られないよう、朝早くに連れてきました。ユダヤ人から金銭や貴重品を奪い、服は一カ所に積みあげておき、それから倉庫に持っていって、戦争被害者に分配しました。私の母も服をもらっていました。青いウールのコートを私のために持って帰ってきました。

それから、射殺に連れていかれたユダヤ人の家でよく大金を見つけました。ユダヤ人の集団を射殺のために掘られた穴まで連れてきたとき、「どうせ死ぬんだからお金をくれてやる」と持ちかけられることがよくあったんです。私が手に入れた額はいろいろでした。それで、五〇ルーブリで帽子を買ったり、カウナスでバイオリンを七〇〇ルーブリで買ったり、ほかにも贅沢な食事をとったりしました。殺されたユダヤ人から手に入れたお金は、全部で四〇〇〇ルーブリぐらいでした。私が射殺したユダヤ人は、全部で五〇人ぐらいです。

保安部門で働いていたのはだいたい三カ月ぐらい、六月二六日から八月末までです。九月一五日からは、また学校が始まりました。[23]

シェグジュダは戦後、シャウレイ市立劇場で合唱団員として働きながら、新聞の文学欄も担当していた。一九四八年に逮捕され、二五年の拘禁刑に処された。

◆二〇一五年

タウラゲ郷土博物館。タウラゲに暮らしていたユダヤ人コミュニティについて、殺された四〇〇〇人のタウラゲのユダヤ人について、なにか情報はあるだろうか。

私たちは、親切な博物館の職員に出会った。博物館の展示を案内してくれた――なかった。殺された四〇〇〇人のタウラゲのユダヤ人については、なにもなかった。その代わり、別の展示があった。米国の一セント硬貨のコレクション――とても大きな展示だった。若い職員は、「一セント硬貨の展示がこんなに大きくて、みんなびっくりするんですよ」と言った。〔フランスの〕作家オノレ・ド・バルザックに関する展示もあった。いつだったかタウラゲに来て、泊まったこともあるという。

◆敵との対話――タウラゲからユルバルカスへ

ルータ――大量殺害の現場をこれだけたくさん訪れたので、どの森で探せばいいのか、もうわかってきました。殺害に「適している」森がわかります。広くて茂っていて、町や道路からは遠くない森です。そして、穴を掘りやすい開けた土地があって、射殺する人とされる人が立つのに十分なスペースも必要です。例えば、この森なんかは適しているんじゃないですか――ほら、ユダヤ人がここで殺されたって書いていますよ。

エフライム――ここでは三〇〇〇人が殺害されました。

ルータ――リトアニアはこんなに美しい国です。それはあなたも認めてくださった。若い女性の身体は美しいけど、実は隠れたところに傷がある――そう想像してみてください。二二七カ所の傷、つまり二二七カ所の殺害現場があるんです。その子は健康だし傷もとっくに癒えたんだと声が枯れるまで言い続けたとしても、それで傷が癒えるわけではない。だから傷を癒すためになにかしないといけないんです。歴史家アルフォンサス・エイディンタスは二〇〇一年、国会で「傷を見せて膿《うみ》を出さないといけない」と発言しました。リトアニアでは、膿をそのままにしている傷は、これ以外にありません。

古いユダヤ人墓地のフェンスの近くに、大量殺害の現場があります。ユルバルカスに住むユダヤ人二〇〇〇人が、一九四一年七月三日に射殺されました。ユルバルカスのユダヤ人コミュニティ全体が破壊されました。

殺害した人たちは、ユダヤ人を彼らの先祖の墓のすぐ近くで殺したことを後悔しました。沼の近くとか灌木の下とか、別の場所で殺せばよかった、と。昔に亡くなった祖父母や両親が、子どもや孫の悲鳴を聞いていました。子どもたちは、先祖の墓の近くで殺される直前、三〇メートル先にある親の墓を見て「お父さん助けて……」と思ったでしょうね。私ならそう思うと思います。殺される人たちは死ぬ直前、なにを考えていたでしょう。どんな祈りを唱え、どんな詩を歌っていたのでしょう。あるいは黙って銃声を迎えたでしょうか。

エフライム——死を待つユダヤ人についてはいろんな話があります。ユダヤ人が銃弾に倒れるまでのあいだによく歌っていた歌は四つある、と聞いたことがあります。一つは、メシアの到来に関するユダヤ信仰を歌ったとても有名な歌です。「私はメシアが到来するのを毎日待っている、遅れてきても待っている」という歌です。それから「ハティクヴァ〔希望〕」と呼ばれる歌で、これは昔はシオニスト運動の歌だったんですけど、今はイスラエルの国歌になっています。祖国への帰還と独立国家創設というユダヤ人の希望を歌った歌です。三つ目は「インターナショナル」〔社会主義の代表的な革命歌で、当時はソ連の国歌でもあった〕で、四つ目はチェコスロヴァキアの国歌です。チェコスロヴァキア出身のユダヤ人の多くは愛国的で、アウシュヴィッツのガス室に入れられるときに国歌を歌っていました。

ルータ——老人介護の問題に関する本を書いたとき、死についてたくさん読みました。病床での死もたくさん見ました。死は同情を呼ぶものです。人は、召される前に先に意識が奪われます。死ぬ直前は、もうこれ以上見たり考えたりせず、ほとんどなにも感じたりもしません。意識が朦朧《もうろう》とした状態まで落ちていきます。死の直前に起こる、ある種の自己防衛のメカニズムなんでしょうね。

射殺されるために連行されたり穴の縁に立たされたりしたユダヤ人は、みんなそういう状態にあったんでしょう。死がもう目の前にあると知り、まるで麻痺させられたかのようになった。思考力が奪われてしまったんです。殺人者の多くも、「射殺される前のユダヤ人は黙ったまま硬直していて、まるで麻痺しているかのような、半分死んでいるかのようだった」と、のちに述べています。

エフライム――多くの場合、ユダヤ人は射殺されるために連行されているとは知りませんでした。殺人者たちはユダヤ人に、労働のためとか集まりや会議があるとか、予防接種をするとか言って、連行したんです。ユダヤ人は最後まで救われる可能性を信じていたから、連行されるときに逃亡したり抵抗したりしなかったんでしょう。逃亡すれば射殺されるのは確実でしたから。とはいえ私は、ユダヤ人は、非常に少数の人たちだけで監視したり輸送したりすることもあったのに、どうしてほとんど抵抗しなかったんだろうと考えてしまいます。一時的な収容所やゲットーで蔑まれたり迫害を受けたりして、彼らの意志も挫かれたんでしょうか。それともユダヤの殉教者の伝統がここで影響したのかもしれません。ユダヤ人は、自らの信仰を捨てる代わりに死を選んだ殉教者のことを、数世紀にわたって理想視してきました。異端審問の時代、ユダヤ人の多くはキリスト教を受け入れることを拒み、神の名を聖別して《キドゥーシュ・ハシェム》死にました。これも要因の一つなんでしょう。もう一つ重要なこととして、ユダヤ人がどこに住んでいても力の弱いマイノリティだったことが挙げられます。これらの要因を一つに合せれば、ユダヤ人が勇気をもって抵抗することがほとんどなかった理由も理解できます。

ルータ――それは、目撃者全員、殺人者全員が驚くことですね。取り調べではみんな、ユダヤ人は仔ヒツジのようにおとなしかったと語っていました。TDA／PPT第一大隊の兵士八人が、ユダヤ人を四〇〇人ずつ、カウナスのゲットーから数キロメートル離れた第九要塞まで連行しました。ユダヤ人は誰も逃走を試みすらしませんでした。合わせて一万人が連行されたのに、誰一人として試みなかったんです。あとになって逃げた人はいました。一一歳の子どもが穴から逃げたと、「人を殺すのが好きだった」歯科技工士のプラナス・マテュカスが語っています。少年の名はユデリス。ドイツ人が自動小銃で子どもたちを撃ちました。

ブトリモニース／ブトリマンツ

一九世紀末、ブトリモニースには一九一九人のユダヤ人が住んでいた（全人口の八〇・一パーセント）。

◆一九四一年

ブトリモニースにはリトアニアで最古のユダヤ人コミュニティの一つがあった。現地のユダヤ人コミュニティは煉瓦造りのシナゴーグやヘブライ語で教育を行う学校、慈善団体を有し、五四ある店のうち五二の店を所有していたほか、酒場やパン屋、その他企業も有していた。[…]ブトリモニース郷の警察署長は郡の警察署長に対し、ユダヤ人「問題は非常に深刻であり、町に住むユダヤ人二〇〇〇人は早急に片づけなければならない」と報告していた。[24]

ブトリモニース警察署長のレオナルダス・カスパリューナス＝カスペルスキスが一九四一年九月八日に出した命令により、当時まだ生き残っていたユダヤ人全員が、夜中に町の初等学校に連れていかれた。次の日の朝、ブトリモニースのユダヤ人の殺害が計画されていた。ブトリモニース・ノルスクが指揮するTDA第三中隊が、アリートゥスでの任務を終えて、ブトリモニースの任務を「解放」するのを待っているようだった。九月九日にはアリートゥスで最大の殺害が起きている。イェーガー報告書によれば、ノルスク率いる兵士たちはこの日、アリートゥスで一二七九人のユダヤ人を「片づけた」という。男が二八七人、女が六四〇人、子どもが三五二人だった。兵士たちは休む間もなくバスに乗りこんだ。次の任務が終われば、ブトリモニースで休めることになっていた。

一九四一年九月九日、一台のバスが、移動部隊の兵士約二〇人を乗せてアリートゥスからやってきた。午後、地元の警察や白袖隊がユダヤ人を学校から連れだし、列に並ばせた。良い服を着ていたユダヤ人は、脱いで下着姿になるよう命じられた。列に並ばされたユダヤ人たちは、ブトリモニースから二キロメートル離れたクリージョニース村まで連れてこられた。［…］射殺は夕方終わった。殺人者たちはそれからブトリモニースに戻り、町の食堂で「任務」の終了を祝った。一九四一年九月九日、ブトリモニースで七四〇人のユダヤ人が殺害された（うち男が六七人、女三七〇人、子ども三〇三人）。[25]

残虐なことで有名になったカスパリューナス＝カスペルスキスは、ビルシュトナスの警察署長となって転任した。

ブトリモニースから移るとき、彼は押収した財産を一四、五台の大きな馬車で運んだ。それを見た地元住民は、「ユダヤ王のカスペルスキスが乗っているぞ」と口にした。[26]

◆二〇一五年
エフライムと一緒にブトリモニースに向かう前、私は歌手のアンタナス・クミエリャウスカスのもとを訪れた。この本のはじめのほうで引用した、一九四一年の殺害を実際に目撃した四人の子どもの一人が、彼だった。
クミエリャウスカスは、すべてをまるで昨日のことのように覚えていた。彼は今回、一九九八年に米国から来たインタビュワーには語らなかったことを話してくれた。

殺害が終わったとき、家の裏から見ていた私たち子どもは、穴に近づいてみました。ほかにもブトリモニースの人たちがやってきました。穴のなかにまだ生きている人が何人かいるのが見えました。負傷者の一人は、鼻から血が流れていて、必死に呼吸をしようと動いていました。殺人者は、銃弾を無駄にしたくなかったので、穴の近くで見つけてきた石を使ってその人を殺しました。でもこんなことを考えついたのはリトアニア人じゃないですよ、ドイツ人です。リトアニア人はその殺害にただ関与しただけでした。

目にしたものを絵に描いてもらえますか、と尋ねた。クミエリャウスカスは絵を描いてくれた。

ブトリモニースは小さな町で、人が見あたらない。今まで訪れた町のように、どこかに年老いた人がいないか

ブトリモニースでの殺害。これを目撃していたアンタナス・クミエリャウスカスが75年後にその様子を描いた

探した。すると、おんぼろの服を着た痩せこけた老人が、森で取ってきたような棒を杖にして、店に向かって歩いていた。彼は、たばこ一箱を受けとる代わりに、大量殺害の現場や町、クリージョニースの森を案内してくれることになった。

クリージョニースは、ブトリモニースから数キロメートルしか離れていないところにある。道路のすぐ近くに、アンタナス・クミエリャウスカスがわずか九歳のときに目撃した殺害現場があった。ここで殺害されたのは年寄りだけで、ブトリモニースのユダヤ人でも若者や力のある人たちは、それよりも前にアリートゥスで射殺されていた。

年老いたガイドによれば、三五二人の子どもが射殺された殺害現場が別にあるという。草原を歩き、牧草地を歩いた。案内板もなく、どこに連れていかれているのか、あとどれだけ歩くのかもわからないままだった。老人は、杖を支えにして歩きながら、ぜいぜいと息をしていた。震える音が、身体の奥底から聞こえてきた。彼は肺を悪くしているに違いない。ようやく立ち止まったと思うと、老人は、「ここから先には一緒に行けません。身体が悪いんです。あっちの方向に歩けば、子どもが殺された現場に着きます」と言った。彼は草原の真ん中で私たちを待っているという。このとき、気温は三五度だった。

私たちは草原をさらに進んだ。だけどどっちの方向に行けばいいのだろう。ここで放牧されているウマの、左か、右か。水路があった。エフライムは立ち止まった。私はさらに進んだ。子どもたちのお墓を見つけないといけなかった。

だけど、見つけられなかった。暑いなか肺を鳴らしながら休憩していた老人に、なんだかとても申し訳ない気持ちになった。戻った。老人は、私たちが見つけられなかったことを詫びた。彼は、言い訳するかのように自分のことを話してくれた。妻は昔に亡くなって、息子はイタリアで殴り殺されたため、今は一人で貧しく暮らしているという。別れのとき、彼は、ブトリモニースで最後のユダヤ人、リフカの家を見せてくれた。町の中心に建つ大きな家だった。窓は閉まっていた。

ブトリモニースのユダヤ人が皆殺されたとき、リフカと妹〔または姉〕は助かった。一九七七年に二人でヴィルニュスに引っ越すまでブトリモニースの自宅に住み続けていた。

エフライム——リフカ・ボゴモルナは、ブトリモニースのユダヤ人で生き残ることができた数少ないうちの一人です。親戚や隣人の記憶を残すために、妹〔または姉〕と二人でここに残って暮らしていました。こういう事例は大変珍しいです。ホロコーストの生き残りはたいてい、親戚が殺された故郷に残ろうとはしませんから。リトアニアに二二〇あったユダヤ人コミュニティは、地球上から一掃されてしまいました。リトアニアの地方はすべて、ユダヤ人のいない場所になってしまったんです。ユダヤ人は、ヴィルニュスやカウナスといった都市に集まりました。シャウレイやパネヴェジースにも少しだけユダヤ人が残っています。私は一九九一年にリフカに会いました。彼女は、リトアニアでホロコースト犯罪者の名誉回復が不当に行われたことに関して国際社会に警鐘を鳴らした、リトアニアで最初の人物です。ジェノサイドに参加した人物の名誉は回復されるべきではないという正当な法律がリトアニアでつくられたところで、その法律は実際には機能しませんでした。

ルータ――ブトリモニースでユダヤ人を殺したのは、どういう人たちだったんでしょうか。ハーマン飛翔部隊に加わるよう誘われていた、ノルスク率いるTDA／PPT第三中隊の兵士たちが、朝アリートゥスのユダヤ人を射殺したあとにブトリモニースで射殺したんですよね。リフカによれば、地元ブトリモニースの人たち、つまり彼女の隣人たちも射殺現場にいたということですか。

エフライム――そうなんです。それが、ユオザス・クラシンスカスとカジース・グリネヴィチュスです。リフカが一九九一年に私に話してくれました。それから、リトアニアのシュムエル・ククリャンスキ教授〔ユダヤ人として知られる法学者〕が、リトアニアで名誉回復された一二人の犯罪者に関するファイルを私にくれました。『ニューヨーク・タイムズ』がこれを一面で報じています。皮肉なことですが、この日はリトアニアが国際連合に加盟した日でした。リトアニアが独立を回復すると、ソヴィエトに裁かれた数万人の名誉が回復されました。そのうちの何人がユダヤ人の射殺に参加したでしょう。彼らのファイルは詳細に調査されていなかったんでしょうか。それともただ、戦時中に行われた犯罪には目を瞑《つぶ》るということなんでしょうか。

ルータ――リトアニアで二万六〇〇〇人が名誉回復されていたということに関心をもった人がどれくらいいたでしょう。名誉回復された人のなかには、特別部隊の隊員も一人いました。どうして彼が名誉回復を受けたんでしょう。理解できません。特別部隊を指揮したヨナス・トゥマス曹長によれば、特別部隊の隊員は全員殺害を行ったそうです。名誉回復を申請する書類を見たことがあります。「ソヴィエトに裁かれた父や祖父の名誉回復と、財産の復元、および金銭的補償を求める場合、申請書に記入すること」、とありました。申請書の質問項目は少なく、当該人物がどこで生まれたか、どのような決定を受けたか、どこで何年間収監されていたか、を記入することになっていました。申請書を受けとった検察庁は、三週間以内に決定を下して返答しました。その人物に関する申請を調査する委員会で働いていたのは数人だけです。申請書は数千にも及びました。裁かれた人のファイルは、一冊だけのこともあれば、五冊や七冊、一二冊になることもありました。一冊のページ数は数百にのぼります。それだけのファイルが本当に徹底的に調査されたんでしょうか。ファイルの最後のページに書かれている決定を読んだだけだったのかもしれません。独立を回復した最初の年に起こった大規模な名誉回復運動で名誉が回復されたのなら、二〇年が経過した今、その名誉回復を点検することもできるでしょうか。そして点検する意味はあるでしょうか。それでなにが達成されるんでしょう。その人はもう亡くなっていますし、返還された財産も押収することはできません。ただ、リトアニアという国が、リトアニア人からもほかの人たちからも、より悪く見えるでしょうね。私たちは、なんの考えなしに殺人者の名誉を回復してしまったんですから、殺人者の数は、見つけたいと思う以上にもっとたくさん出てくるでしょう。見過ごしている事例がどれくらいあるでしょう。〔ヴィルニュスの〕トゥスクレナイの記念碑にはNKVDに捕らえられた七〇〇人の遺体がありますが、そのうち半数以上はユダヤ人を殺害した罪で裁かれています。記念碑の除幕式で、文化副大臣が「死はすべての人を平等にする」と発言しました。ついに殺人者と犠牲者が平等になる。

この本の表紙のように。

エフライム――だけどリトアニア人は、ソヴィエトが取り調べを行った人たちが罪を認めたのは彼らが拷問を受けたからだ、と言っていますよね。

ルータ――リトアニアの歴史家たちの見解は違います。まず、ソヴィエトは犯罪者だけでなく共犯者や目撃者など数十人にも事情聴取を行っていて、多くの場合それが詳細な証拠となっています。彼らの証言は私も読みました。確かに詳細でしたし、ファイルにある数十、数百の調書すべてに目を通せば、実際の犯罪の様子は十分わかりました。もちろんみんな、自分の罪とか殺した人の数なんかは少なく言っていますけどね。もう一つ興味深いのは、リトアニア人がソヴィエトの調査官にソヴィエトとの戦いの様子を語った場合については、私たちは、その取り調べで拷問が行われた結果自白が得られたんだとは考えない、ということです。私たちはその自白の内容を信じ、それにもとづいて対ソヴィエト抵抗運動の英雄をつくりあげます。ところが、ユダヤ人を撃ったと語られたときは、拷問されて自白しただけとして、それを信じる根拠はないことになる。反共主義者は美化されるということです――歴史上最大の反共主義者はヒトラーでしたけどね。

要するに、私たちは実際よりも美しくいたいと思っているのだ。リトアニアの歴史を掻い摘んで言えば、ヴィータウタスのウマに乗ってNATOまで飛び越えていった、飛び越えているあいだに追放と一月一三日事件〔リトアニアが独立回復を宣言したのちの一九九一年一月一三日、独立を認めないソヴィエト体制側の戦車がテレビ局などヴィルニュスの重要施設を占拠しようとして、リトアニアの民間人が犠牲となった事件。テレビ塔を守ろうとしていたリトアニア人一三人が犠牲となったほか、数百人が負傷した。現在のリトアニアでは独立回復のための象徴的なできごととされている〕があった――そんなことをたまに友人と冗談で話す。英雄と犠牲の歴史である。

パネヴェジース／ポネヴェジュ

一九世紀末、パネヴェジースには六六二七人のユダヤ人が住んでいた（全人口の五一・一パーセント）。

エフライム――戦前、パネヴェジースには一万人のユダヤ人が住んでいました。リトアニアのユダヤ人コミュニティとしては、ヴィルニュス、カウナスに次いで三番目に重要で、パネヴェジースのイェシヴァはリトアニアで最も重要なイェシヴァの一つでした。私の大叔父のエフライム・ザルは、そこの学生の一人だったんです。一九四〇年、ソヴィエトがイェシヴァを閉校させました。そのときラビたちはイスラエルに移り、イスラエルで新しくポネヴェジュ・イェシヴァを開校しました。現代ユダヤ世界で最も有名なイェシヴァの一つになっています。

ルータ――どうしてパネヴェジースのイェシヴァがそんなに重要だったんですか。

エフライム――理由は二つあります。まず、教育水準の高さです。パネヴェジースのイェシヴァで教えていたのは、世界で最も優れたラビたちでした。なので、最も才能あるユダヤ人学生たちが各地から集まってきていたんです。学生たちのなかには、のちにラビになる人もいましたし、そうでない学生も教養ある人間になりました。もちろん、その多くはホロコーストで亡くなりました。一九四一年の話に戻りましょう。お聞きになりたいか知りませんが、イスラエルで出版された生き残りの証言をお読みしますね。

ルータ――いいえ結構です。

エフライム――読みます。

ユダヤ人の男たちがセメント工場に連れていかれた。工場には巨大な穴があり、熱せられた石灰で満ちていた。ユダヤ人たちは、その穴に水を入れるよう命じられた。〔水を入れると〕石灰は沸騰しだし、シューシューと音をたて始めた。ユダヤ人たちは穴の周りに整列させられ、穴に飛びこんで沸騰したお湯のなかを泳がなければならなかった。[27]

ルータ――本当にもう十分です。沸騰したお湯のなかを誰が泳げるというんですか。

エフライム――いつもどおり、この証言もでっちあげだとお思いなんですね。さらに読み進めましょう。

〔ユダヤ人の老人が〕頭をお湯から出し続けようと頑張っていた。殺人者たちは、その老人が髭を守りたいのだろうと訝《いぶか》った。そして小銃の台尻で老人の頭を叩くと、その老人は穴のなかに沈んでいった。ほかのユダヤ人たちは老人を石灰のなかから引きあげることができたが、そのときには老人の目は茹であがっていて、目の光は消えていた。〔…〕〔そのユダヤ人たちは〕射殺されるためにパスオステの森に連れていかれたり、牢獄に送られたりした。[28]

ルータ――誰にでも限界はあります。沸騰した湯のなかを泳いでさらに髭を守ろうと考えるなんてありえませんから。お湯から出てきたユダヤ人たちがそのまま連行されて射殺されたという話もありえません。ご提案ですが、ヴィルニュスに戻ったらあなたのために釜を温めて差しあげましょうか。ホロコーストの証言は尊重しますが、馬鹿げた話にはもう限界です。

エフライム――パネヴェジースでユダヤ人に対して行われた拷問に、限界なんてなかったんですよ。

◆一九四一年

ゲネおばさんの夫、アンタナス・スタプリョニスは、私の親戚のなかで最も卓越した人物の一人だ。スタプリョニス中佐は一九四一年六月末、パネヴェジースの反乱者たちを指揮した。[29]ドイツ軍が来ると、反乱者たちは、警察官や警察を補助する白袖隊の隊員になった。〔独立期にリトアニア軍の〕

パネヴェジース市・郡の司令官だったスタプリョニスは、〔ナチ占領期に〕パネヴェジース現地防衛本部の本部長となった。自治体職員だった人たちが、市長を除いて全員現地防衛本部に戻ってきたとき、スタプリョニスは本部長代理を任命した。その本部長代理は、ナチ占領期の終わりまで任務を行った。現地防衛本部は街の治安の維持に努め、他人の残された財産を押収することを禁じる命令を出した。ドイツ人現地司令官《オルツコマンダント》の命令が実行され、ユダヤ人はゲットーに連行されたのだが、本部長はこの連行にどれほど関わることができたのだろうか。リトアニア人住民が立ち退かせられた一区画に、七月一一日以降ユダヤ人が連行されてきた。パネヴェジースの民衆が、ユダヤ人たちの残した家を破壊した。現地防衛本部はそれを止めることができなかった。その区画に住まわされたユダヤ人四四二三人のうち、屋根があるところに住めたのは三二〇七人だけで、一二一六人は屋根のない庭にいさせられた。ユダヤ人から押収した家から箪笥《たんす》やテーブル、ソファーを運んでくれば、屋根のないところにいるユダヤ人のうち少なくとも半数は住めるだろうと考えられていた。[30]

私の母リレの遊び相手だった一三歳のイツィクは、ここにいた一カ月半のあいだ、屋根があるところにいただろうか。母は、イツィクの居場所を知っていただろうか。あの夏、イツィクが家の庭に遊びにこなかった理由を知っていただろうか。

八月二三日、パネヴェジースで最大のユダヤ人殺害がパユオステの森で行われた。ブトリモニースのときの同じように、この日もハーマン飛翔部隊がパネヴェジースを訪れていた。イェーガー報告書には、「一九四一年八月二三日、ユダヤ人の男性一三一二人、女性四六〇二人、子ども一六〇九人が『始末』された」と書かれている。子どもの墓は別にされた。イツィクもそこで、頭を砕かれたまま眠っていることだろう。ハーマン飛翔部隊の兵士が行っていた任務は大変だった。イェーガー報告書にはこう書かれている。

> 作戦の現場をいくつか周り、そこから戻ってくるのに、我々兵士は一回につき一六〇〜二〇〇キロメートルを移動しなければならなかった。時間を計算したところ、実行可能な作戦の数は週に五つまでである。[31]

　アンタナス・スタプリョニスは、一九四一年八月末まで本部長の座に就いていた。それから一一月一五日まで、自治体の税務職員として働いた。秋、パネヴェジース市が殺害されたユダヤ人の財産の清算を行うことになった。貴重な家具などはドイツ人たちが持っていき、そこまで貴重でない物はパネヴェジース演劇場や女子ギムナジウム、保育所、病院などに引き渡された。住民に売り渡された物もあった。すべて売り渡せたわけではなかったので、「男性用ズボン二六三六点、シーツ七六四四点、シャツ一万二七五一点、枕カバー八二三五点、タオル一万〇二五四点、子ども用コート二五三六点、それ以外の子ども服四八二七点、その他マットレスから皿やコップまで数千点[32]」が、パネヴェジースの住民に無料で配られた。

　私は、住民に引き渡された物品のリストを開いて、計算機を取りだし、一九四一年秋にパネヴェジースの住民が無料で手に入れた物品の数を計算してみた。全部で八万点以上の物品が分配されていた。自治体の資料では、パネヴェジースのユダヤ人四四二三人が射殺されたあとの一九四一年八月末時点の街の人口は、二万五五四〇人。つまり、大規模な財産分与により、殺されたユダヤ人が持っていた物や着ていた服が、住民一人あたり三つか四つ無料で与えられたことになる。私の祖母はなにを手に入れたのだろう。一四歳だった私の母は、無料で手に入れた服を着ていただろうか。

◆二〇一五年

敵どうしの私たちは、すでにパネヴェジースにいた。街のなかを歩いて、イェシヴァ〔の跡地〕を探した。観光案内所の職員が、私たちの手を引くかのようにして連れていってくれた。イェシヴァ〔だった建物〕の壁には「ケーキと菓子パン、予約受付中」と書かれていた。菓子販売店「エグレ」になっていたのだ。ここに昔なにがあったか、ケーキを売る女性は知らないと言った。

さらに歩いた。パネヴェジースのシナゴーグがあったところは、劇場の中庭になっていて、シナゴーグの痕跡はなにも残っていなかった。もう一つのシナゴーグはまだ残っていた。建物は市が所有しており、今は、事務所や店舗向け賃貸物件を扱う不動産業者「レマックス」が入っている。

ユダヤ人が今でも所有している建物を一つ見つけた。かつての女子ギムナジウムだ。建物はパネヴェジースのユダヤ人コミュニティに返還されていた。ここも企業が入っていて、ある政党の事務所も入っていた――やはりユダヤ人は金稼ぎに長けている。たくさんの人で廊下が賑わっていた。

なにが行われているのだろう。部屋のなかを見ると、テーブルに料理が並べられていて、駐リトアニア・イスラエル大使、そしてユダヤ人やパネヴェジースの政治家が何人か坐っていた。話の途中だった。皆、ナチ・ハンター、ズロフの姿を見て唖然としていた。ズロフのもとに駆け寄り抱擁する人たちがいる一方で、招かれざる客を煙たがる人たちもいた。イスラエルの大使はテーブルの上の皿を見たまま、なにも言葉を発さなかった。多分イスラエル政府はズロフのことが嫌いなのだろう。ズロフのせいでリトアニア政府との関係が悪くなるかもしれないと恐れているのだろうか。ズロフは挨拶の言葉を述べた。みんなズロフと一緒に写真を撮った。昼食が終わると、政治家たちは運転手つきの花のリースがついた黒塗りの自動車に乗りこみ、ホロコーストの犠牲者に対して哀悼の意を示すため、パユオステの森に向かった。私たちも、ズロフが「ショア〔ヘブライ語で「厄災」や「破壊」を意味する用語で、ホロコーストを指して用いられる。英語圏では、一九七〇年代末以降、「ホロコースト」がユダヤ人に対するジェノサイドを指す用語として広く普及したが、元来この用語は「燔祭」を意味するため、ユダヤ人のジェノサイドは神に対する犠牲であったといった正当化にもつながりかねない、などの批判がある〕車」と呼ぶ私の車でついていった。

パネヴェジース市長も来ていた。市長は、ホロコーストについて「残念だった」だの「永遠に忘れない」だの、二言三言挨拶をした。そして献花した。車列が去っていった。殺害現場に残っていたのは、私たち二人とパネヴェジースの教師の三人だけだった。彼女の生徒たちがパネヴェジースのユダヤ人殺害現場の手入れをしているという。

教師――パネヴェジースに住む私の知り合いは、一九四一年八月二三日に子どもたちがパユオステの森に連れていかれるところを、学校の窓越しに見ていたそうです。トラックが停まると、トラックに乗ったままの子どもたちと、降りて穴のほうに走る子どもたちがいました。殺人者たちは死にそうなくらい酔っていました。みんなリトアニア人でした。子どもたちを射殺したあと、臭いが出ないよう遺体の上に生石灰をかけました。量はそんなに多くはありませんでした。殺された子どもたちは全員、脇の塹壕のなかにいます。私は毎年、生徒たちと一緒にこの集団墓地の手入れをしています。数年前、生徒たちが落ち葉を掃いているときに、金歯を見つけたことがありました。あれは衝撃でしたね。

戦前、サマーキャンプに参加するパネヴェジースのユダヤ人の子どもたち。ヤド・ヴァシェム所蔵

ユダヤ殺しの一人がパネヴェジースに埋葬されています。彼の墓には今でも十字架がありません。親戚が十字架を建てたのですが、誰かがそれを倒したんです。みんな、その人がユダヤ人を殺したって知っていますからね。

パネヴェジースのユダヤ人の子どもたち 1609 人がここに眠る

エフライム――いろんなところでソヴィエト時代に建てられた古い記念碑を目にしてきたが、同じものがここにもあります。リトアニア語ではなにも刻まれていないし、ロシア語の文言にも間違いがありますね。ただ、少なくともここは草が刈られています。生徒たちが刈ったんでしょうね。しかし、リトアニア語でなにも書かれていなければ、誰のための記念碑なのか、ここでなにがあったのか、ここに来た人は誰もわかりませんよ。端のほうにある大きな盛り土が、パネヴェジースのユダヤ人の子どもたちのお墓であることを示しているだなんて、誰がわかるでしょう。

ルータ――金歯を見つけでもしない限り、わからないでしょうね。生徒たちが集団墓地を手入れしてくれているんだから、当局者が邪魔するようなこともないですよ。今日イスラエル大使を連れてきたみたいに、献花しにやってくることもできます。ここで殺された七〇〇〇人に哀悼の意を示すようなことを市としてなにもしないのはなぜか、ここに来た市長か副市長に尋ねてみたところで、うだうだ言われるか黙られるかのどちらかでしょうね。なかには「彼らは私たちの同胞じゃないんだから、ユダヤ人の墓はユダヤ人が手入れすればいい」と言う人もいるでしょう。もしくは、「生徒たちがやりたければやればいい、それが市民教育ってやつでしょ」とかね。

教師は、私たちを、市の中心部にある郷土博物館に連れていってくれた。別れ際、私の氏名はどこにも書かないでください、と念を押された――もちろん、書きません。郷土博物館のすぐ近くにもう一つ博物館があった。殺されたユダヤ人の家だった建物がサーユーディスの歴史を紹介する博物館になっていた。郷土博物館を見てみたけれど、パネヴェジースのユダヤ人や大量殺害に関する展示はなにもなかった。エフライムは、今回の旅が終わるころには、今よりもっと我慢する余裕がなくなっていることだろう。仕事中に壁にもたれ始めた、ここの若い博物館員よりも。

エフライム――戦前、パネヴェジースは、リトアニアで最も重要なユダヤ人の生活と文化の中心地の一つでした。ご存知でしたか。

博物館員――そうだったかもしれませんね。ですが、そういうことなら、ここではなくてパネヴェジースのユダヤ人コミュニティでお話しされるべきかと思いますが。

エフライム――もちろんあそこにも行きました。ですが、あなたがたはこの街の歴史に関して働いていらっしゃるのだから、街の住民の大部分がユダヤ人だったことや、ユダヤ人がこの街の発展に関わり、世界じゅうにパネヴェジースの名を知らせるほどの文化を有していたことは、ご存知ですよね。どうしてパネヴェジースの名が世界に知られているかご存知ですか。ここにイェシヴァがあったからですよ。現在のサヴァノリュー通り一一番地にありました。イスラエルでは今でもパネヴェジースの名前がついたイェシヴァがあるんですよ。これは大事なことですか、それとも大事なことではありませんか。ユダヤ人コミュニティの歴史はパネヴェジースの歴史ではないとおっしゃりたいんですか。ユダヤ人は「あなたがた同胞」

全世界に名を馳せたパネヴェジースのイェシヴァがあった建物。現在はパン屋が入っている。著者ヴァナガイテ撮影

ではなく他人だったとでも?

博物館員——政府に宛てて抗議文を書かれればいいと思います。政府というか、市当局に。ここは市の博物館ですから、ここでなにを展示してなにを展示しないかを決めるのは、市当局なんです。

エフライム——私はあなたに尋ねたい。ユダヤ人コミュニティがこの街になにをもたらしたと思いますか。

博物館員——ではあなたにお尋ねします。あなたがお話ししたようなことでパネヴェジースのことを知っている人が、世界に何人いるでしょうか。

エフライム——四〇〇万人ですね。

博物館員——本当にそう思っていますか。

エフライム——これは確かですよ。パネヴェジースは二つとない街だったんですから。

博物館員——わかりました、それについては考えさせていただきます。お話が聞けてよかったです。これから博物館を訪れる人にお話しできますからね。ではさようなら。

パネヴェジース郡で裁かれたホロコースト参加者の社会的側面は次のとおり（リマンタス・ザグレッカスの研究による）。

職業——四七人のうち、二二人は農民であり、残りの職業は、五人が教師、三人が警備員、二人が仕立て屋、二人が農業関係者、あとは保険屋、郵便配達員、会計士、鍛冶屋、泥炭坑夫が一人ずつ。

学歴――四七人のうち、二四人は文字が読めない、もしくは初等学校の三年生卒業かそれ以下。[33]

◆敵との対話――ヴィルニュスからカウナスへ

エフライム――リトアニアの反ユダヤ主義について、まだ話していませんでしたね。

ルータ――いいでしょう、お話ししましょう。私の友人や知り合いのなかに、ある程度反ユダヤ主義的な人がいるのは事実です。私の子どもたちの世代はそんなことありませんけどね。反ユダヤ主義的な人たちのことは理解できます。私たちはみんな田舎出身なんですよ。戦前ヴィルニュスに住んでいたリトアニア人は、人口のわずか数パーセントだけでしょう。別の都市でも、カウナスを除けば、同じでした。祖父母や曽祖父母の世代は、みんなそんなに教養がなかったので、教会が広める真実も迷信も自然と全部受け入れていました。両親たちが都市に引っ越してきたときには、ユダヤ人はもういませんでした。リトアニア・ユダヤ人、リトヴァクは、文化水準の高い教養ある人たちだったという印象が、私にはあります。書物の民ですね。私たちの世代はリトヴァクのことを知りません。一人も会ったことがないかもしれません。彼らは、殺害されたか、ソヴィエト時代にリトアニアから出ていったか、どちらかでした。戦後リトヴァクの代わりにやってきたのは、別のユダヤ人です。ソ連のほかの地域から来たロシア語話者で、たいていはソヴィエト支持者であまり教養がない人たちです。当時公用語はロシア語でしたから、彼らはアパートや仕事を手に入れることができました。彼らにはどんなポジションも開かれていたんです。言うまでもなく、私たちはそういうユダヤ人たちとは付き合いがありませんでした。彼らのことは尊敬していませんでしたし、彼らも私たちのことは尊敬していなかったと思います。私たちの文化には興味がなかったですし、私たちの言語も学ぼうとしませんでしたから。そういうソヴィエト・ユダヤ人のせいで、私たちはユダヤ文化に関心をもとうと思わなくなったんです。そして、私たちのあいだに根づいているユダヤ人共産主義者というステレオタイプも、さらに強くなりました。私たちのことを反ユダヤ主義者だと非難できるでしょうか。私たちの反ユダヤ主義は、祖父母から受け継がれ、戦後のソヴィエト・ユダヤ人の侵入により強められたものなんですよ。

エフライム――ですが、ルータさんは大学を出ていらっしゃる。大学でユダヤ人の教員から学んで、歴史や哲学の世界に対する理解を深めたはずでしょう。

ルータ――なにを言っているんですか、私が出たのはソヴィエトの大学ですよ。教員の多くは、マルクス=レーニン主義世界のことを理解させようとしました。ソヴィエトの治安当局に目をつけられていない教員は別でしたけどね。そういう教員のなかにユダヤ人の先生もいたかもしれませんが、そんな話は聞いたことがありませんでした。私自身はモスクワで学び、非常におもしろいユダヤ人にもたくさん会いました。モスクワは、ユダヤ人の知識人や科学者、芸術家の中心地でしたからね。でもリトアニアは違いました。だから、私たちリトアニア人は、リトアニア・ユダヤ人の文化のことを知らないんです。知らなければ知らないほど迷信を信じやすくなりますし、昔からの反ユダヤ主義も強くなります。

エフライム――おもしろい主張です。いろんなことの説明がつきますよ。例えば、ルータさんが親戚や知り合いにこの本の話をしたところ、多くは否定的だったと言っていましたね。そういう人たちは賢くて教養もあるのでしょうけど、ユダヤに関することはなにも受け入れられない。彼らの意識のなかに、一つ固く閉ざされた扉があるかのようです。

ルータ――私が彼らの意識に入りこみ、その扉を無理やり開けることはできません。その扉は誰にも開けられないんです。そのときがくれば扉は開くでしょう。その意味で、私たちは失われた世代です。もう自ら変わることはできませんから。

エフライム――そうでしょうね。私がこの二五年間議論してきたリトアニアの相手は、失われた世代を代表する人たちだったわけですね。

ルータ――そういう人たちは、あなたを見てこう考えたでしょう。「このユダヤ人だってもちろんソヴィエト支持者に決まっているし、ホロコーストをビジネスにして金を稼いでいる」ってね。

エフライム――あなたがた同胞の私に対する見方を変えるために、私はなにをすればいいでしょうか。

ルータ――お金を配ればいいいんじゃないですか。

エフライム――いやです。あなたがたは汚職にまみれすぎなんですよ。ところで、この世代の人たちのユダヤ人に対する見方は、現在のリトアニア社会のどういう側面を表していると思われますか。

ルータ――ご存知のとおりです。つまり、私たちは、これまで思っていた以上に、いろんなことをソヴィエトのせいにしなければならない、ということですよ。自分たちの反ユダヤ主義についても、ソヴィエトのせいにしなければいけない、ということです。

エフライム――しかし、リトアニア人はソヴィエトが来る前から反ユダヤ主義的だったんですよね。ソヴィエトはただその状況を悪化させただけだと。

ルータ――ええ、ソヴィエトが状況を悪くしました。今私たちがとても悪いのは、ソヴィエトのせいです。

カウナス／コヴネ

一九世紀末、カウナスには二万五五四八人のユダヤ人が住んでいた（全人口の三五・九パーセント）。

◆二〇一五年

私たちは、「リエトゥーキス」〔農業協同組合〕の車庫《ガレージ》があった中庭に来た。一九四一年六月二七日、リトアニアで最も早く、最も残虐なユダヤ人殺害の一つが、ここで起きた。カウナスのユダヤ人五二人が、野次馬たちが見ているなか、金属の棒で殴殺されたと見られる。NKVDに拷問され収監されていたリトアニア人たちが、監獄から解放されたのちに、ここでユダヤ人を殺害したと言われている。殺人を犯した一人は、のちに、「怒りに駆られてやった、あとからとても後悔した」、と語っている。

最初に私たちのガイドを務めてくれたのは、リトアニア人ではなく、カウナスのユダヤ人の歴史に詳しいユダヤ人のハイム・バルグマンだった。ありがたいことに、バルグマンの名前はほかのガイドのように隠す必要はない。彼は恐れていないのだ。

エフライム――私たちは今、「リエトゥーキス」での殺害の犠牲者に対する記念碑の前にいます。記念碑には、ここで数十人のユダヤ人が殺されたと書かれています。だけど、誰が殺したんでしょう。火山か津波か地震かなにかで殺されたとでも?

ルータ――殺害に参加したある人の証言を読んだことがあります。リトアニア軍の下士官だった人物で、カウナス重労働監獄に収監されていました。彼は数十年後になってようやく告白したんです。読みあげますね――「私は殺害を実行した一人です。監獄から出ると復讐心に襲われ、ユダヤ人が私たちに抵抗し始めると、もう我慢できなくなりました[34]」。

ハイム――私は、ヴァツロヴァス・ヴォジンスカスの証言に依拠しています。ヴィータウタス・

マグヌス大学が開催したセミナーでヴォジンスカスが語った話によれば、当時一六歳の少年だった彼は、「リエトゥーキス」の車庫の前を自転車で通ったときに、ユダヤ人男性の集団が「黄色の監獄」から連れてこられているのを見たそうです。カウナス重労働監獄は、建物の壁が黄色だったので「黄色の監獄」と呼ばれていました。第七要塞に強制収容所がつくられ、たった四、五人の監視役がユダヤ人を強制収容所に連れていきました。

「リエトゥーキス」の車庫になっていた中庭には、ドイツ軍が到着する前まで赤軍のウマが置かれていました。ナチは、ウマの糞まみれの中庭を掃除するよう見張りの一人に命令しました。その見張りは、近くで連行されていたユダヤ人の列を見て、列の監視役に「ユダヤ人はロシア人の仲間だから、ロシア人のウマの糞はこいつらに掃除させよう」と伝えました。監視役はユダヤ人たちを車庫の中庭に連れてきました。こんな具合にして、すべてがここで起きたんです。

ヴォジンスカスは自転車を木の脇に停め、木に登ってユダヤ人が車庫を掃除する様子を見ていました。ユダヤ人たちは糞を手で集めていました。ほかの子どもたちも木に登り、全部見ていました。そのとき、ドイツ兵四人を乗せたトラックが中庭に入ってきました。トラックも汚れていたので、ユダヤ人は洗車も命じられました。しかし、ユダヤ人の手は糞まみれだったので、ユダヤ人が手を洗ってトラックを洗えるよう、誰かが洗浄用のホースを持ってきて水を出しました。

エフライム——見ていた群衆はなにをしていたんですか。

ハイム——ユダヤ人が残虐に殺されたとき、通りにいた人たちは、叫び声が聞こえたので、なにが起きているのか見に来ました。
エフライム――ユダヤ人の殺害方法は二種類あったというのは本当ですか。一つは金属の棒で殴り殺した。もう一つはもっとひどいやり方で、犠牲者は口を開けられると、内臓が破裂するまでホースで水を入れられたとか……。
ハイム――それは完全に嘘です。水道のホースは、ユダヤ人が糞まみれの手を洗えるようにと持ってこられたんですから。一人のユダヤ人は、ウマの糞を素手で掃除するよう命令されたとき、監視役のリトアニア人を殴り、柵の向こう側にあるユダヤ人墓地のほうに走って逃げました。彼の足は速かったけど、銃弾はもっと速かった。それからすべてが始まったんです。監視役がユダヤ人を金属の棒で殴り始めました。そして一人残らず全員殴り殺したんです。車庫の柵の近くに集まっていた人たちは全部見ていました。ヴォジンスカスも見ていました。ヴォジンスカスは、「ユダヤ人はまだそんなに騒いでいなかった」から、殺害を見ても別に震えなかった、とのちに語っています。
ルータ――エフライムさん、あなたはこの三〇年間、「リエトゥーキス」の車庫でリトアニア人はユダヤ人の内臓に水を入れて殺したと、世界じゅうに言いふらしてきましたよね。でもそれは嘘でしたよ。あなたは三〇年間嘘をついていました。
エフライム――ドイツ軍の写真家の証言を読んだんです。その写真家は、見たものを語っていました。その写真家が嘘をついていたという根拠はなにもないですよ。中立な立場の目撃証言なんですから。

ルータ――ナチ・ハンターがなによりもナチの証言を信じている、これは大ニュースですね！

――いいでしょう、助けの手を差し伸べてあげましょう。私はリトアニア人医師の話を聞いたことがあります。彼女は、殺害が行われたときここにいました。あなたが引用したナチと同じことを話していましたよ、口に水を入れたってね。

エフライム――殺害が終わると群衆がリトアニア国歌を斉唱したというのは本当ですか。ドイツ人写真家がそう言っていたんですけど。

ハイム――全然違います。ユダヤ人が全員殺されて地面に横たわっていたとき、駅のほうから浮浪者が二人やってきました。一人がアコーディオンを持っていたので、監視役の誰かが「こいつらにスロボトケ〔カウナス郊外にあったユダヤ人地区。現在はヴィリヤンポレと呼ばれる〕のユダヤ・マーチを奏でてやれ」と言ったんです。カウナスの年配の人はそのマーチをよく知っていますよ。少なくともメロディーぐらいはね。

ルータ――そのドイツ人写真家はそれがなんの歌か知らなくて、近くにいた人に訊いたところ、その近くにいた人が冗談を言ったってことですね。

ハイム――はい。それで、殺害のあと群衆がリトアニア国歌を斉唱したという都市伝説が世界に広まったんです。ユダヤ人が広めたんですよ。彼らはスロボトケのユダヤ・マーチを知らないんですね。あれはカウナスの民衆が好んだ反ユダヤ主義的な歌だったんです。

ルータ――エフライムさん、あなたはこの三〇年間、「リエトゥーキス」の殺害のあとリトアニア人が国歌を斉唱したという嘘も世界じゅうに広めてきましたね。それを証明したのは、リトアニア人の私ではなく、あなたがた同胞のユダヤ人ですよ。ハイムさん、あなたが嘘を暴いてくださったこと、全リトアニア民族を代表して感謝します。

◆カウナス第七要塞

カウナス第七要塞は人で溢れていた。子ども向けのサマー・デイ・キャンプが行われている。若いキャンプ・リーダーの一人が、要塞の柵の近くにある大量殺害の現場に私たちを案内してくれた。柵の向こうは住宅街だ。背の高い草が穴を覆っている。殺害現場を示すポールが建っていた。いつ誰が何人殺されたというのだろう。

現在この要塞にはなにがあるのか、キャンプ・リーダーの若者に尋ねた。「ここには冷戦博物館があります」「別の施設には化学実験室もあります」「子ども向けの活動も行われています」、とのこと。

一九四一年六月、臨時政府がこのカウナス第七要塞にリトアニアで最初の強制収容所を設置することを決定し、連行されてきたカウナスのユダヤ人をここで監視する大隊のための予算をあてた。七月六日、民族労働防衛大隊第一中隊および第三中隊がこのカウナス第七要塞で人を殺した。時間を節約するやり方だった。一部は夕方に殺害し、次の日に残りの人たちを一つの穴に入れ、お互いが身を寄せるように身体を横たえさせ、一時間半で射殺した。穴のなかで誰も動かないうちに射殺したのだ。負傷しただけの人は何人いただろう。しばらくしてから、歯科技工士のマテュカスやほかの大隊兵士らの銃弾が彼らの息を止めただろうか。

ソヴィエト時代、この要塞は軍事施設だったため、訪問も調査も犠牲者の追悼も行われなかった。リトアニアが独立してから二〇年。この間、調査も犠牲者の追悼も行われていない。二〇〇九年、カウナス第七要塞は私有地となった。民族労働防衛大隊の兵士らに殺害されここに眠る、五〇〇〇人のユダヤ人とともに。土地の所有者が七ヘクタールの土地を整備し始めた。そして整備中の二〇一一年、アクシデントが起きた。現在要塞を所有するヴラジーミル・オルロフは語る。

リトアニアで最初に大量殺害が行われたカウナス第七要塞。5000 人がここに眠る。現在は私有地となっている。著者ヴァナガイテ撮影

ゲルヴェチェイ通り側にごみを集め、何台ものトラックで運びだしていました。穴のなかを整備していると、ごみの下に石灰の層があり、枝のようなものが突きでていました。殺された人たちの遺骨でした。

水を引っ張ってきて穴を洗浄してから、穴の奥に手を入れ、手探りで遺骨を探しだしました。遺骨の層は数メートルにも達しました。[35]

遺骨が発見されたことは、警察や文化遺産局、ユダヤ人コミュニティに知らされた。どこもなにもしてくれなかったので、要塞の所有者は骨をごみ袋三つに入れて、そのまま放置した。

その事実をメディアが伝えると、カウナス市自治体は、「リトアニアの占領体制期に殺されたレジスタンスおよびその他の人物の遺体の移送および埋葬地の追悼に関する」委員会という、大それた名前の委員会を設置した。委員長を務めたのは「カウナス・ジャズ」フェスティバルの主催者であるヨナス・ユチャス元文化大臣だった。検討期間は二年間で、その間、委員会の集まりがあったのはたった二回だけだった。

二〇一四年、遺骨は、ごみ袋から発見された元の穴へと戻された。

カウナス第七要塞は、ウェブサイト上で「自然と歴史のオアシス」として紹介されている。オアシスでは、夏至祭や子どもの誕生会、企業の夕食会などが行われている。カウナス市民やカウナスを訪れた人たち（ほかでもないユダヤ人だ）がイベントの騒音に腹をたて、文化遺産管理の専門家に申し立て、専門家たちは要塞の所有者に対し、要塞で祝いごとやゲームなどの娯楽イベントを行わないよう要請した。要塞の所有者は、ここで行っているのは教育目的のイベントだと回答した。カウナス第七要塞のウェブサイトには、子どもたちが誕生日にしゃぼん玉を飛ばすイベントや、七ヘクタールの土地すべてを使って行われる「お宝探し」という名の教育イベントの宣伝が掲載されている。

七五年前、金目の物が好きだったプラナス・マテュカスは、殺された人で埋めつくされた大きな穴で「お宝探し」をしていた。マテュカスは戦後ヨニシュケリスで歯科技工士として働いた。殺された人の口から抜きとられた金歯は、どれだけのヨニシュケリス市民の口に入れられたのだろう。今でもカウナスの要塞の穴のなかにいくつか金歯が残っているのなら、三ユーロの参加費を払って「お宝探し」イベントに参加する価値もあるかもしれない。

ヴィルニュス／ヴィルネ

一九世紀末、ヴィルニュスには六万三九九六人のユダヤ人が住んでいた（全人口の四一・四パーセント）。

最終日。この日はヴィルニュスから移動しなかった。ここは私の街だ。ユダヤ人の街でもある

――ここは、リトアニアのイェルサレムなのだ。
チェスワフ・ミウォシュ〔ヴィルノ（ヴィルニュス）出身のポーランド人作家〕はこう記している。

　こんにち、永遠に失われたユダヤ・ヴィルニュスのことを考えながら驚いている。あそこは巨大なエネルギーが集中する街であり、ヘブライ語とイディッシュ語の書物を印刷する出版社が集まる首都であり、文学と演劇の居住地だった。その点でヴィルニュスと肩を並べられるのはニューヨークだけである[36]。

　ヴィルニュス周辺に点在するユダヤ人の墓場から始めよう。特別部隊はポナリ以外でも任務を行っていた。ヴィルニュスのすぐ近く、ナウヨイ・ヴィルネの近郊にプリカシスの丘がある。一九四一年九月二二日、特別部隊はここで一一五九人のユダヤ人を射殺した。ユダヤ人は、射殺までの数日間ヴェリュチョニース少年施設に入れられ、監視されていた。

　ヴェリュチョニースがどこで、少年施設がどんなところで、プリカシスの丘がどんな場所なのか。五〇年間ヴィルニュスに住んでいるが、これらについてはなにも聞いたことがなかった。

　しばらく彷徨ったあと、ヴェリュチョニースを示す看板を見つけた。その横に「ユダヤ人墓地――二キロメートル」とあった。

　ヴェリュチョニース少年施設は昔の邸宅の建物で、ツァーリ時代から修復されてなさそうに見えた。ユダヤ人墓地がどこにあるのか、そこはただの墓地なのかユダヤ人の殺害現場でもあるのか、村の女性たちに尋ねた——一人、二人、三人。出会った人たちは誰もリトアニア語を理解しなかった。なぜかみんな歯がなかった。「わかりません、少年施設の警備の人に訊いてください」とロシア語で言われた。

少年施設が設置されたのは一九〇〇年にさかのぼり、現在では「子ども社会化センター」と呼ばれ、養育施設では更生できない子どもたちがいる。ツァーリ時代には一〇歳から一六歳の少年がヴィリナ（ヴィルニュス）県、コヴノ（カウナス）県、グロドノ県、ミンスク県からここに連れてこられた、とセンターのウェブサイトに書かれていた。第一次世界大戦後はユダヤ少年農業職業施設がここに置かれ、第二次世界大戦期にはユダヤ人の子どもの収容所が設置された。「彼らがどこに連れていかれたのか、昔からこの村に住んでいる住民も知らない」と書かれていた。

連れていかれた先はそんなに遠くなかった。ユダヤ人の子どもたちは、一日のあいだに全員連れていかれた。この日、ユダヤ人の子ども以外にも、特別部隊に片づけられた人はいた。その人数は、ユダヤ人の子どもよりも多かった。昔から住んでいる村の住民は知らないかもしれないが、その両親は、数キロメートル離れたところでユダヤ人の子どもたちとそうではない人千人が射殺されたのを聞いていたに違いない。読者の皆さんもこの射殺場所は見つけられないだろう。いくつもの小道が意味もなく曲がりくねっていて、途中で藪で途切れている。線路の近くの農地でようやく人を見つけた。車に乗って、なぜか墓地と呼ばれているユダヤ人の殺害現場まで案内してもらうようお願いした。その人はよくキノコを採りにいくそうで、キノコを探していたある日、灌木のなかにその場所と記念碑を見つけたという。それから五年はそこに迷いこんだことがないらしい。キノコは生えない場所のようだ。

道はなかった。小道すらなかった。人よりも背の高いイラクサを掻き分けて進むも、水路に阻まれ、道を戻って別のほうから進まざるをえなかった。別のほうにもイラクサが生えていて、さらに巨大なごみの山も待ち受けていた。EUの規則により、こういうごみ収集場はリトアニア全土で廃止されたはずだ。キノコ採りの男によれば、ここも閉鎖されたが、住民は今でも習慣でここにごみを持ってくるらしい。「殺害されたユダヤ人に対する象徴的なモニュメントです」――エフライムは異臭を放っているごみの山を指してこう言った。まったく、この人はどこまでも敵なのだ。

キノコ採りの男は頑《かたく》なに探していた。私たちも敵どうし頑なに探した。一時間ほど経って、ようやく見つけた。薮に覆われた坂道に、一九五一年に建てられたソヴィエトの記念碑があった。一一五九人がここで亡くなったという。

この人里離れた場所でユダヤ人の子どもたちを手で殺した殺人者の一人は、一九七八年、牢獄で死刑に処されるのを待ちながら、自分の子どもたちに宛てて次のように書いていた。

もう待たないで
父は戻らないから

墓場の黄色い砂が
私の目を覆う

彼は死を恐れていた。そして子どもたちをとても愛していた。頑張ってくれたキノコ採りの男に給料を支払った。五ユーロ。少年施設はすぐ近くにあったので、安堵した。少年施設の人たちはみんな疲れていた。住み込みの女性が少年たちを監視しきれていないので、少年たちが脱走して店を襲ったりして、最近では友人を数人で殺害するといった事件もあったという。

ヴィルニュスから一五キロメートル離れたところにいた。私たちは黙ったままヴィルニュスに戻った。手の痒《かゆ》みを抑えるオイルかなにかを買わないといけなかった。藪のなかから文明世界に戻ってこれた。まだ見ぬ文明世界に来なければならなかった。最終日の午後は、ズロフの名前がとられた大叔父のエフライム・ザルの家を訪れるために空けていた。駅の近く、ショパン通り三番地のアパートの一九号室が、エフライム・ザルの家だった。

ソヴィエトがポーランド東部を占領した一九三九年、エフライム・ザルはポーランド東部のイェシヴァを指導する立場にあった。このとき、〔それまでポーランド領だった〕ヴィルニュスがリトアニアに引き渡された。ユダヤ人のラビやポーランドにあった二三のイェシヴァの学生たちは、ソヴィエトがすべての教育機関を閉鎖することを理解していた。そのため、〔まだソヴィエトに支配される前の〕

ヴィルニュスに大量の人が移動し始めた。一九三九年、二六六〇人の学生と一七一人のラビが、ポーランド東部全域からヴィルニュスに移り住んだ。エフライム・ザルもその一人だった。彼は学生に人気で、彼の授業はポーランドでもリトアニアでも学生が講堂を埋め尽くすほどだった。一九三九年、ヴィルニュスは、世界で最も優れたイェシヴァが集まる都市になった。

一九四一年七月一三日ないし一四日、ラビ・エフライム・ザルは、ショパン通りの自宅を出てピーリモ通りへと向かった。その日、白袖隊が、ラビを探しだして捕らえようとしていた。ラビかどうかは、髭で判断した。そしてエフライムも捕まった。ルキシュケスに移送されたと言われているが、中央文書館に保管されている一九四一年のルキシュケス監獄の記録帳には、エフライムの名はなかった。おそらくエフライム・ザルはピーリモ通りからそのまま直接ポナリに送られ、ほかのヴィルニュスのユダヤ人たちと一緒に射殺されたのだろう。カジミェシュ・サコヴィチの日記には、ポナリでの射殺は七月一一日に始まったと書き記されていた。エフライムに続いて、数日後ないし数週間後に、エフライムの家族がポナリに連れてこられた。妻のベイラと二人の息子、ヒルシュとエリヤフだ。三人が入れられた穴は、エフライムとは別だっただろう。

◆二〇一五年

ショパン通り三番地のアパートの中庭で、一組の夫婦を見つけた。アパートは改修中で、若い男女が中庭で働いていた。二人とも香水をつけていた。女性の腕には生後数カ月の女の子がいた。アパートの階段まで行きたいと伝えると、彼らはどこかに電話してくれた。すると、一人の男性が階段の窓から顔を出し、ズロフのほうを睨みつけてきた——「なにしに来た」。「この人はイスラエルから来て、ポナリで殺された大叔父が住んでいた場所を見たがっているんです」、と伝えると、「嘘だろ」と言われた。「探しているのは別のものだろ、こいつはテレビで見たことがある」。男性はしばらく考えたあと、やっと階段に私たちを入れてくれた。一九号室は今も四階にあった。私たちに張りついていた男性は、「ここにじいさんも兄弟もいなかったとか言うなよ、本当はなにを探しているんだ」と怒り口調でぶつくさ言っていた。

階段を降りて中庭に出てから、女の子の母親にお礼を言った。「娘さんになにか買ってあげましょうか」と言うと、彼女は「この子がなにを食べるか知らないんです」と答えた。「養護施設から引きとったばかりなので、なにをあげたらいいのかわからないんです。うちが火事で焼けちゃってこの子を預けることになって、この週末だけ帰してもらっているんです。そうだ、パンパースを買ってもらえませんか」。

今回の旅の最後の目的地は、ポナリだ。ラビ・エフライム・ザルとその家族が、ここで特別部隊の銃弾に頭を撃たれた。穴は遺体で埋めつくされていた。

ポナリの博物館は、小屋が一つだけで、小屋のなかも大きな部屋が一つしかなかった。部屋の壁に十数人のユダヤ人の名前が書かれていた。ここで殺害された七万人のうち、なぜか十数人だけ。写真が数十枚掲示されていて、ある写真にはユダヤ人が、別の写真にはポーランド人が、さらに別の写真には、ソヴィエトの戦争捕虜とここで殺害を行ったリトアニア人が写っていた。モニターには、なぜか日本の外交官の杉原千畝の映像が流れていた。この小屋の入場料は三ユーロだった。

射殺される人たちがどの道から連行されたり移送されたりしたのか、どこにも書かれていなかった。店の前にいる人たちなら知っているかもしれないと思い、尋ねてみた。誰も知らなかった。誰もリトアニア語を話さなかった。ママ・リアルに訊いてくれ、と言われた。ママ・リアルと言われても、どの家のお母さん《ママ》がリアルさんなんですか。違う違う、ママ・リアルじゃなくて、ママリアルだよ――ああ、記念公園《メモリアル》ですね。結局、記念公園のガイドに説明してもらった。射殺される人たちが通った道は、現在ポナリまで続いている道路とは別のようだ。彼らは線路から続く脇の道を通ってきた。鉄道員ヤンコフスキの詰所はどこにあったのだろう。すぐ近くで行われる殺害を屋根裏部屋から見ていたというサコヴィチの家は、どこにあったのだろう。そして、毎晩穴の近くを走りまわり、殺された人たちの遺体を食べ、ある朝には腸を咥えて帰ってきたという、あの怪物犬ミシユカを飼っていたシェニュツの家はどこにあったのだろう。

ここには家が四軒しかない。一軒一軒まわった。壊れて誰も住んでいない家もあれば、きちんと改修された家もあった。人はどこにもいなかった。ただイヌが吠えていた。かつての「基地」の門の近くに廃墟になった倉庫があった。そこから大きな黒いイヌが出てくるのが見えた。このイヌは吠えなかった。鎖を引きずりながら、ゆっくりと私たちのほうに近づいてきた。そして立ち止まって、私たちのほうを見てきた。まるで遠くを見ているかのような、非常に奇妙な目つきだった。私たちのことは見ていなかった。イヌの目は青く、瞳孔は失われていた。そう、このイヌは、失明していたのだ。ポナリという地獄の黒いイヌ——二人とも同じことを考えていた。

私たちのリトアニアをまわる旅は終わった。

ベラルーシ（バルタルシヤ／ベロルス）

ポナリの節でこの本を終えてもいいだろうか。いいのかもしれないが、この本で紹介したインプレヴィチュス大隊の兵士二人の証言をそのままにしておくわけにはいかない。一九四一年にリトアニアからベラルーシに送られた兵士たちの証言のことだ。人を殺すために派兵されたのだった。二人とも、そしてインプレヴィチュス大隊に所属するほかの兵士四七五人も、一九四二年の春までに一五カ所で一万五〇〇〇人以上を殺害することになるとは、リトアニアを出るときには誰もわかっていなかった。

ベラルーシに行かなければいけない。一度もベラルーシを訪れたことがないという敵のズロフも一緒に行くことになった。

ユオザス・アレクシーナスの話に沿って、ドゥコラの町に向かった。

一〇月六日、インプレヴィチュス大隊の兵士たちは、カウナスで、「諸君はリトアニア民族全体を代表するのであるから、いつ何時どこにいても崇高なリトアニア人兵士の名に相応しいふるまいをしていただきたい」という挨拶を受け、盛大に見送られた。そして彼らは、一〇月八日にはミンスクから四〇キロメートル離れたところにある小さな町ドゥコラにいた。道路が二本しかないような町だった。

リトアニア警察第二（第一二）大隊の、中隊長のゼノナス・ケムズーラ中尉率いる兵士たちが、トラックで到着した。四、五人のドイツ人将校も一緒に乗用車で到着した。大隊兵士たちはドゥコラに到着すると町を囲み、ユダヤ人を市場のある広場に連行した。ユダヤ人たちは整列させられると、広場を出てレチナヤ通りを通り、スヴィスロチ川の橋を渡って、町外れの草原まで輸送させられた。[37]

ドゥコラの町を歩いた。川まで続く道は、数百年前につくられたような石畳の道だった。町のユダヤ人三九四人は、リトアニアから来た若い男たちに連れられ、この道を歩いたのだ。第七要塞で射殺した経験をもつ第一中隊の男たちは、道中、最初の殺害を行っている。経験があった彼らだったが、ドゥコラでは新しいことも待ち受けていた。爆裂弾による射殺だ。大隊兵士のユオザス・アレクシーナスは、「爆裂弾だったので、すぐに後頭部の内側が見えてしまいました」と語っていた。ゼノナス・ケムズーラ中隊長にとっては初めてのことだった。アレクシーナスの証言によれば、殺害された人たちの服や遺体は燃やされ、燃えているところにその人たちが入れられた。人の上に人が重なるように、穴がいっぱいになるまで入れられた。

スヴィスロチ川にかかる橋も、石畳の道と同じく古かった。草原も昔からあって、とても広い。草原の果てには灌木があった。爆裂弾が三九四人の後頭部を開いたのち、リトアニア人は森に隠れている人を探し始めた。七人が発見され、リトアニア人はドイツ人と一緒に、彼らを射殺した。リトアニア人は、任務を完全に遂行するまで町を出なかった。

二〇一五年一〇月、私たちは灌木の近くの草原にある、ソヴィエトの記念碑の前に立っていた。灌木が生えているあたりは隆起している。殺害された人たちはここに眠っているのだろう。リトアニア人に連れてこられたドゥコラの住民が、ここで隣人たちの遺体を埋めたのだろう。きっと、その前日、その隣人と道で挨拶をしたり、隣人の店でパンを買ったりしていた。ドゥコラの老人二人に殺害のことを尋ねてみた。当時、殺害現場の地面は数日間動いていたという。誰が殺したのかは誰も知らなかった――「ドイツ人じゃないかな」。どこで真実を知るというのだろう。


ドゥコラを出た。この本ですでに紹介したインプレヴィチュス大隊のもう一人の兵士、レオナス・ストンクスが、一九四一年にただ一回だけ発砲した場所に向かった。線路沿いにあるルデンスクの町だ。ユオザス・クリクシュタポニス中尉率いる第二中隊のリトアニア人隊員たちは、ドゥコラで最初の殺害を行ってから数日後の一九四一年一〇月一〇日、貨物車輛でルデンスクに到着した。兵士たちはそれまで、カウナスで建物や飛行場の警備を行っていた。クリクシュタポニス中隊長は、ルデンスクに来るまで、「武器を上げよ！」「狙いを定めよ！」「撃て！」という命令を出した経験はなかった。

リトアニア人兵士の一部は、将校の命令に従い、町を囲み、監視した。ドイツ人憲兵たちとともにユダヤ人の住む家に行き、男性、女性、子どもたちを拘束し、郵便局近くの広場に連行した。ユダヤ人たちはそこから殺害現場に連れていかれた。線路沿いの採石場に穴が掘られていたのである。第二中隊の隊員たちは、中隊長の将校の指揮のもと、ユダヤ人たちを射殺した。第二中隊の隊員約一五人が射殺を拒否したため、中隊長のユオザス・クリクシュタポニス中尉は後ろに下がっているよう彼らに命じた。[38]

拒否した一五人のなかにストンクスもいたと思われる。ストンクスは当時、中年男性に向けて発砲して傷を負わせた。のちに彼はそのときのことを「撃たれた人はすぐには〔穴に〕落ちず、その場に屈んで、のたうちまわっていました。下士官が近くに立って二発目を撃ちこむと、すぐに落ちていきました」と述べていた。

ストンクスは、この発砲のあと、後ろに下がることを許された。それを許可したクリクシュタポニス中隊長は、ルデンスクでの殺害のあともベラルーシ各地での作戦の大半で指揮をとった。アンタナス・スメトナの甥であるクリクシュタポニスは、のちにリトアニアでパルチザンとなった。ゆえに現在、彼はリトアニアの英雄であり、ウクメルゲでは広場に彼の名がつけられ、その広場に彼のための碑が建てられているのである。

◆二〇一五年

私たちは、町のユダヤ人たちが当時集められた郵便局の前にいた。店の前に立っていた地元の男性が、私たちの車に乗りこみ、町の中心にある線路近くの採石場まで案内してくれることになった。急坂になっていて、穴は深い——理想的な場所だった。坂の上には柵があり、柵の向こうは地元住民の畑になっていた。当時この坂の上にはストンクスたち、つまり私たちの同胞のリトアニア人たちが立っていた。そしてルデンスクのユダヤ人は穴の縁に立ち、穴のなかに落ちていった。記念碑が立っていて、記念碑の前には造花の輪が置かれていた。花輪には「ルデンスク・ソヴィエト集団農場より、大祖国戦争の英雄たちに捧げる」と書かれていた。ルデンスクのユダヤ人を殺したのは誰か。案内してくれた男性は、誰が殺したのかについては、町の誰も知らないと言っていた。お礼に一万三〇〇〇ルーブリ（一ユーロにも満たない）を支払うと、その男性は最初遠慮した。「殺害現場を案内したのはお金のためじゃなく、あそこに行く人が誰もいないからですよ」と言った。

さらに車を走らせた。インプレヴィチュス大隊が一九四一年一〇月一四日に殺害した現場、スミロヴィチである。証言によれば、スミロヴィチでは町の中心で殺害が行われた。そのため、目抜き通り近くの穴にいた第三中隊の兵士たちは、「嫌々ながら撃っていたので、射殺の任務から外された」[39]という。このとき、第三中隊には誰かを殺害するという経験がなかった。ユオザス・ウーセリス中隊長も経験したことがなかったのだ。彼ら全員にとって初めての任務で、嫌々ながら行ったこととはいえ、一〇〇〇人から一六〇〇人の地元住民が、リトアニア人の手によって、町の中心で穴に突き落とされたのだった。

　私たちにとって特に重要な場所が一つあった。この日、一〇月二八日は、スルツクでの殺害が起きた日だった。スルツクでは、インプレヴィチュス大隊の全隊員が射殺を行った。任務はたくさんあった。ドイツ人のカール地域委員は、リトアニア人の残虐さに驚き、上司に宛てて「私の願いを一つ叶えていただきたい、今後この大隊を私からできるだけ遠くに離してほしいのです」と記していた。

　スルツクの殺害現場は、ベラルーシにあるほかの集団墓地と同じく、見つけることは不可能だった。道にはなんの案内板もなかった。暗くなってきた。地元の市場でリンゴを売っていたおばあさんに話しかけ、町から一二キロメートル離れたセリシチェ村のシラカバの森の近くにある現場を探しに、一緒に車で行ってほしいとお願いした。一緒に行ってもらえることになった。年金受給者のジェーニャさんは、四〇年前はスルツクで図書館司書として働いていて、戦勝記念日〔五月九日〕には毎年ピオネール〔一〇歳から一五歳の男女を対象としたソヴィエトの少年組織〕を集め、花輪を持って記念碑まで歩いたという。ジェーニャさんは、一九六五年以来一度も訪れていなかったが、それでも殺害現場と記念碑を見つけてくれた。この五〇年間ほとんどなにも変わっていないという。花輪が一つだけ置かれていて、色褪せた文字で「大祖国戦争の英雄、解放者たちに捧げる」と書かれていた。一九四一年一〇月二七日から二八日にかけて、未来の「英雄、解放者たち」八七一二人がここで殺害された。歴史家アルフレダス・ルクシェナスによれば、うち二二五〇人以上がインプレヴィチュス大隊によって二日間で「片づけられた」という。ユダヤ人の一部は生きたまま埋められ、そこから這い出ることができた、とカール地域委員は書いていた。しかし、這い出たわけではなかったと思う。花輪に「解放者」と書かれた三〇〇〇人のユダヤ人は、隣のサイロの穴で燃やされたのだった。

スルックでの殺害の次の日、兵士たちはクレックに向かった。クレックではユダヤ人五〇〇〇人が、集会があると言われて集められていた。インプレヴィチュス大隊の殺人者たちがのちに語った証言によれば、穴に連れていかれたユダヤ人たちはその後、穴のなかに入れられ、すでに殺された人の遺体の上に寄り添うようにうつ伏せにされたという。

私たちもクレックに向かった。郷土博物館の職員のオルガさんが、私たちを穴まで案内してくれることになった。オルガさんは、クレックのユダヤ人やユダヤ人殺害に関する展示が博物館になくて申し訳なさそうだった。クレックの穴は町の中心にあった。「殺したのは誰だったんでしょう」——「ファシストでしょうね」、とオルガさんは言った。丘の上の柵の向こうには、正教とカトリックの広くてきれいな墓地があった。柵の手前には、殺された五〇〇〇人の遺体が眠る深い穴があるだけだった。歴史家は、うち二〇〇〇人がミンスクから来た私たちの同胞、リトアニア人に殺されたと見ている。証言によれば、射殺は自発的に行われたが、十分な数の志願者がいないときには任務が割り当てられたという。

ルデンスク、スミロヴィチ、スルツク、クレツクに行くことを初めからわかっていて、そこに行く理由も知っていて、そして実際に各地をまわったリトアニア人は、この私が最初で最後なのではないかと思う。私が知る限りでは、ホロコーストに関する著作があるリトアニアの歴史家でさえも、この道を走ったことがない。リトアニア政府はそんなことのために予算をあててはくれない。

ミンスクでは、アレクサンドル・ルカシェンコ〔大統領〕による〔ミンスク郊外の〕マーリイ・トロスチェネツの記念碑の盛大な除幕式が私たちを待ち受けていた。マーリイ・トロスチェネツでは、二〇万六〇〇〇人のユダヤ人が殺害された。実にポナリの三倍に迫る人数だ。記念公園の敷地は広い。いろんなところに説明があるが、誰が殺されたかはどこにも書かれていない。ただ、「人びと《リューヂ》」が殺された、とだけある。一二歳の生徒たちが、はしゃぎながら近くを歩いていた。ここでなにがあったか知っているか、彼らに訊かずにはいられなかった。男子たちが我先に答えてきた。「ここでファシストがパルチザンとか地下組織の人とかを殺したんだ」「ユダヤ人の人たち?」「違う、私たちの同胞、ベラルーシ人だよ」「どうして殺したの?」「戦いがあって、それから捕まって、ここに連れてこられたってこと」「殺されたのは男の人たちだけだったのかな?」「ううん、子どもたちも連れてこられた。ビーツを食べさせてもらって、そしたら血を抜かれたんだって。先生が言ってたし」「血はなんのために抜かれたの？」「実験のためでしょ」——子どもたちは自信をもってそう答えた。それから、一人の子が、私たちがどこから来たのか尋ねてきた。「リトアニアからだよ」と答えると、その子は目を輝かせて、「そっちはマジやばいんでしょ？《クルト・タム・ウ・ヴァス》」と言った。

ミンスクの国立文書館で、インプレヴィチュス大隊が行った殺害についてもっと資料がないか探した。しかし、見つけられなかった。供述調書が含まれるKGB文書は、ベラルーシでは閲覧できないことになっていた。ほかの国立文書館や地方の文書館でも、無実のソヴィエト国民を殺したファシスト集団やその補助者たちに関する概要ぐらいしかなかった。それが、昔からの否定できない公的立場だった。ここで亡くなったのがただの平和を愛する国民や解放者の兵士たちではなく、数十万人の普通のユダヤ人だったということは、この国の大人も子どもも知らない。数十万人のうち一万五四五二人は、リトアニアの若者に殺された。リトアニアの普通の若者は、過ちの道に導かれ、関与させられ、破滅の道を歩んだ。彼らの供述調書を読んでいて最もおそろしかったのは、彼らの多くは殺人を行った町の名前すら知らず、「丘の上」や「線路沿い」の町などと答えていたということだ。リトアニア人が数時間滞在したベラルーシの町は、ユダヤ人が数十年間住み続け、数秒で殺害された町だった。ユダヤ人たちが死ぬ前に耳にした最後の言葉は、リトアニア語の聖なる言葉、「撃て《ウグニス》！」だった。

敵との別れ――空港へ

ルータ――ソヴィエトの神話がベラルーシでは未だに残っているということに、私はとても驚きました。ホロコーストで殺されたユダヤ人は「平和を愛する住民」とか「大祖国戦争の英雄」とか「解放者」とまで呼ばれています。つまり、数十万人の命がプロパガンダに利用されているんです。こういうのをリトアニアでは「墓の上で踊る」と言います。「死の舞踏」ですね。

エフライム――ベラルーシの旅、そのなかでも特にマーリイ・トロスチェネツは、私にはとても辛い経験になりました。記念公園は広大なのに、ユダヤ人のことは一言も書かれていません。あそこで二〇万人のソヴィエト・パルチザンが射殺されたと子どもたちが言っているのを聞いて、ディズニーランドにいるのかと思いました。おそろしいホロコースト・ディズニーランドで、嘘の真実が造られています。今わかったのは、ホロコーストの歴史は二つの方法によって歪曲されているということです。リトアニアでは、ナショナリスト的方法によって。そしてベラルーシでは、共産主義的――あえてスターリン的と言いましょうか――方法によって。数十万人が殺されたことは、リトアニア人もベラルーシ人も否定しません。リトアニアでは、殺されたのがユダヤ人だったことは認められていますが、殺した人の属性は隠されています。他方、ベラルーシでは、殺した人の属性も犠牲になった人の属性も隠されている――「ファシスト」と「犠牲者」とだけされている。

ルータ――となると、ベラルーシの状況はリトアニアよりもひどいと認めてくださいますね。

エフライム――いいですか、これは、どちらの国の歴史歪曲の程度が多いとか少ないとか、そういう国際競争ではないんですよ。あともう一つ、この本はリトアニアについての本ですよね。私たちが関心をもっているのは、リトアニア人が他国に住んでいるなんの関係もないユダヤ人を殺しにやってきたという事実です。あなたがたは、リトアニア人が自国のユダヤ人を殺した事実は認めることができるでしょう。殺した人たちは、リトアニアに尽くしていると思っていましたからね。しかし、ベラルーシに派兵されることは、リトアニアの独立とはなんの関係もないことでした。リトアニア人がベラルーシに向かった唯一の動機は、地球上からユダヤ人を一掃するという「聖なる」使命をナチが実行するのを手助けしたかったからかもしれません。

ルータ――しかし、リトアニア人の歴史が重要な点を指摘しています。それは、インプレヴィチュス大隊の兵士がベラルーシに向かったのは、ユダヤ人を殺すためではなく、ソヴィエト・パルチザンと戦うドイツ人を手助けするためだったということです。リトアニアを発つ前には、そう聞かされていたんです。到着後数日してから、ドゥコラやルデンスク、スミロヴィチに送られ、家にいるユダヤ人を捕まえたり、男、女、老人、子どもたちを射殺したりさせられました。兵士の多くも三人の中隊長も、こんなことはまったく予期していませんでした。だから、スミロヴィチであれだけ多くの兵士が撃つのを嫌がり、ルデンスクで一五人の兵士が射殺を拒んだんです。

エフライム――おっしゃることには同意します。確かに、はるかに複雑な状況でした。ですが彼らは、「嫌々ながら」であったとしても、結局は撃ったんです。リトアニア人兵士が、無実のベラルーシのユダヤ人を撃ったんですよ。

ルータ――私が言いたいのは、これは白か黒かの問題ではないということです。

エフライム――最後の瞬間、殺害の瞬間までは、白でも黒でもなかったでしょう。しかし結果は、白か黒かで分かれます。

ルータ――まったく違いますね。結果は黒か黒かだったんですよ。今でもそうです。

エフライム――「ショア車」に乗って大量殺害の現場を三、四〇カ所まわるという今回の旅は、すべてが真っ黒でした。

ルータ――リトアニアとベラルーシを旅していて、二人の共通の敵が見つかりました。それは無関心、つまり、過去に起きた悲劇と殺害された人たちの記憶に対する無関心です。

エフライム――私たちの共通の敵は、無関心と無知の二つです。この本はなにより、後者と戦うためのものです。私自身も知らないことがたくさんありましたし、今回の旅では新しい発見がたくさんありました。あなたがたの国はとても小さいと思いました。あなたがたは、私が当初から求めてきたことをただ行うことすらできない。フランスは、戦後五〇年が経過してようやく、ヴィシー親ヒトラー政権に関する自国の罪を認めました。フランスは非常に強い国です。これに対してリトアニアは、小さく弱く、大きなトラウマを抱えた国です。リトアニアには、偉大な人物による法と正義の伝統もありません。そのような伝統が形成されるまでには多くの時間を要します――ベラルーシについてはコメントを控えておきましょう。

ルータ――エフライムさんが一九九一年にリトアニアに来たとき、リトアニアがたった一晩で強い民主主義国家になると信じていましたか。

エフライム――はい、その希望に根拠はありませんでしたけどね。あなたがたがすぐに自分たちの過去に向き合えると信じるなんて、私も浅はかでした。しかしそれでも私は、アメリカが追放したリトアニアが受け入れた数人の犯罪者たちをリトアニアが裁くよう、求めないわけにはいかないのです。リレイキスやダイリデ、ギムジャウスカスのような犯罪者たちの裁判がリトアニアで行われていれば、大きな前進だったでしょう。戦争犯罪者の公開裁判をいくつか行っていれば、あなたがたの国は民主主義の道を二、三〇年分前に進んでいたでしょうね。しかしあなたがたは、一五人の殺人者のうち誰一人として裁きませんでした。

ルータ――やらなかったことを後悔するにはもう遅すぎます。私たちの戦争犯罪者は誰も生きていませんから。人びとがすべてを簡単に忘れられるのも、そのせいじゃないでしょうか。二〇一五年現在、殺人者は亡くなりましたし、ホロコーストで殺された人たちももちろん生きていませんからね。ですから、死者は安らかに眠らせておきましょうよ。神の審判に委ねるんです。きっと神は、今なお存在していますよね。

エフライム――私は、リトアニアでの自分のミッションについて考えています。マルティィーナス・マジュヴィーダス国立図書館で一時間あなたと一緒に過ごしたことがありましたね。あれは非常に苦い思い出になりました。リトアニアが過去と向き合うよう説得するのは外国人にはできないことなんだと、やっとわかりましたよ。リトアニアの歴史家がホロコーストに関してあれだけたくさん研究してきたということに驚きました。私が知らない歴史家たちでしたよ。自分が間違っていたかのような、無能な存在のように感じてしまいました。真実を明らかにするためにこれだけのことがリトアニアでなされていたなんて、知りませんでした。リトアニアで書かれたものが翻訳されるよう、私も努めないといけません。そうすれば私も彼らの研究を読めますし、自分の任務の上でもそれらに依拠することもできます。私は必ずやりますよ。

ルータ――私は同意できませんね。エフライムさんはなによりもリトアニアの公的立場と戦っているんですから。歴史家たちがものを書いたり、エフライムさんがご自身の調査のなかで依拠したりしたところで、なにかが劇的に変わったりはしませんよ。当局の立場も変えられないし、世論を変えることもできない。時が過ぎないと変わらないですよ。ただ、エフライムさんが介入すれば、歴史家は沈黙させられてしまうかもしれません。そうなれば歴史研究のなかに残る空白、いや、黒い部分は、もっと黒くなってしまいます。

エフライム――ええ、リトアニアではホロコーストについてはほとんどすべて書かれているのに、ほとんど誰もそれを読まないんだって、そうおっしゃっていましたね。だからこそ、この本は重要なんです。一般の読者向けに書かれたこの本は、歴史家が明らかにした真実を多くの人にわかりやすい形にしています。普通の人びとに関する、感情に訴えるような本です。

ルータ――感情に訴えるような旅でしたからね。最初は私一人の旅でした。数カ月間、文書館に通い、殺人に関するファイルを読み続けました。それから、敵との旅が始まりました。リトアニアの一五の都市、三〇の大量殺害現場をまわる旅です。そしてベラルーシの大量殺害現場もまわりました。旅が始まる前は犠牲者の数を把握していませんでしたし、旅を終えた今も把握しきれていません。ウクメルゲで一万人、ポナリで七万人、ミンスクで二〇万六〇〇〇人……。あるユダヤ人の作家か誰かが言っていました。六〇〇万人のユダヤ人がホロコーストで殺されたのではない、実在する一人の人物の殺害が六〇〇万回行われたんだ、と。私はそのことを思いだすんです。私が想像できるのはただ、一人の人が死ぬ様子だけです。それは男性で、殺人者に背を向けて、穴のほうを向いて立っている。まもなくその人の遺体がその穴に落ちていく。その人は別の人の遺体の上に落ち、その人の遺体の上にもまた別の人の遺体が積み重なり、そして永遠にそこに眠るんです。リトアニア人の普通の若者——きっと酔っぱらっているでしょう——が撃った銃弾が、ユダヤ人男性の後頭部を貫通する。射入創は〇・八センチメートルで、射出創はその一〇倍の八センチメートルです。幼いときから勉強し、トーラーを学び、たくさん本を読んだ、その男性の脳を、銃弾は内部から破裂させます。それからもう一人、インプレヴィチュス大隊の兵士、レオナス・ストンクスが語っていた、ルデンスクのユダヤ人の中年男性のことも考えます。レオナスがただ一回だけ発砲した相手が、その男性でした。レオナスが彼に向かって発砲したとき、彼は「その場に屈んで、のたうちまわ」り、結局近くに立っていた下士官がとどめを刺したんでした。そしてレオナスは、その一発を撃ったあとはもう撃てなくなりました。私には、レオナスの気持ちがわかるんです。レオナスは私たちの同胞ですから。あなたがたにはこの私の感情はけっして理解できないでしょうね。
エフライム――ええ、けっして理解しませんとも。
ルータ――お別れの前に、今回の旅の「テーマソング」になったあの詩を、もう一度聴きましょうか。
エフライム――いいでしょう。

空港に近づいてきた。敵は窓の外を見ている。また顔が赤くなっていた。シェドゥヴァのときよりも赤かった。

ルータ――大丈夫ですか。
エフライム――……。
ルータ――話したくありませんか。
エフライム――ええ……。いや、話したい気もします。私は突然、おそろしい罪悪感に襲われています。リトアニアを発つのは、犠牲者を裏切ることなんじゃないかって。穴のなかに埋められたまま、人の目からも記憶や思考からも遠く離れた地面の下で眠り続ける彼らを放ったままにして立ち去るなんて、できませんよ。
ルータ――エフライムさんは、今まで彼らのためにたくさんやってきましたよ。それは覚えていてください。そして、私はここに残るということも覚えていてください。

エフライム――ルータさんの言うとおりですね。だけど、リトアニア住んでいるほかの人も、誰でもいいので彼らのことを覚えておいてほしい。リトアニア人たちがメッセージを後世に伝えていくなら、彼らのことを覚えておくことが、リトアニアが過去に向き合う唯一の方法です。そしてそのとき、殺された私たちの同胞は、あなたがたの同胞になるんです――あなたがたの同胞はけっして私たちの同胞にはなりませんけどね。

ルータ――ええ、わかります。

今回の旅が終わり、リトアニアで新学期が始まると、〔ヴィルニュス市内の〕サウレテキスの学校の先生からようやくヘブライ語の詩が送られてきた。それをイェルサレムに宛てて送り、ズロフに訳してほしいとお願いしたところ、ズロフから次のような返事が届いた。

旅の途中で歌を聴き、心が乱されてしまったのは、詩が理解できなかったからでもあります。子どもたちはヘブライ語で歌っているかのようでしたが、聞きとれた言葉は、「イェルサレム《イェルシャライム》」と「神《ハシェム》」の二つだけでした。それでもあの歌を聴いたとき、感情がとても動かされました。ルータさんが送ってくださった歌詞に、とても驚きました。特に二行目は衝撃的でした。

「山々がイェルサレムを囲んでいるように、神《ハシェム》はその民を囲まれる」

リトアニアで起きたことや今回の旅で私たちが見てきたことは、この言葉と比べておそろしいほど対照的でした。三〇の殺害現場を訪れ、その度に「天にまします慈悲深き神よ」とカッディシュの祈りを捧げましたし、ユダヤの詩の一節を呟くこともありましたが、そのとき私は、イスラエルの神はどこにいたのかと自問したのです。

どうして、ホロコーストというあれほどおそろしい犯罪が、リトアニアなど世界各地で行われたのでしょう。

力なき犠牲者に寄り添わなければならなかったはずの神《ハシェム》は、そこにはいなかったのです。

エピローグ――神はどこにいる

トマス・シェルナスとの対話

トマス・シェルナスは元税関職員で、メディニンカイ殺害事件〔リトアニアが独立回復を宣言したのちの一九九一年七月三一日、リトアニアの独立を認めないソヴィエトの特殊部隊OMONが、リトアニアとソヴィエト・白ロシア（ベラルーシ）の国境近くのメディニンカイで警備などにあたっていたリトアニアの職員七人を襲撃した事件〕の唯一の生き残りであり、事件後に福音主義改革派教会の牧師となった人物である。

ユダヤ人がリトアニアに住んでいたのはリトアニア大公国の時代からです。ユダヤ人にとってリトアニアは住みやすい場所だったんです。そうでなくなったのが一九四一年で、リトアニアに住むユダヤ人は短期間でほとんど全員が殺害されました。しかし、すべてを単純化してはいけません。ユダヤ人は、リトアニア人がユダヤ人を殺したんだと言いますし、私たちの祖父母はおそらく、ユダヤ人はリトアニアの売国奴だとか「クリスチャンの血を飲んでいる」とか言っていたでしょう。

でも現実はもっと複雑です。どうしてあんなことがリトアニアでは起きて、デンマークでは起きなかったんでしょうか。リトアニアは、一七世紀の終わりから衝撃的なできごとを経験し続けてきました。農奴制、リトアニア語の印刷の禁止、国の喪失、二回にわたる蜂起の失敗、リトアニア語やポーランド語を話すエリート層の破壊、いくつかの戦争、いくつかの占領——なにごともなく過ぎ去ったことなんて一つもありませんでした。もしデンマークを最初に占領したのがドイツではなくソヴィエトだったとしたら、そしてソヴィエトがリトアニアで始末を行ったように、デンマークでも一年じゅう始末が行われていたとしたら、デンマークでも同じような状況になっていたでしょう。

——それで、なにが起きたんでしょうか。

覚えておいてほしいのは、リトアニアは、戦争が始まると実質一日で占領されたということです。みんな追放を経験したばかりで、なかには復讐を果たしたいと心から思っていた人たちもいました。また、リトアニアが非常に若い国で、自分たちのアイデンティティを見いだそうとし始めていたときだったということも、忘れてはならないでしょう。アイデンティティを見いだすには他者との境界を設けるのが簡単です。私たちは、ポーランド人ではないしロシア人でもない、良きリトアニア人なんだ、と。知識人たちは、自分たちもアーリア人なんじゃないかと語るようになりました。ビラがばら撒かれ、ラジオや新聞では、ユダヤ人のことをボリシェヴィキの子分だとかノミだとか言って攻撃するプロパガンダが広められました。普通の人びとは、その強力な反ユダヤ主義的プロパガンダの影響を受けました。ユダヤ人にとっていかなる点でも好ましくない状況が形成されたのです。私は、あるリトアニア人が置かれていた状況について考えると寂しい気持ちになります。そのリトアニア人は、社会の隅に追いやられたような、寂しくおそろしい気分になっていました。親戚は追放され、その人も動揺していた。そんなときに大量のプロパガンダを受けました。そこには、このひどい状態なのが誰のせいなのか、自分たちがなにをすべきかが説かれていたのです。そしてその人は小銃を手にした。一部とはいえ、こういう人たちがリトアニアにはいたんです。

——トマスさんは、親戚にホロコーストに参加した人がいたことを認めました。そのようなことを認めたのは、私の知り合いでは初めてです。これについてお話しいただけますか。

私の親戚は誰も表立ってそういう話をしませんでした。時代が違いましたからね。それでも、私の祖父ヨクーバス・シェルナスの弟のヨナスがホロコーストに参加していたことは、昔から話に聞いていていました。ビルジャイのユダヤ人が教会に連れてこられたとき、大叔父のヨナスはずっとビルジャイから逃げだし、ヴィルニュスに住む私の祖父のところに来たそうです。きっとユダヤ人を輸送したり射殺したのかもしれませんが、わかりません。ただ家族は、ヨナスの性格からして、人を殺したりはできなかっただろうと信じていました。のちにゲスターポが、祖父と間違えてヨナスを〔ドイツの〕シュトゥットホーフ強制収容所に送りました。バリース・スルオガが執筆した『神々の森』〔ナチ・ドイツによってダンツィヒ（現グダンスク）郊外に設置されたシュトゥットホーフ強制収容所に収容された自身の体験をもとに執筆された自伝的小説。現在ではリトアニア文学の古典として位置づけられている。著者スルオガの死から一〇年後の一九五七年に初めて出版された〕でも、ヨナスが「ビルジャイの牧師」として登場します。ヨナスはスルオガを死から救い、さらにスルオガが執筆した作品も一部救出しました。のちにヨナスは、アメリカに到着してから偏執病のように疑い深い人間になったといいます。その変化に気づいた周りの人たちは、強制収容所での経験がそうさせたんだと考えましたが、私は、それ以外にも原因はあったんじゃないかと思っています。

――私たちリトアニア人にとって、自分たちの親戚や自国の過去に目を向けることが難しいのは、どうしてでしょうか。

リトアニアの都市化があまり進んでいなかったのが一因でしょうか。これは半分冗談ですが、でも実際そうだとも思っています。昔から都市部に人が住んでいるところでは、みんな、社会環境を信頼したり社会に問いを投げかけたり、正しいことを語ることに慣れています。リトアニアは今も昔も村社会の国なので、皆自分たちのことしか考えていませんし、親戚も自分たちのことばかりで、他人のことは信用していないのです。だから過去の痛みについて語らないのも驚くことではありません。リトアニアはごみの掃き方もわかっていないというのに、自分たちの罪について話し合うなんてできるはずもないんです。しかし、いつかは始めないといけません――他人のためではなく、自分たちのために。自分たちのことや自分たちの過去を考え、過去のできごとをなかったことにしたりしない。人は自分と向き合うことを恐れます。ましてや、真実に身を委ねるのは非常に困難です。しかし、その真実を呼び起こせばリトアニアがなくなってしまうのではないかなんて、恐れる必要はありません。

――「もう昔のことだから、あったことはあったとしても、亡くなった人は安らかに眠らせておこう」などと言う人たちに対して、どう答えますか。

過去は過ぎ去ってもう存在しない、ということはありえません。今日は現在、明日は未来です。その未来は、私たちが現在と理解しているものにかかっていますし、現在もまた、私たちが過去と理解しているものにかかっているのです。ユダヤ教には、現在を変えれば過去も変えられるという教えがあります。自分たちが過去のできごとを思いださなかったり呼び起こそうとしなかったりしても、それを思いださせてくる人はいつだって現れます――プーチンやズロフのようにね。そのとき、私たちや私たちの子孫は、なんと答えればいいかわからないでしょう。ですから、真実を知っておくほうがいいし、真実は作り話にしたりせず、そのままにしておくべきなんです。

――どうして神はこのようなおそろしいことを許したのでしょう。殺人者自身も同じことを問うていました。

殺人者たちが宗教を信じていたとは私は思いません。形式的にはそうだったでしょう。ですが心のなかでは違いました。彼らは「ユダヤ人がイエスを磔《はりつけ》にした」などと信じこんでいたのでしょうね。あるいはなんにも考えていない人もいたでしょうか。考える時間がなかった。みんな混乱し、困惑していましたから。私たちの国が失われると、親戚たちが追放され始め、一部の人たちはただただ麻痺していました。リトアニアという国をつくったと思っていたら、いきなり占領が始まって、さらに別の占領が続いた。しかも善良な人たちが怯んでしまった。悪人や馬鹿な人間たちは、「こいつらはどれだけ我慢できるだろうか」と考え、小銃を手にしたのです。そういう人たちのことを、多少は理解できます。ただ理解できるだけでなく、理解しなければいけません。人間は動物ではないのですから。人間とは終わりなき地平線の生き物だと、誰かが言っていました。これは、人間は、どうしようもない馬鹿にも、とてつもない善良にも、あるいはとんでもない凶悪にもなれる、という意味です。

——ヴィータウタス・シュスタウスカス〔元国会議員〕が「もしドイツ人がいなければ、私たちは現在ユダヤ人の靴を磨いていただろう」と発言したときのことを覚えていますよね。トマスさんは、「ユダヤ人の子どもが一人でも救われるのであれば、シュスタウスカスの靴でも私が嫌悪するナチの連中の靴でも、人生ずっと磨き続けましょう」と答えていました。

ええ、あのときはシュスタウスカスのインタビューをテレビで見ていました。ずっと考え続けて、それから思ったことを書きました。その年の「寛容の人」〔カウナスの杉原記念館を運営する基金が毎年受賞者を選出する〕にも選ばれました。私は怒りに駆られて書き記しただけで、寛容の心なんてなかったんですけどね。攻撃的な応答だったと思います。

でもこれでいいんでしょうか。私たちは、怒りや悪口、いじめ、無関心などで、どれだけの人を傷つけているでしょう。直接殺害するわけではないとしても、それを仄《ほの め》かしているようなものです。「私はあなたを愛していません」という宣言なのですから。なので、歴史上の悪いことは、いつかまた繰り返されると思います。同じような形になるかどうかはわかりませんけどね。殺しに手を染める傾向が人にはありますから。いろんな考えを唆《そそのか》す方法なんて、たくさんありますよ。プーチンがウクライナでやっていることを支持するような人がリトアニアにもいるくらいですから。

――殺害が繰り返されるのは避けられないというのであれば、過去に起きた殺害について話す意味もあるでしょうか。

真実についてたくさん話せば話すほど、それを改竄するチャンスは少なくなります。悪はいつも必ず存在します。他人を搾取したがる人はいつでも出てきます。私たちの武器は、真実と勇気です。自分や自民族の人たちのことを恐れる気持ちがあるのなら、私たちに未来はありません。リトアニアには「与えられるならもらっておけ、殴られるなら逃げろ」という諺がありますね。小作人の知恵です。

――では神はどこにいたんでしょうか。

神がアブラハム、イサク、その息子のイスラエル〔ヤコブ〕に示した約束があります。そしてそれは今も残っています。イスラエルの民は滅びていませんし、なかにはパレスティナの地に戻った人もいる。これは奇跡です。ユダヤ人が自分たちの祖国に住み、強くなっている。これも奇跡です。ほかにもまだあります。教皇ヨハネ＝パウロ二世がこんなことを言っていました。ソヴィエト体制には数百万人の死に対する罪があるが、神はその体制が七〇年以上も存続することを認めた。ヒトラーが一九三三年に政権を奪ってから、ナチ体制は何年存続したか――一九四五年までです。神に選ばれし民が本気で動いたとき、ナチに終わりが来たんです。

神はどこにいたかという質問の答えになっていませんでしたか。神は、高層ビルから飛び降りてきて馬鹿な人間や悪者をすぐに止めてくれるバットマンやキャプテン・アメリカのような存在だなんて、誰が言ったでしょう。聖書のどこにもそんなことは書かれていません。神は、私たちが見たいと思っているよりももっとおそろしくて、身近で、そして複雑な存在です。神は無限の魂であり、最もおそろしいときには死ぬ運命にある人たちとともにいて、最も悪いものができるだけ良くなるような、予想不可能な決定を下しました。今でもそのような決定を下しています。無力な人たちが抹殺されるときに神はどこにいたのか、などという質問は、小作人の質問です。トーラーやキリスト教の聖書は同じことを問うています——人の自由と責任とはなにか、と。自分のことは自分が決める義務があるという神の命令をご存知ですね。だけど小作人はいつも自分は無実で犠牲者だと思っています。小作人は、誰かに全部の責任があると信じて疑わない。それは主人か当局か、あるいは神かもしれないけど、自分ではないと思っています。私たちが小作人の考えから解放されて別の人間になるまでには、長い年月が必要です。私自身は穏やかでいます。時間が経てば、私たちは必然的に真実に近づいていくのですから。

リチャルダス・ドゥヴェイカ司祭との対話

〔リチャルダス・ドゥヴェイカ——一九七四年生まれ。カウナスおよびローマの神学校や大学の神学部で学んだのち、カ

トリックの聖職者となる。二〇一四年からヴィルニュス聖ヨセフ教会小教区の主任司祭を務める〕

ホロコーストというテーマ、誰かに手を上げた人のことを話すことは、傷口をえぐることです。この本もまた傷口をえぐっていますね。その傷口をかさぶたで覆うことはできても、過去のできごとを覚えている人はいつだって現れます。実際に起きたことですから。そしてそのできごとに参加したのは、私たちの民族、私たちの社会の人たちでした。私たちの曽祖父や祖父、隣人、おじたちです。それが真実なんです。その真実に目を向ける勇気をもつことが、傷口の治癒や和解、そして未来に対する望みにつながります。この本は過去を評価し、事実を確かめ、前に進むことを促します。相続人の世代である私たちは、過去について話し合い、深く嘆き、ため息をついて、前に進まなくてはいけません。

ホロコーストは、自由意志の侵害の結果にほかなりません。いざこざや戦争、文明崩壊、そしてホロコーストの多大な痛みなど、私たちが経験してきたすべての苦痛は、神に与えられた自由意志が侵害されたことにより引き起こされたのです。

——人を射殺するために送られた人たちは、たいていの場合、自分の意思で行ったわけではありません。そういう状況に置かれ、ただ指示に従っただけでした。

悪が現れる源は、人の意志による自由の侵害です。自分の目的を叶えようとして、自らが神の役割を演じ、他人を操って、その人たちを自分の犠牲者にしてしまうのです。今一度繰り返しお伝えしておきたいのは、神は人から自由を奪ってはいないということです。ですが、人が神を捨てたとき、そうしようと決めたとき、その人自身が神のように始末を行うことになるでしょう。神は導きを与えるのではなく、始末のための時間を与えるものです。

その時間の力を自分たちの手中に収めていると信じこんでいた殺人者たちは、自分たちの遊びを組み立てるとき、まったく無実の人たちをその遊びに引き寄せました。犠牲者を見つけては、その無実な人を、別の無実な人を抹殺する殺人者に変えました。子どもでさえも抹殺するような殺人者にされたのです。殺人者と化してしまった人びとは、引き金を引いたことで、自分たちが従っている世界観やイデオロギーに終わりがきたという単純な事実に直面しました。引き金を引かないといけなかった人は、自分たちがなにに直面しているのかわかっていなかったんです。穴のなかに武器も持たずに立っている人がいて、穴の縁には武器を持って立っている人がいる。そして、その武器を持っている人の後ろには、武器を持っている人がさらに何人か立っている。そのとき一つの問いが残りました——自分が目の前の人を撃つのか、それとも後ろにいる人が自分と目の前の人を合わせて撃つのか、と。

——しかし、射殺を拒んだり任務から退くこともできました。難しかったでしょうが不可能ではなかった。撃った人たちの証言によれば、彼らは信心深く、神がこのようなおそろしいことを認めているのだから自分にできることはなにもないと考えた。きっと、そう考えることで引き金を引きやすくなったのではないでしょうか。

私たちは全員、「自分にされたくないことを他人にするな」ということを生まれつき理解しています。他人のために捧げる命ほど大きな愛はありません。他人が生きるために自分を犠牲にする勇気をどれだけもっているか——これは、道徳に関わる大きな問題です。これは一人ひとりが受けた試練だったんです。その試練に合格した人たちもいました。しかし、自分はただの歯車でしかないとか、自分がやってもやらなくてもなにも変わらない、自分が撃たなければ隣に立っている人が撃つだけだとか、考えた人たちもいました。それから、すべてを神の手に委ねた人もいました。ただ、人が過ちを犯したときは神のせいではないということを私たちは忘れてしまっています。それでも当時の人たちは、自分自身で判断したのではなく、むしろ人間が生まれつきもっている動物的生存本能が判断したために、そのような枠組みや環境に組みこまれてしまったのです。

　自分と家族の命を危険に晒《さら》し、ユダヤ人を地下室に匿った人たちがいました。隣人が、自らが抱える問題を解決するために当局のご機嫌をとろうとしたり、なにか物をもらおうとして、告発するかもしれませんでした。しかし、そんな隣人を恐れつつもユダヤ人を匿ったのです。そういう人たちは、罪を負って生きていくなんてできないとわかっていました。子どもや孫たちがいつか自分のお墓を訪れたときに「これが正しい行いをした人のお墓だよ」と言ってもらうために、他人を救う危険を冒したのです。他方で、他人を殺す運命を選んだ人たちはその後、悪夢のような人生を送りました。彼らを待ち受けていたのは、良心の呵責、人生の意義の喪失、自殺、病気、早死、そして長期にわたる拘禁刑や死刑でした。

――神はそういう殺人者たちに罰を下したと思いますか。

神は、そのような殺人者のことでとても苦しんだと思います。犠牲者も殺人者も、神の子どもには違いありませんから。どちらも悪の犠牲者です。一人の子どもが別の子どもを撃ったとき、神の心はなにを思ったでしょう。一人の子どもが別の子どもに暴力をふるうとき、兄が弟に手をあげるとき、父や母はなにを感じるでしょうか。

――ではホロコーストのとき神はどこにいたのでしょう。

神がどこにいたかご存知ですか。私は答えを知っています。ホロコーストの犠牲者たちも間違いなく答えを知っていました。神は犠牲者の近くにいました。犠牲者たちの尊厳のなかにいたのです。神もまた、犠牲者と同じくらい苦しんでいました。

――それはとても信じがたい答えです。おそらくご存知ないでしょうが、殺人を目撃した人たちや殺人者たち自身は、射殺されるために連行されていたユダヤ人たちはどうして抵抗もせず静かに歩いているんだろうと驚いていました。ユダヤ人たちはヒツジのように従順で、まるで麻痺しているかのようだったそうです。従順に穴のなかに入り、子どもを抱いて、ほかの人の遺体の上に寝そべりました。カウナスのゲットーから第九要塞までの数キロメートルのあいだ、リトアニア人大隊の兵士八人が四、五〇〇〇人のユダヤ人を連行しています。ユダヤ人たちは、その監視役の兵士たちを殴って逃げて、助かることもできたでしょうに。一万人の犠牲者のうち誰一人としてそんなことをしなかったんです。これってなんなんでしょう。死を前にした神の仔ヒツジの品位でしょうか。

ユダヤ人個人については、宗教的側面を抜きにして語ることはできません。また、どういう時代だったかということも忘れないでいただきたい。当時の人たちの生活のなかで、宗教は非常に重要な部分を占めていました。射殺するために連行され、穴のなかに寝かされて、発砲を待ちながら、自分が正しくて無実であることを悟った人がなにを経験したのか――私たちには知る由もありません。実際、ユダヤ人の適応性、従順さはとても両義的であったことは間違いありません。つまり、神が近くにいることを直接経験していたということです。私たち信者は、神が与えた約束は傷を元に戻すためにあるということを知っています。ホロコーストを生き延びた人たちが、心痛むような記憶から解放されるように、配慮する――そうすれば、ホロコーストによる傷も神の約束が元に戻してくれるでしょう。

――ドヴェイカさんは、殺人者たちの大隊で従軍神父として仕えることはできますか。インプレヴィチュス大隊の若者四五〇人は、ベラルーシのユダヤ人を毎日殺し、日曜日には礼拝や告白をしに教会に行き、そこで赦しを受けていたのですが……。

私は、洗脳されていたりなにかのイデオロギーに従っていたりしない限り、軍に仕えることはできないでしょうね――そのイデオロギーの犠牲者になってほかの犠牲者を取りこまないといけなくなったりしない限りは。確かに、カトリック教会にはそういうイデオロギーに魅了された司祭もいました。しかし、自らの命をかけて司祭館にユダヤ人を匿った人も多くいたのです。

これは、ホロコーストのことを語るときだけの問題ではありません。今でも、殺しに向かわせるイデオロギーはあります。ある人がイヌやネコを窓から投げたとき、私たちは怒りましたよね。ですが、生まれてくる命を引き裂く〔中絶する〕場合、それはもはや残虐なことではなく、自分の身体に対する権利になってしまっています。したがって、私たちはやはり殺しに向かわせるイデオロギーの犠牲者になってしまっているのです。現在、イスラーム諸国で一五歳の子どもたちが小銃をもっている――このときなにが起きているでしょう。若者がなにかになりたいとかなにかが欲しいといった熱意や願望をイデオロギーが利用し、若者を犠牲者に変えてはいないでしょうか。

私たちは、「どうして起きたのか」という問いを常に抱えながら生きていかなければなりません。どうして私たちの民族の人たちはあんなことをしてしまったのでしょう。もし私に真実に目を向ける勇気があるとすれば、この先どのように生きていくことになるでしょう。生き方が変わるのは間違いありません。私の親戚のなかにもホロコーストに参加した人はいたでしょうから、もう誰かを非難したりはできなくなるでしょうね。犠牲者のマントを身に纏《まと》うという選択肢は、私にはもうありません。そんなマントは溶けてなくなります。だけどそのマントは非常に心地がいいんですね。ところで、私の目の前には固く閉ざされた扉があります。ただ閉ざされているだけでなく、強く固く閉ざされています。それでも私は自分の親戚のことに関心があるんです。親戚のなかには匿った人もいたかもしれませんし、死に追いやった人もいたかもしれません。私が知りたいのは、真実が私を解放してくれるからです。

私たちは皆、これが私たちの民族の過去なんだと自分に言い聞かせなければなりません。私たちは、真実に目を向け、成熟して、さらに未来をつくっていくんです。これは、ホロコーストだけでなくソヴィエトの過去にも関わることです。私は学校で、教会に通っていたことを理由に黒板の前に立たされ、みんなの前で恥をかかされました。その先生は当時、クラス全員の目の前で私を辱めました。それなのに、リトアニアが独立を回復して私が司祭になってから、親が亡くなったから葬儀を執り行ってほしいと私に電話してきたのです。私はどうふるまうべきだったのでしょう。昔経験した恥辱を思いだし、誰か別の人に葬儀を執り行ってもらうようにすべきだったでしょうか。

――どうふるまわれたのですか。

何時に埋葬の準備をして、いつ葬儀を行うか、尋ねました。それが私の答えでした。その先生はイデオロギーの犠牲者だったんです。仕事のためか、収入のためか、あるいは心の安定のためか。先生は自分でもわかっていますよ。

――七五年前のリトアニアで起きたことは繰り返されると思いますか。

現在でもリトアニアではナショナリズム運動があります。ナショナリストたちはすでに、リトアニアに来る移民を「出迎える」準備をしています。いつかムスリム移民のためのモスクがリトアニアに建てられたら、モスクの窓が割られたりするでしょう。この国にあるのは市民社会なのか民族国家なのか、私はいつも自問しています。私たちは、民族国家になるという願望を捨て、さまざまな民族や文化、人種の人たちが何世紀にもわたって共存しているこの国の市民社会について語れるようになるほど、成熟できるでしょうか。私たちが新しい民族国家の建設というイデオロギーの犠牲者になったとき、なにが起きたでしょう。ロシアに住む人びととクレムリンのイデオロギーを分けて考えることができないロシア民族は、自らを美化して他人を非難しています。ですが、私たちは、自らを美化し他人を非難するときには慎重にならなければなりません。

――固く閉ざされた扉のお話をされたとき、私も経験したことだと思いました。私の親戚や友人のなかには、この本のテーマを知ったとき、「親戚の裏切り者」とか「民族の裏切り者」とか言ってくる人がいました。ドヴェイカさんならどう答えますか。

あの世にいる人たちが「誰かが勇気を出して『彼らもまた犠牲者だった』と真実を語ってくれている、自分たちを守ってくれているんだ」と安心することと、親戚からの非難――ルータさんにとって、より大事なのはどちらでしょうか。私たちが明確にしておくべきことは、私たちの同胞がユダヤ人を射殺し、そのあと森のなかで同胞を撃ち、同胞を密告してシベリアに追放したという点です。私たちがこの二一世紀にすべきことは、自分たちの良心を見直すことではないでしょうか。この教訓を学ぶのか、あるいは、歴史が回って再び同じようなできごとを繰り返すのを待つのか。私たちはまた同じ轍《てつ》を踏むのでしょうか。私は、自らの良心を見直すことで、一歩前に進むことができるでしょうか――理解に向けて、そして、身近な人が私の親戚の誰かに殺されたかもしれない人に手を差し伸べる和解に向けて。こんにちの私は、殺された人の子孫に手を伸ばしてこう言います――「私もあなたも心が痛む、私もあなたも悲しい、私もあなたも理解できない」、と。私たちは、あらゆるイデオロギーから解放され、責任を意識的に引き受けられるようになるでしょうか。殺しに向かわせるイデオロギーがやってくるかどうか、それは、今の自分にかかっています。自分が普通の人間か、政治家か、学歴があるかないか、そんなことは関係ありません。殺戮を行おうとする者にとって必要なのは犠牲者です。犠牲者は、鈍感であればあるほど攻撃的になります。鈍感になってしまった人間はただの歯車にすぎません。そういう歯車を好むシステムがどれだけあることか。周りでそういう歯車がつくられ始め、それを一カ所に集めようとする人間が現れたら、私はゆっくり眠ることもできません。

——私たちが学ぶべき大事な教訓はなんでしょうか。

私たちは相続人ですから、遺産を受け継がなければなりません。私たちの曽祖父たちや親戚、隣人たちが、ホロコーストに参加しました。誰かがリストを作成し、誰かが発砲し、誰かが救って、誰かが殺害された人の物品を自分の懐に入れました。私たちは、偉大な姓や土地、称号を祖父母から相続したことを誇りに思っています。そういう遺産は受け継ぎます。しかし、他人の人生を苦しめた人が親戚にいたのなら、その真実の相続人となるのです。その真実を捨てたり隠したり、その真実に直面するのを避けたりすることはできますが、それで真実自体が変わるわけではありません。真実が私たちの管理できるようなものではなく、私たちの意志とは無関係なものであったなら、どれだけよかったことでしょう。それを受け継ぐか受け継がないかは、私たちが決めればいいのですから。真実を受け継ぎ、結論を出し、懺悔し、良心を見直し、再び友情や人間関係を築こうとする人間と、真実を捨て去って自己欺瞞の沼に陥り、日々その沼の深みに嵌《は》まっていって、最後には将来世代の大半の人間を沈めてしまう人間——勝つのはどちらでしょう。後者はきっと真実を受け入れた人のことを責めるでしょうね——「なに掘り起こしてるんだ、見ろ、この幻想でうまく話がつけられたんだから、これからも真実には触れないまま自分たちは犠牲者でい続けようぜ」、と。

確かに、私たち民族は、別の人たちからひどい思いをさせられました。発言も信仰も禁じられ、世界を旅行することも認められませんでした。しかし、私たちの民族のなかに殺人者がいたからといって、どうしてその真実に怯えなければならないのでしょうか。真実が私たちの運命を壊してしまうのでしょうか。きっと、自分たちの曽祖父のことやなにがあったか知っている人のことを考えるのは居心地が悪いのでしょう。いつから家にあったのかよくわからない骨董品を見るのも気分の良いことではなくなりますから。でも、居心地の悪さは感じればいいのです。その居心地の悪さが私たちが謝罪して後悔することなんだと、わかるときがきます。あとの世代の人たちが、私たちの人生や私たちが決めたことで居心地の悪い思いをしなくて済みます。私たちは、誰かを墓から蘇らせたり殺人者と犠牲者を和解させたりすることはできません。でも、起きたことを二度と繰り返さないために、教訓を学ぶことはできるでしょう。

リトアニアとホロコースト

〔この文章はリトアニア語の原著には収められていない（「訳者解説」を参照）〕

エフライム・ズロフ

ソ連が崩壊したことで誕生した東欧の新しい民主主義国家は、数々の課題に直面することになった。そのうち最も困難なものの一つは、ホロコーストの歴史をどう扱うかであった。それは、いかなる状況においても特に苦痛を伴う困難な課題であり、東欧諸国がこれに取り組むには非常に大きなハンディキャップが二つ存在した。一つは、東欧におけるナチとの協力《コラボ》が、独特のおそろしい性質を有していたことである。ヨーロッパのほかの地域では、現地協力者《コラボレーター》は「最終解決」の初期段階（定義、アーリア化、強制収容、追放）の実施においてはナチを支援したものの、同国人であるユダヤ人の大量殺害には参加しなかった。対照的に、共産主義を経験したあとの東欧地域の多くの場所では、ナチ支援者が現地のユダヤ人（ときに外国からのユダヤ人でさえ）の大量絶滅に積極的に参加したのである。言うまでもなく、この非常に重要な違いが、これらの国々でホロコーストの歴史に向き合うことをとりわけ困難にしている。

不利となったもう一つの点は、四〇年以上にわたるソヴィエトによる占領や共産主義支配が、ヨーロッパ・ユダヤ人の破壊とその犯罪への現地の人びとの参加という歴史に対する向き合い方に大きな影響を及ぼしたことである。これについては、特に重要な点が三つある。第一に、第二次世界大戦とショアに関する高度に政治化された叙述が、ソ連と共産主義下の東欧の住民に押しつけられたことである。皮肉なことに、多くの場合、現地の人びとの協力というテーマの扱いは真実に近かったものの、「ブルジョア・ヒトラー主義者のファシスト」が「平和を愛するソ連市民」を殺した、といった具合に、その情報は必ずソヴィエト流の厳格な言葉遣いで定式化され、共産主義のイデオロギー目標を進めるために利用された。そのため、歴史的真実というよりも、むしろボリシェヴィキのプロパガンダとして広く認識されていたのである。

第二に――第一の点と関連するが――、ヨーロッパ・ユダヤ人に起きた比類なき悲劇と、ナチがユダヤ人を完全絶滅の対象に選んだという事実を、ソ連は存続しているあいだ意図的に認めなかったということだ。それを認めることは、第二次世界大戦をナチズムと共産主義という二つの巨大なイデオロギーの壮絶な戦いとして描く、ソヴィエトの「大祖国戦争」に関する叙述に反したのである。そのため、西側世界がホロコーストの苦難という点でユダヤ人の例外性を完全に受け入れたのに対し、共産主義後の東欧の人びとにとってこの概念はまったく異質なものだった。ソヴィエトによって意図的に抑圧されたもう一つの歴史的事実は、現地協力に見られたナショナリズムという要素である。愛国心は多くの現地人がユダヤ人の大量殺害に参加した重要な要因であったが、「ソヴィエト人民の兄弟愛」という神話に思想的に忠実だったソヴィエトは、殺人者の出身階級を強調し、彼らのナショナリティを意図的に無視した。そのため、ソヴィエトの叙述に対する信頼性も損なわれてしまった。

第三の点は、戦後数多く行われた現地協力者《コラボレーター》の裁判に関わる。一方では、ソヴィエトはホロコーストの犯罪を犯した者を比較的多く起訴したが、これらの被告に対する罪状は、必ずしもユダヤ人を殺害したことによるものとは限らなかった。多くの場合、その告発は政治的に攻撃するために行われたため、現地の人びとからは正統なものとはみなされなかったのである。他方で、有罪判決を受けた多数の現地の人びとは、やるべきことはソヴィエトが終えたという誤った印象を受けた（海外に逃亡したナチ協力者《コラボレーター》の場合を除く）。そのため、新しい民主主義国家が未精算のナチ戦犯を起訴するよう説得されると、これに対する憤慨と抵抗が広がり、結果として、現地当局への説得がさらに困難な状況になったのである。

しかし、東欧が独立を獲得すると、ＥＵやＮＡＴＯへの加盟を外交政策の最重要目標とした新たな民主主義国家では、それを達成するにはイスラエルや世界のユダヤ人との関係が重視されたため、ホロコーストにどう対処するのかが非常に重要となった。そのため、これらの国々は、独立後まもない時期に、すでに、ホロコーストに関する六つの現実的な課題に対処する必要に迫られた。これらは、イスラエルとユダヤ人世界が、待望の和解プロセスの一環として、共産主義後の東欧諸国が実施すべき基本要件と考えていたものである。そして、これらの課題は、最終的には、各国がホロコーストの過去と真剣に向き合おうとしている度合いを示す最良の指標となった。以下がその課題である。

一、ホロコーストの罪を認め、謝罪すること

二、犠牲者を追悼すること
三、まだ起訴されていない現地加害者を起訴すること
四、ドキュメンテーション（正確な歴史叙述の記録）
五、教育（ホロコースト教育の導入、現地の教科書の書き換え）
六、補償

表面的には、これらの要求は理解できるものであり、不合理なものではないように見える。ユダヤ人の大量殺害を含む対ナチ協力への積極的な参加が見られた国に対して、罪を認め、必要な謝罪を行うことを期待するのは、当然のことである。同様に、前の体制が作成した第二次世界大戦とホロコーストのできごとに関する教材があらゆる場所で拒否されることが明らかな国々において、そのできごとを正確に反映した歴史書や教科書の出版や、学校制度へのホロコースト教育の導入を要求することも、過剰なことではないとみなされるべきであった。補償やまだ処罰されていない加害者の訴追を求めることがより困難なことは言うまでもないが、これら――特に後者――もまた、和解プロセスの重要な一部であると理解されるべきであった。絶対的な正義や補償が達成できないことは当初から明らかであったが、ホロコーストの著名な加害者のうち少なくとも数人が自らが犯した罪により罰せられていたなら、これが非常に有益であることが示されていただろう。また、主要な共同財産を返還するための真の努力についても、ホロコーストに関連するそのほかの問題に対処しようという誠実な試みがあったなら、受け入れられていたことだろう。

しかし、これに関して、過去約三〇年間のできごとから学んだことがあるとすれば、共産主義後の東欧では、ホロコーストに向き合うにあたってはリップサービスが支配的な通貨になっているということである。この点でリトアニアは、見事な事例であるだけでなく、実際、ホロコーストの歴史に誠実に向き合うことから逃れようとする先陣に立っており、その過程で、ジェノサイドの特異な事例という、正当とされていたショアの地位は奪われてしまった。この過程は「ホロコーストの歪曲」(ホロコースト否定というはるかによく知られた現象と混同してはならない)として知られている。これは、バルト諸国がEUとNATOの正式加盟国として受け入れられてからの一五年間、特に集中的に行われており、現在、ショアの記憶と教育の将来にとって特に危険な脅威となっている。このような状況であるがゆえに、本書は、リトアニア国外にとっても格別な意義を有している。

これに関するリトアニアの記録は、いくつかの歴史的背景を抜きにしては評価できない。ナチ占領下のリトアニアには約二二万人のユダヤ人が住んでいたが、そのうち戦争で生き残ったのは、三・六パーセントの約八〇〇〇人にすぎなかった。この割合は、人口五〇〇〇人以上のユダヤ人コミュニティのなかではヨーロッパで最も高い(ナチ占領下のエストニアでは九九パーセント以上のユダヤ人が殺害されたが、一九四一年七月にドイツが侵攻したときには、三五〇〇人がすでにソヴィエト内地へと脱出しており、エストニアに残っていたユダヤ人は一〇〇〇人のみであった)。リトアニアで殺害されたユダヤ人のほぼ全員が、自宅の近くか、あるいはヴィルナ(ヴィルニュス)郊外のポナリ(パネレイ)の大量殺害現場で、主に銃殺により、多くの場合対ナチ協力者《コラボレーター》であるリトアニア人によって、一人ひとり殺されたのである。

戦争の最終盤になって、約三万人のユダヤ人がリトアニア国外に強制移送された。老人と子供を中心とする五〇〇〇人が、ポーランドのアウシュヴィッツとソビボルの絶滅収容所に送られた。別の一万五〇〇〇人がラトヴィアとエストニアの労働収容所に送られ、その圧倒的多数がそこで殺された。一万人がコヴノ（カウナス）とシャヴェル（シャウレイ）のゲットーからポーランドとドイツの強制収容所に移送され、ほとんどがそこで命を落とした。

リトアニアのできごとには、殺害されたユダヤ人の割合が異常なほど高かったことのほかにも、いくつか注目すべき重要な側面があり、それが、この国がこれまでホロコーストの過去に率直かつ誠実に対処してこなかったことに強い影響を及ぼしている。第一は、殺害に積極的に参加したリトアニア人の数がきわめて多く、ゆえに「最終解決」の実施を著しく促進し、その規模をはるかに拡大させた、という点である。関与したリトアニア人の数は正確にはわからないが、我々の調査では、少なくとも二万人が、煽動から殺害の助長、そして実際の射殺に至るまで、さまざまな役割でユダヤ人の大量殺害に参加していたことが判明している。

第二の非常に重要な点は、リトアニアの戦前の政治指導者たちが果たした役割である。彼らの多くは、一九四〇年六月のソヴィエト占領を逃れてベルリンに渡り、リトアニア人行動主義戦線（LAF）を組織した。LAFは第三帝国《ライヒ》を熱狂的に支持するとともに、現地住民がユダヤ人ジェノサイドに参加するよう積極的に煽動した。しかし、LAF指導者の一部は、その穢れた過去にもかかわらず、民主主義国家リトアニアで英雄として讃えられている。第二次世界大戦中にユダヤ人の迫害と大量殺害に参加し、戦後、対ソヴィエト抵抗運動を担った人物についても、同じ問題が起きている。このような犯罪を犯せば英雄としての資格は自動的に失われる、と考えるのが普通であろう。しかし、リトアニアをはじめ共産主義後の東欧では、そうなってはいないのである。

第三の重要な点は、多くの場所、特にリトアニアの地方では、殺人者の大多数はリトアニア人志願兵であり、また、かなりの場所で、ドイツ人やオーストリア人が一人もいない状態で、リトアニア人だけで殺人を行ったということである。それは、例えば、ラズディヤイ、テルシェイ、エイシシュケス、ヨニシュキス、ドゥビンゲイ、バブタイ、ヴァレナ、ヴァンジョガラで起きたことであり、またオヌシュキス、ヴィルカヴィシュキス、ヴィルバリスでは、殺害現場にいたナチは、ただ犯罪の様子を撮影していただけだった。

第四の点は、リトアニア人が、四〇以上の都市や村で、ドイツ国防軍が到着する以前からユダヤ人を物理的に攻撃していたことである。それは、多くの場合、ＬＡＦのプロパガンダの命令により行われていた。これもまた、隣人であるユダヤ人を傷つけようとするリトアニア人の自発性や熱意がいかに大きかったのかを示している。

第五の点は、犯罪を実行した現地の人びとのなかに、聖職者、知識人、専門家など、リトアニア社会のあらゆる階層の人間がいたという点である。確かに、射殺した者の多くは低学歴だったり文字を読めすらしなかったりした。しかし、先述した政治指導者に加えて、宗教者や文化人、専門家といったリトアニア人エリートが果たした役割は、非常に大きかった。

第六の点は、地理的範囲である。この悲劇は、リトアニア全土の二二〇のユダヤ人コミュニティの一つひとつに及んだ。ユダヤ人は、ナチ占領下でリトアニアとされる地域の人口の約一〇パーセントを占め、国内の各地域に多数のユダヤ人コミュニティがあった。その約九八パーセントが消滅したのである。そのすべての作戦において、対ナチ現地協力者《コラボレーター》が役割を果たしたのである。

第七の点は、リトアニア人は、自分たちの国の外でもユダヤ人を殺害したということである。少なくとも数千人の補助警察部隊の兵士たちが、ベラルーシでの体系的なユダヤ人絶滅の実行に協力するため、ベラルーシに送られた。

第八の点は、リトアニアの補助警察部隊が、ドイツ、オーストリア、フランスからリトアニアに強制移送された数千人の外国ユダヤ人の殺害にも関与していたということである。殺人に先立ってラビや著名なユダヤ人に対する拷問や辱めが行われた事例がかなりあること（多くの場合、きわめて残酷に行われた）、そして、過激なナショナリズムが対ナチ協力《コラボ》やユダヤ人の大量殺害への積極的な参加を促す主要因となったことも考慮すれば、リトアニアがホロコーストの問題に対応することがなぜ困難だったかは十分明らかであるだろう。

リトアニア当局のこの問題への取り組みに内在する問題点は、犠牲者の追悼という、ホロコーストに関して政府が直面している一見最も容易な課題を例にとれば、ただちに明らかとなる。リトアニアでは毎年、ヨーロッパと現地のユダヤ人に起きた悲劇を記念する行事がいくつか催されているが、プログラムや講演内容を注意深く検討すると、歴史叙述の歪曲は明白になる。概して、殺害におけるリトアニア人の役割が正確には描写されていない。リトアニア人が犯罪に参加したことはまったく言及されないか、あるいは大幅に矮小化されたりもっぱらリトアニア社会のなかの犯罪分子や周縁的な人びとによるものとされているのである。言うまでもなく、リトアニア人指導者が殺人において重要な役割を果たしたこと、一部の殺人者が残酷さや愛国的動機を見せたこと、そして、ナチが到着する以前からリトアニアの数十の場所でユダヤ人に対する物理的攻撃が始まっていたことについては、一切触れられていない。

これに関する重要な事例として、ホロコーストの犠牲者のための特別な記念日としてリトアニアで選ばれた日を挙げたい。この悲劇を特定の日に刻もうとする国々は、二〇〇五年に国連が国際ホロコースト記念日と定めた、アウシュヴィッツ＝ビルケナウが解放された日である一月二七日を選ぶか、それともそれぞれの国のホロコーストの歴史に特有の別の日を選ぶか、という大きなジレンマに直面した。リトアニア政府は、一九四三年にナチがヴィルナ〔ヴィルニュス〕・ゲットーを解体した九月二三日を選んだが、この解体作戦では現地殺人者は重要な役割を果たしていないのである。

リトアニアにおけるホロコーストを記念する日としてはるかにふさわしいのは、コヴノ・ゲットーから近隣の第九要塞に一万人近くのユダヤ人が移され殺害されるという大規模な虐殺が起きた一〇月二八日であろう。この日であれば、現地殺人者が果たした役割に必要な注意が向けられていただろう。しかし、リトアニア当局としては、これはなんとしても避けたいことであった。(同様に自国の歴史とは関係のない日をホロコースト記念日に選んだ国に、エストニアがある。エストニアのユダヤ人がアウシュヴィッツでは一人も殺害されず、アウシュヴィッツに強制移送されてすらいないにもかかわらず、エストニアは一月二七日を選んだのである。エストニア人は自分たちが特別な配慮に値しないと考えている悲劇に対して特別な日を制定するようにという〔国外からの〕圧力を感じており、これに対する抗議としてこの日を選択した、とみなしてよいだろう。)

第二次世界大戦とホロコーストに関するもう一つの叙述を創りだそうとするリトアニアの活動には、ナチによる犯罪と共産主義による犯罪が同等であるという虚構を広めようとしているという側面もある。このようなアプローチは、たびたび「ダブル・ジェノサイド論」と呼ばれている。このような試みは、ジェノサイドの特殊な事例というこれまで正当とされていたホロコーストの地位を脅かし、ソヴィエト占領期におけるリトアニア人の苦難に注目（と同情）を集めるために共産主義による犯罪をジェノサイドに分類することとしていた。共産主義による犯罪をジェノサイドとすることが非常に重要であったもう一つの理由は、もしそのとおりであったならば——そうでないのは明らかであるが——、ユダヤ人（この場合はユダヤ人共産主義者）もまた最も凶悪な犯罪を犯したことになり、ホロコーストにおける対ナチ現地協力者《コラボレーター》の役割に関するユダヤ人による批判の正当性が失われるか、少なくともそのような批判は著しく弱められるがゆえであった。実際、リトアニア国会《セイマス》は、「ジェノサイド」という用語を、リトアニアでソヴィエトが犯した犯罪を含むように定義しなおす決議を採択しており、この決議により、ソヴィエト（およびナチ）による犯罪が実際にジェノサイドであったことを否定した者は二年間の実刑判決を受ける可能性が生じている。

　このような動きは、二〇〇四年にリトアニアがＮＡＴＯとＥＵに加盟すると強まり、さらに、東欧のホロコースト歪曲運動の声明とも言うべき文書に現れた。二〇〇八年六月三日のプラハ宣言である。この宣言は、主に中・東欧の政治家三三人が署名し、リトアニア国会によって採択されたもので、ナチによる犯罪と共産主義による犯罪を平等に扱うことを求め、「共産主義とナチズムを共通の遺産として認め、前世紀に全体主義によって行われたすべての犯罪に関する徹底的な議論を行い、歴史を再び統一できなければ、ヨーロッパの統一はない」と警告している。そして、このようなヨーロッパの統一を実現するための現実的な方法は、いくつかの具体的な要求によって定式化されている。一つは、「子どもたちが、ナチによる犯罪を評価するために教えられてきたのと同じ方法で共産主義や共産主義による犯罪についても学び、警戒心をもてるよう、ヨーロッパの歴史教科書の修正と点検を行うこと」である。もう一つの方法は、「ヨーロッパの記憶と良心に関する研究所の設立」を求めるものである。この研究所は、全体主義研究のためのヨーロッパの研究機関として機能し、全体主義の経験を専門とする各国の研究機関（いずれもダブル・ジェノサイド論を支持）を支援し、全体主義体制の犠牲となったすべての人のための博物館や記念館としての役割を果たすという。

幸いにも、この二つの要求はまだ実現しておらず、近い将来実現されることもなさそうである。しかし、次の第三の要求は、最も進展があり、ホロコーストの記憶と教育の未来にとって最も差し迫った脅威となっている。それは、「ヨーロッパが一月二七日にホロコーストの犠牲者を記憶するのと同じように、モロトフ=リッベントロップ協定として知られるヒトラーとスターリンの協定〔独ソ不可侵条約〕が調印された日である八月二三日を、ナチズムと共産主義という二つの全体主義体制の犠牲者を記憶する日と定める」ことを求めるものである。プラハ宣言の発表から一年あまりのあいだに、八月二三日をナチズムと共産主義の犠牲者を記念する日とすることを支持する宣言や決議が、ヨーロッパの機関で三件可決された。二件は欧州議会で（うち一件は、賛成五三三、反対四四、棄権三三という大差で可決）、一件は欧州安全保障協力機構（ＯＳＣＥ）の議会会議で可決されている。このような歩みが広く支持されることで、最終的に国際ホロコースト記念日という個別の記念日の廃止に至る可能性が高いのは、予言者でなくてもわかることだろう。

ホロコーストの歪曲が政府の方針としてしっかり定着し、これに対して豊富な財政支援がなされている状況で、リトアニアがソヴィエトからの独立を獲得する上で直面したホロコーストに関する実際の問題にほとんどなにも対処できなかったことは、驚くことではない。表向きには六つの課題すべてを解決しようと努めていた。しかし問題は、政府がとった歩みが、実際には、リトアニアの凄惨なホロコーストの過去に誠実に向き合うためではなく、むしろ国際的な圧力を緩和するために行われたということである。その好例が、ショアの犯罪にリトアニア人が参加したことに対する謝罪の問題である。そのような謝罪は実際、リトアニアの指導者がイスラエルを訪問した際に何度か行われている。しかし、ホロコーストに関する現実的な問題への取り組みの結果は、謝罪が事実上無意味であったことを明確に示している。

一九九五年三月一日にアルギルダス・ブラザウスカス・リトアニア大統領がイスラエル国会《クネセト》で行った熱のこもった演説は、その重要な例である。この演説でブラザウスカスは、謝罪だけでなく、リトアニア人ナチ戦犯を「公的に、一貫して、良心的に」訴追することも約束した。しかし残念ながら、そのようなことはこの演説の後にも先にも行われておらず、ホロコースト犯罪の訴追と処罰はほとんど成果があがっていない。第二次世界大戦後に米国に逃れていた十数人のリトアニア人ナチ戦犯が、ナチが支援する死の部隊や現地の保安警察部隊で働いていたことを隠していたとして、米国の市民権を剥奪され国外退去を命じられ、独立回復後のリトアニアに戻った。しかし彼らは、誰一人として罰せられることはなかったのである。最終的に、米国、イスラエル、ユダヤ人団体からの強い圧力を受け、二人の保安警察幹部、アレクサンドラス・リレイキスとカジース・ギムジャウスカスがヴィルニュスで裁判にかけられたが、リトアニアの検察は、二人が医学的に裁判に耐えられる状態になるまで待ち、その結果、二人が処罰されないようにした（実際、二人には出廷する義務さえなかった）。

別の事例では、リトアニア保安警察幹部だったアルギマンタス・ダイリデが有罪判決を受け、五年の拘禁刑を言い渡された。しかし裁判官は、病気の妻を介護しなければならないことを理由に、その刑の執行を認めなかったのである。この間、リトアニア国会は、医学的に不適格な〔裁判に耐えられないような〕ジェノサイドの容疑者の捜査と起訴を認める法やビデオ接続による裁判を認める法を可決しており、司法の試みに真剣に取り組んでいることを表向きには示そうとしている。しかし実際、これらの法は、いかなる対ナチ現地協力者《コラボレーター》の処罰も避けつつ、同時に、彼らの起訴を求める国外からの圧力を和らげようとするリトアニア人の姿勢の表れにすぎない。

さらに衝撃的だったのは、ナチと戦ったユダヤ人ソヴィエト・パルチザン数人を、無実のリトアニア市民に対する戦争犯罪というでっちあげの嫌疑で起訴するという動きを、二〇〇六年に当局が見せたことだった。ソヴィエト・パルチザンに加わることでしか生き残ることができなかった若者だった、イツハク・アラド、ファーニャ・ブランツォフスキー〔ブランツォフスカヤ〕、ラヘル・マルゴリス、サラ・ギナイテに対して民族主義的メディアが悪質な煽動を行い、「殺人者」という言葉が自由に飛び交うこととなった。

皮肉なことに、このような嫌疑が出てきた当時、イスラエルのホロコースト記念センターであるヤド・ヴァシェムの元所長で著名なホロコースト史家でもあるアラドは、ナチ占領下での犯罪を調査する〔リトアニアの」公的機関である国際委員会で委員を務めていたのである。最終的に、検察が起訴に足るだけの十分な証拠を見つけられなかったため、当局は四件を不起訴とした。しかし当局は、この件を再開するための証拠となる情報の提供を国民に訴えたのである。容疑者とされた彼らに対する謝罪は、こんにちまでなされていない。

ソヴィエトの裁判所で不当な判決を受けて処罰された個人が、リトアニアが独立したことで名誉回復（多大な経済的恩恵も伴う）を受けたことについても、同じことが言える。一九九〇年五月二日に成立した法では、「ジェノサイドに加担」した個人は名誉回復の対象外とされた。しかし我々は、実際にはユダヤ人殺害に関与した数十人が恩赦と恩恵を受けていることを突きとめた。我々がその証拠を政府に提出したとき、政府はこれを拒否したが、最終的にはイスラエルとリトアニア合同の調査委員会を設置せざるをえなくなった。委員会のメンバーは、関連する事件の調査プロセスに関して政府との合意に達したが、最終的に、リトアニア側は約束を一つも守らず、委員会を事実上無効化した。現地当局は、このような状況のなかで、国外からの監査を受けることなくきわめて疑わしい独自調査を行ったのであるから、その調査が適切に行われたかどうかは知る由もない。

このような問題を扱う上で、「リトアニア住民のジェノサイドとレジスタンスに関する調査センター」に触れないわけにはいかない。このセンターは、リトアニア政府が設置し資金提供する機関であり、共産主義による犯罪と対ソヴィエト・レジスタンスを主な調査対象としているが、ホロコーストの歴史に関する重要な公的調査についてもすべて任されている。例えば、ユダヤ人を救おうとした事例について調査し、その個人が政府に特別に認定されるに値する人物かどうかを判断する。その一方で、リトアニア検察のためにホロコースト犯罪の疑惑についても調査し、在イスラエル・リトアニア・ユダヤ人協会のヨセフ・メラメド会長が発表したショアの犯罪に共謀した全リトアニア人二万三〇〇〇人のリストに対抗して、同様のリストの作成を政府から委託されたりもしている。同センターは約三年前にユダヤ人殺害に参加したリトアニア人二〇五五人のリストの作成を完了したと発表したが、この数字は明らかに少なすぎる。他方で、「諸国民のなかの正義の人」の認定を最初に行うようになったイスラエルの研究・記憶センターであるヤド・ヴァシェムが定めた選考基準では、決してこのような高貴な称号を与えられなかったであろう人物に、「正義の人」の称号を与えているのである。

同センターのウェブサイトに掲載された犯罪者リストが数日後に消滅し、それ以来、公の場で目にすることはないのも、驚くことではない。しかも、このリストに関して、政府はこれまでなんら行動を起こしていない。例えば、リストに掲載されている人物のなかの誰が生きていて健康で、起訴が可能なのかについて、どうやら調べようとはしていない。ホロコーストに関する問題については、法的措置はもちろんのこと、歴史研究でさえも、政府の方針から悪い影響を受け続けている。また、ホロコーストの犯罪を犯したリトアニア人の英雄たちの記録をもみ消そうとしたり、政府が支援するジェノサイド犠牲者博物館の内容を監督したりする同センターの役割も、非難されるべきである。前者の問題の重要な例としては、二〇一九年三月に同センターが出した声明文がある。ホロコーストの犯罪に積極的に参加し、第二次世界大戦後にソヴィエトによる占領に対するリトアニア人レジスタンス運動を指揮したヨナス・ノレイカを讃える銘板の撤去を求めて、グラント・ゴーチンが訴訟を起こした。この訴訟はヴィルニュス地方裁判所によって退けられたのだが、同センターはこのような裁判所の決定を支持する声明文を出した。声明文のなかで同センターは、ショアへの共謀に関してノレイカは無実であると主張しただけでなく、リトアニア・ユダヤ人の絶滅に対する責任はリトアニア人にはないと事実上述べたのであった。

ホロコーストの歴史の歪曲を顕著に反映しているもう一つのリトアニアの機関が、ジェノサイド犠牲者博物館である（近年になって「占領と自由戦闘の博物館」というより正確な名称に改めた）。この博物館があるヴィルニュス中心部の建物は、悪名高い殺人部隊である特別部隊が一九四一年から四四年まで拠点とし、ナチ占領期をとおしてゲスターポとリトアニア保安警察の本部が置かれ、ソヴィエト時代にはKGBの本部が置かれていた。

この博物館はヴィルニュスの最も重要な観光名所の一つとして宣伝されているが、この博物館で語られる主なストーリーは、ヴィルニュスおよびリトアニア全土で起こった真のジェノサイドとはまったく関係がない。むしろ、ほとんどソヴィエト（特にユダヤ人共産主義者）が犯した犯罪のみに焦点をあてている。確かにその犯罪は非常におそろしいものであったが、正確には（リトアニア国会が可決したジェノサイドという用語の定義変更を受けいれなければ）、ジェノサイドに分類することはできない。独立回復後のリトアニアで行われた唯一のナチ戦犯裁判は、リレイキス、ギムジャウスカス、ダイリデに対するもので、皮肉なことに、戦後ソヴィエトが対ナチ協力者《コラボレーター》に対して行った裁判の記録などを保管する特別文書館と同じ建物のなかで行われた。その建物の外壁には、ソヴィエトと戦った著名な人びとの名前が刻まれており、ホロコーストの犯罪で積極的な役割を果たしたヨナス・ノレイカの名もそこにある。

「リトアニアにおけるナチとソヴィエトの占領体制による犯罪評価国際委員会」に触れずに本文を終えるわけにはいかない。この委員会は、その名称にあるとおり、ナチとソヴィエトの犯罪を同等とする虚構やプラハ宣言を推進する上で大きな役割を担っている。リトアニア全土のホロコースト教育を担うことも同委員会の主要な役割の一つであり、例えば、ヤド・ヴァシェムでのセミナーのためにどの教師をイスラエルに送るかを決定する。また、同委員会の委員は、プラハ宣言を採択するようリトアニア国会に働きかけを行った。プラハ宣言の文章は現在でも同委員会のウェブサイトに掲載されている。同委員会は、ダブル・ジェノサイド論を支持するかのような数々のイベントを後援し、その主張を積極的に推進し続けている。

しかし最近では、ホロコーストを扱う小委員会〔国際委員会はナチ犯罪に関する小委員会とソヴィエト犯罪に関する小委員会で構成される〕が、ショアに関する歴史問題に対してより積極的な役割を果たすようになった。例えば、三年前〔二〇一六年〕には、「リトアニアにおけるナチ占領期にユダヤ人やその他の人びとの迫害および（または）殺害に参加した」個人を公的な場で記念することを非難する声明を発表している。興味深いことに、この声明が出されて以降、同委員会は招集されなくなった。さらに重要なことに、対ナチ協力者《コラボレーター》のヨナス・ノレイカの無罪を支持するために「ジェノサイドとレジスタンスに関する調査センター」が発表した、ホロコースト犯罪とリトアニア人はなんら関係ないと事実上述べるようなとんでもない声明を、同小委員会は明確に否定したのである。

歴史の真実を伝える努力を困難にしている要因の一つは、歴代の政権が頑なに協力に反対し続けていることである。連立政権に加わる政党は時期によって異なれど、事実上すべての政党が、ダブル・

ジェノサイド論とホロコースト犯罪への現地の人びとによる共謀は限定的だったという誤った見解を支持してきた。歴代政権が支持してきたことは重要で、当初は我々の活動や本書を支持していた人たちが、議論のなかで影響を受けて立場を変え、ときには政府の仕事や政府が出資する機関や組織での快適で有利な雇用に誘惑され、離れていったのである。このような誘惑に耐えられる人はほとんどいないということは、独立以来、政府が向き合わなければならなかったはずのホロコーストに関する問題の悲惨な状態を物語っている。

これに関して、勇気と勇敢さで際立っているのが、過去一〇年間リトアニアのホロコーストに関する歴史的真実のための戦いにほとんどすべての時間とエネルギーを捧げてきたドヴィド・カッツ教授である。ニューヨークのブルックリン出身で、イディッシュ語の世界的な専門家の一人であるカッツ教授は、ヴィルニュス大学で教鞭をとるよう招かれたのちにヴィルナ〔ヴィルニュス〕に移り住み、メンディ・カハンとともにヴィルニュス・イディッシュ研究所を創設した。八年間教育と研究に専念したが、対ナチ・パルチザンとして戦ったホロコースト生存者を政府が「戦争犯罪」の容疑で告発しようとしていることを知ると、すぐに反対運動を開始し、ホロコースト犯罪をもみ消したりリトアニア・ユダヤ人の絶滅でリトアニア人が果たした役割について隠蔽しようとしたりする動きを、積極的に批判している。カッツ教授の奮闘、特に、彼の優れたウェブサイトwww.defendinghistory.comに当局が気づかないわけはなく、迅速かつ残酷な反応を見せた。カッツ教授は不当に解雇されヴィルニュス大学での職を失い、一年の大半を身を移すことに費やすことになった。そのため、当局に対するキャンペーンを続けることがさらに困難になったのである。

もし上記のような状況がリトアニアだけで起こっているのであれば、第二次世界大戦とホロコーストに関する叙述の書き換えという現在組織的に行われている試みは、それほど危険であるとはみなされないであろう。しかし悲しいことに、リトアニアは、ナチによる犯罪と共産主義による犯罪を同等とする戯言を広め、「最終解決」の実施における現地協力者《コラボレーター》の役割を隠蔽するか、少なくとも矮小化する上で、主導的な役割を果たしているのである。この点でリトアニアは、これらの目標を進めるイニシアティヴをとるための実験室であり、歴史の記録やホロコーストの記念、教育に損害をもたらすような取り組みを推進する機関車のようなものであると言えよう。これは明らかに、ほかのバルト諸国(ラトヴィア、エストニア)だけでなく、ウクライナ、ハンガリー、ルーマニア、クロアチア、ポーランドにも関係する事例である。だからこそ、本書が重要なのである。本書のメッセージが旧共産主義圏の東欧諸国だけでなく、より多くの読者に届くことを我々は願っている。

リトアニアが絶望的なケースだとは思わないが、ホロコーストに関する歴史的真実全体とショアの犯罪におけるリトアニア人の共謀が広く知られなければ、なにも変わることはないだろう。本書が転換点となり、リトアニアの過去に対する異なるアプローチがとられるようになることを、我々は望んでいる。リトアニアのホロコーストで犠牲になった人物の名をもつユダヤ人のナチ・ハンターと、ホロコースト犯罪の加害者の子孫であるリトアニア人作家という我々の協力関係は、おそらく明るい明日への道を開くのに役立つだろう。

訳者解説

重松　尚

本書は、Rūta Vanagaitė, *Mūsiškiai* (Vilnius: Alma littera, 2016). の日本語訳である。原著は二〇一六年にリトアニア語で出版され、その後、これまで五言語（ポーランド語、ロシア語、ヘブライ語、スウェーデン語、英語）に翻訳されている。

原題の*Mūsiškiai*はリトアニア語で「私たちの」を意味する。これは、単なる所有代名詞ではなく、「私たちに属する物、人」といった意味の言葉であり、人に関して用いられる場合には「自分たち」という仲間意識が強く込められる。そのため、日本語では「同胞」が最もニュアンスが近いと判断し、それを日本語版のタイトルとした。本文中では「私たちの同胞」などと訳している。なお、ポーランド語版では「私たちの」という意味の*Nasi*が、ロシア語版では「自分たちの」という意味の*Свои*が、タイトルに用いられている。また、ヘブライ語版のタイトルは『敵との旅』（מסע עם האויב）、スウェーデン語版および英語版のタイトルは『私たち民族』（*Vårt folk; Our People*）となっている。

原著がリトアニア人のルータ・ヴァナガイテが中心となって執筆されたのに対し、例えば英語版などは、共著者であるイスラエルのユダヤ人、エフライム・ズロフが多くの修正を加えたためか、内容や構成が大きく異なっている。日本語への訳出にあたっては、あくまでリトアニア語で出版された原著を底本とした。ただし、ズロフ著「リトアニアとホロコースト」は原著には収められていないため、英語版[1]から訳出した。これは、ズロフが現在のリトアニアが抱えるホロコーストの問題を指摘する内容となっており、英語版では序章として収録されている。他方、原著の始まりでは、ヴァナガイテが、どのような経緯からこの問題に向き合うようになったのかについて、リトアニアの読者に向けて語っている。このように、原著と英語版の始まりが大きく異なることからも、両者のスタンスの違いが見てとれるだろう。

原著は、リトアニアで出版されるとすぐに大きな話題となった。増刷も重ねられ、これまで約一万九〇〇〇部が売れたという。これは、人口三〇〇万人に満たないリトアニアでは異例の売れ行きである。また、リトアニア人自身が自民族の加害の歴史に向き合った本書はリトアニア国外でも話題となり、ユダヤ人殺害に関与したポーランド人をテーマとするヤン・グロスの著書『隣人たち』[2]に匹敵するといった評価も見られる。

他方で、リトアニア国内では、本書に対して多くの批判や非難の声が寄せられた。本書のなかでも述べられているとおり、著者ヴァナガイテは、出版前からすでに「民族の裏切り者」といった罵詈雑言を浴びせられていたという。また、本書がズロフとの共著である点も問題視された。第一部第一章で書かれているとおり、リトアニア（人）のホロコーストに対する責任を追及し続けてきたズロフを「リトアニアの評判を貶める」人物と見るリトアニア人は少なくない。ズロフは、本書のなかで、リトアニア人にとっての「敵」であると容赦なく呼ばれているが、「敵」という表現は決して誇張ではないように思われる。ズロフは、リトアニアではそれほどまでに悪評高い人物なのである。原著の出版元が、ズロフの名を本書の著者に連ねれば非難の声はさらに高まると判断し、原著の表紙や背表紙にはヴァナガイテ一人の名前しか載せなかったほどである。このような経緯から、原著は形式上ヴァナガイテの単著として出版された。しかし、ズロフも本書の執筆に関わっていることは言うまでもない。なお、その後翻訳された各言語版はいずれも、ヴァナガイテとズロフの共著として出版されている。

リトアニア国内では、本書が実際に出版されると非難の声はさらに強くなり、有名政治家なども各種メディアで批判を展開した。ヴァナガイテは、周りから「お前は売国奴だ」「ユダヤ人からいくら金をもらったのか」などと罵られ、友人を失ったとインタビューで語っている。また、あるテレビ番組で、司会者から「あなたにはユダヤ人の血が入っているのか」「この本でいくら稼いだのか」などと糾されたこともあった。このように厳しいバッシングを受けたにもかかわらず、本書は二〇一六年の出版以来、売れに売れ続けた。しかし翌年、本書は突然、販売停止に追い込まれることとなる。

きっかけは、アドルファス・ラマナウスカス゠ヴァナガスというパルチザンに関するヴァナガイテの発言だった。リトアニアは、一九四〇年にソヴィエト連邦に編入され、四一年から四四年までナチ・ドイツに占領されたのち、四四年からは再びソヴィエトに支配されていた。祖国の独立回復を目指すリトアニア人パルチザンらは、四四年以降、一〇年以上にわたってソヴィエトに対するレジスタンス運動を展開する。ラマナウスカス゠ヴァナガスは最後のパルチザンの一人として知られ、五六年にソヴィエト当局に逮捕されると、残虐な拷問を受けた挙句、翌年処刑された。ソヴィエトから独立を回復した現在のリトアニアにおいて、彼は、祖国の独立のために戦った英雄として高く評価されている。そして二〇一七年、リトアニア国会《セイマス》は、彼の生誕一〇〇周年にあたる翌一八年を「ラマナウスカス＝ヴァナガスの年」とした。

リトアニア政府がラマナウスカス＝ヴァナガスの顕彰に向けて動いていた二〇一七年、ヴァナガイテは、文書館に所蔵されているソヴィエト当局の資料を根拠に、「ラマナウスカス＝ヴァナガスはソヴィエト当局の拷問を受けて死んだのではなく、牢獄で自殺したのだ」と発言し、ラマナウスカス＝ヴァナガスの英雄性を否定した。ソヴィエト当局が作成した調書に書かれている「自殺」という内容を無批判に信じるヴァナガイテの態度には批判の声が寄せられ、さらに、ソヴィエト当局の資料が多数引用されている本書の信憑性まで疑われるようになった。そのような状況下で、出版元は、ヴァナガイテがこれまで出版したすべての著書を販売停止することを、本人の了解を得ないままに決定したのである。なお、ヴァナガイテは、ラマナウスカス＝ヴァナガスに関する自らの発言が誤りであったことをのちに認め、これを撤回、謝罪した。また、二〇一八年にはラマナウスカス＝ヴァナガスの遺骨が発見され、専門家による調査の結果、遺骨に残っていた傷などから、彼が処刑される前に拷問を受けていたことが改めて確認された。

ラマナウスカス＝ヴァナガスに関するヴァナガイテの発言が不用意であったことは否めない。しかし、本書に関しては、その問題とは別に、本書の内容を踏まえたうえで評価されるべきであろう。ここでは、以下、リトアニアのホロコーストの歴史に簡単に触れ、そのうえで本書の内容と特徴について述べておきたい。

ホロコーストが行われた場所としては、まずはナチ・ドイツが思い浮かべられるだろう。また、アウシュヴィッツのガス室のイメージも非常に強い。しかし、リトアニアで起きたホロコーストの実態は、ドイツやアウシュヴィッツとは大きく異なっていた。

一九一八年に独立を宣言したリトアニアは、第二次世界大戦中の一九四〇年にソ連に編入され、独立を失った。四一年六月中旬には、リトアニアの住民約一万七五〇〇人がソヴィエト当局によってシベリアなどに追放され、苦難を強いられることとなった。そのような状況にあった同月二二日、ナチ・ドイツがソ連に進攻し、独ソ戦が始まる。これをソヴィエトからの解放の好機と見るリトアニア人は少なくなかった。また、このとき、リトアニアは最初のユダヤ人大量殺害を経験している。戦前は二〇万~二〇万八〇〇〇人いたリトアニア・ユダヤ人のうち、約八割が四一年末までに殺害された。

独ソ戦が始まった当初には、一部のリトアニア人が、ドイツ軍が到着するよりも前に率先してユダヤ人を殺害するという事例もあった。そして、リトアニアがドイツの占領下となったのちも、リトアニア人がさまざまな形でホロコーストに協力、加担した。当時のリトアニア人がなぜホロコーストに関与したのか――これは、本書の重要な論点の一つとなっている。

ドイツでは、一九三〇年代から第二次世界大戦期にかけて、まずユダヤ人に対する差別的な法が制定され、続いてユダヤ人がゲットーに隔離されるようになり、最終的に絶滅政策へと至る、といった具合に、ホロコーストは段階的に進展していった。対照的にリトアニアでは、独ソ戦の始まりをきっかけに、いきなり殺害という段階に至ったのである。また、アウシュヴィッツのガス室のように「機械的」に殺害が行われたわけではない。ユダヤ人の多くは町の近くの森などに連行され、そこで一人ひとり射殺された。このとき実際に手を下したのは、ほとんどの場合リトアニア人だったのである。

リトアニアでは、ユダヤ人殺害の波は四二年以降一時的に収束した。ドイツ当局が、ソヴィエトとの戦争遂行にあたって、ユダヤ人の労働力を最大限利用しようとしたためである。この時期までに殺害されなかったユダヤ人はゲットーに収容され、強制労働を課されるなどした。しかし、一九四三年四月以降はリトアニア各地のゲットーが解体されることとなり、そこに収容されていたユダヤ人は殺害されるか、あるいはドイツなどの収容所に送られた。最後まで生き残ることができたユダヤ人はごくわずかであり、実に九〇〜九五パーセントのリトアニア・ユダヤ人が犠牲となったのである。そして、この犠牲の割合は、ヨーロッパ全体のなかでも最も高かった。東欧ユダヤ文化の中心地の一つとして知られていたリトアニアのユダヤ人コミュニティは、この世から永遠に失われてしまった。

ホロコーストの語りに触れるとき、私たちは自ずとその犠牲者の立場に立ち、彼らに同情してしまう。しかし、どうしてあのような悲惨なできごとが起きてしまったのかという問題に向き合うためには、私たちはむしろ加害者の立場に立ち、彼らに「共感」する必要があるように思う。それは、決して彼らが犯した罪を正当化するということではない。むしろ、彼らが犯した罪をきちんと見据えるために、彼らが置かれた状況や彼らの心情を理解し、自分が同じ立場なら加害者となってしまったかもしれないという可能性まで考える必要があるのではないだろうか。加害者の立場に限りなく接近し、次にそこからできるだけ離れて客観的に考察することで、ホロコーストの実態もより立体的に見えてくることだろう。

本書で描かれるリトアニア人の対ナチ協力やホロコーストへの関与のあり方は複雑だ。盲目的にナチに傾倒したり、心からユダヤ人を憎んだり差別したりしていた者ばかりではない。リトアニア人がドイツ人から「殺人＝殺戮作業」を押しつけられていることに不満を抱いていた者や、「嫌々ながら」ユダヤ人射殺を行ったりした者についても描かれている。このように、ホロコーストに関与した当時のリトアニア人の多くは「白でも黒でもない」（三九三頁）状況に置かれていたわけだが、しかし「白でも黒でもなかった」などという議論は、ユダヤ人のズロフにしてみれば、殺害に関与したリトアニア人を擁護しようとする口実でしかない。ズロフが警戒するように、当時のリトアニア人が置かれた状況を理解することが、彼らの「真っ黒」な行為の正当化などにつながらないよう、私たちも最大限注意する必要がある。

本書では、ズロフが一貫してリトアニア（人）の責任の問題を追及し続けているのに対し、ヴァナガイテは、ときにズロフに同調し、ときにはズロフに対して、あるいはリトアニアの人びとに対して、挑戦的な問いを投げかける。そのような問いが「同胞」たるリトアニア人著者から投げかけられたからこそ、リトアニア人ナショナリストは激昂し、リトアニア社会から「民族の裏切り者」といったような反発の声があがったわけだが、そのような問いは、「同胞」だからこそなしえるものでもある。例えば、まったく同じ問いであっても、リトアニア人が自問する場合とユダヤ人がリトアニア人に投げかける場合、そして第三者がリトアニア人に問いかける場合とで、意味合いは変わってくる。「犠牲者側の代表」ズロフと「殺人者側の代表」ヴァナガイテという「敵どうし」（四八頁）の議論からは、歴史に対するポジショナリティの問題についても考えさせられる。

また、本書をとおして、ズロフは、リトアニア人協力者《コラボレーター》のなかでも、ナチ当局と協力《コラボ》しようとした政治家など当時のエリートの責任を重視し、ヴァナガイテは、直接ユダヤ人殺害に加担した「野暮ったい田舎者」のようなリトアニア人に多く言及している、といった違いも見てとれる。

本書では、リトアニア人とユダヤ人の立場の違いだけではなく、ユダヤ人どうしの違いも見え隠れする。例えば、リトヴァクと呼ばれるリトアニア・ユダヤ人と、ソヴィエト時代にソ連のほかの地域からリトアニアに来たロシア語話者のユダヤ人の違いについては、著者ヴァナガイテ自身が言及している（三六四頁）。また、リトアニア政府との関係を重視するイスラエル大使とズロフの関係についても触れられている（三五七頁）。それに加えて、ズロフのような外国のユダヤ人とリトアニア国民としてリトアニアに住むユダヤ人の立場の違いも感じられる。原著が出版されると、リトアニアのユダヤ人コミュニティの代表は、即座に次のような声明を出した。

> 私たちは、リトアニアでの生活を選んだリトアニア国民であり、六〇〇年以上にわたってリトアニアの一部であり続けています。私たちは、リトアニア人をユダヤ殺しの民族と呼んだことは一度もないし、そのつもりもありません。[3]

本書の出版をきっかけに国内の両民族関係が悪化したり批判の矛先が自分たちに向けられることを恐れたリトアニア・ユダヤ人コミュニティは、このような声明を出すことで火消しに努めた。リトアニア国民である彼らは、今後もリトアニア人と共生していかなければならない。「あなたがたの同胞はけっして私たちの同胞にはなりません」(三九八頁)と言ってのけるズロフとは、自ずとホロコーストの問題に対する認識も異なってくる。

二〇二一年一一月、リトアニアに台湾の出先機関である台湾代表処(事実上の大使館)が開設された。リトアニア政府が「台北」ではなく「台湾」を冠する名称を認めたことに反発した中国政府は、これをきっかけにリトアニアの信用を落とすためのキャンペーンを展開した。『環球時報』が「リトアニアでは反ユダヤ主義が長く問題であり続けている」と評し、中国外交部の報道官がツイッターで、「リトアニアでは、かつてユダヤ人虐殺の歴史があった。こんにち、レイシズムはこの国の重大な問題であり続けており、ユダヤ人などの少数民族は深刻な差別に苦しんでいる」と呟いたのである。この呟きに対して、リトアニア・ユダヤ人コミュニティの代表は、次のように反論した。

リトアニアは民主主義国家であり、自国民であるユダヤ人を尊重し、すべての国民の権利を守っている。私たちは、第二次世界大戦中にナチやリトアニア人協力者《コラボレーター》によって破壊され、あるいはいまだ返還されていない遺産や財産に関して、ときに意見を異にすることもあるかもしれないが、それでも私たちは自由で民主的なリトアニア社会の活発な一員である。私たちの国では、自分たちの意見を自由に表明することができるし、諸機関や社会のほかのグループと開かれた対話をもつことも支持されている。私たち小さなコミュニティを嘘や印象操作によって二国間の争いの解決手段に用いようとすることは、断固として容認できない。リトアニア・ユダヤ人(リトヴァク）コミュニティは、私たちがリトアニアで享受しているのと同じ人権と自由が中華人民共和国のすべての少数民族にも保証されることを望んでいる。私たちは、こんにちのリトアニアとの政治論争のなかでホロコーストというテーマを操作し、そのような行為によってホロコーストのすべての犠牲者の記憶を侵害しないよう、中国政府に要請する。[4]

リトアニアのユダヤ人コミュニティは、ホロコーストに関して解決していない問題が現在もなお一部残っていることは認めつつも、それが他国によって政治利用されることについては強い懸念を示したのである。

このようにリトアニアのユダヤ人コミュニティは、自分たちがリトアニア国民の一員であると折に触れて強調しているが、他方で本書の著者ヴァナガイテは、本書のなかで、リトアニア人のことを「私たちの同胞」、ユダヤ人のことを「あなたがた同胞」と呼んでおり、ユダヤ人を他者とみなしているように見える。しかしヴァナガイテは、ズロフとの会話のなかで、リトアニア人ナショナリストが言いそうなことをあえて口にしているような素振りを見せており、彼女の本心は別にあるようにも思われる。ここで本書の表紙に目を向けたい。表紙には二人の人物の写真が掲載されている。一人は、両大戦間期にリトアニアの代表として五輪に出場し、第二次世界大戦中にホロコーストで犠牲となったリトアニアのユダヤ人であり、もう一人は、第二次世界大戦中にホロコーストに関与したリトアニア人である。いずれの人物も本文で詳しく取り上げられることはない。著者のヴァナガイテは、あるとき、この二人の写真を表紙に載せた理由を次のように語った。すなわち、自分たち「同胞」が経験した第二次世界大戦の歴史について語られるとき、リトアニア人の犠牲が強調される反面、ホロコーストで犠牲となったリトアニアのユダヤ人も、ホロコーストの加害者となったリトアニア人も、「同胞」ではなく「他者」として扱われることが多い。しかし、同じリトアニアの国民であったユダヤ人の犠牲の歴史も、また加害者となったリトアニア人の歴史も、等しく「自分たち」の歴史として見つめ直す必要があるのではないか。ヴァナガイテは、そのような問題意識から、ホロコーストの犠牲者であるユダヤ人と加害者であるリトアニア人の写真を並べて掲載したという。ヴァナガイテもやはり、ユダヤ人がリトアニア社会の一部だったという認識を抱いているのである。なお、本書の第二部で各都市の名称がリトアニア語とイディッシュ語で併記されているのも、各都市がリトアニア人だけの土地ではなくユダヤ人も共存していた場所であったことを示そうとしているように思われる。

　ちなみに、第二次世界大戦までのリトアニアでは、リトアニア人の八割以上が農民だったのに対して、ユダヤ人の半数以上は商工業に従事していた。そのため、リトアニア人の多くが農村で暮らしていたのに対し、ユダヤ人のほとんどは都市に住んでいた。一九一八年にリトアニアが独立すると、リトアニア人も都市に進出するようになり、その結果、都市人口のうち、約六割がリトアニア人、三割がユダヤ人という人口構成となった。リトアニアの都市は、まさに両民族が共存する空間だったのである。

　しかし、当時のリトアニア人にとって、母語も宗教もまったく異なるユダヤ人は異質な存在だった。そしてユダヤ人に対する偏見も根強かった。本書で紹介されている、ユダヤ人がキリスト教徒の血を儀式に用いているといった迷信は、その典型例である。現在ではさすがにそこまでの迷信を耳にすることはないが、それでもユダヤ人に対する偏見はいまだに残っていると感じることがある。著者もそのように認識しているからか、本書では、リトアニアの読者がユダヤ人のことを理解するために「ユダヤ人とは」という節が設けられている。ユダヤ人自身がユダヤ教の考えについて語っているこの節の内容は、日本の読者にとっても興味深いものだろう。

リトアニアのホロコーストについては、リトアニア国内だけでも多くの研究蓄積がある。しかし、リトアニア人の多くは、自国のホロコーストについて、そして自分たち「同胞」のホロコーストへの協力の過去についてあまりよく知らない。ヴァナガイテはこの現状に危機感を抱き、「歴史家たちが学術書などで書いた内容を世間に広める」(三三四頁)必要があると考え、本書を執筆するに至ったわけである。「敵との旅」という本書の本題に入る前に、第一部で当時の「同胞」に関する記述に多くの紙幅を割いているのはそのためであろう。

リトアニア人とホロコーストの関係については、ソヴィエト時代から異論派と呼ばれてきた知識人のなかにも積極的に発言する者はいた。例えば、本書で挙げられる詩人のトマス・ヴェンツロヴァはその一人である。しかしヴァナガイテは、「敵」との共著という物議を醸す方法をとり、異論派知識人が用いないような挑発的な言葉を並べることで、センセーションを巻き起こし、異論派知識人の声が届かなかったような人びとの関心を惹くことに成功した。これこそ、本書が果たした貢献として真っ先に挙げられるべき点であろう。

しかし同時に、本書の問題点についても指摘しておかなければならない。多数の文書館資料を用いつつも、軽快な論調で歴史を叙述しているのが本書の強みであり、また歴史家から批判される点でもある。文書館資料については、それぞれの資料が作成された文脈などについて十分考察されておらず、史料批判が不十分との声があがった。特に、現在のリトアニアでは、ソヴィエト当局によって作成された資料はそれだけでは信用できず、慎重に検証する必要があると考えられている。それゆえ、ソヴィエト当局が作成した調書をそのまま引用している本書に対する批判は少なくなかった。また、本書では、歴史家などの専門家による学術的な文章もさまざまな箇所で引用されているが、自身の文章を引用された歴史家のなかには、文章の一部分のみが引用されたことで元々の議論が歪められたなどとして憤る者もいた。自説に都合の良いものだけを引用しようとする態度は、ときに歴史修正主義にもつながりかねない。原著者は、そのおそれに関しても自覚的であるべきだっただろう。なお、原著者の一人ヴァナガイテは、このような批判を受け、リトアニアのホロコーストに詳しいドイツ人歴史家のクリストフ・ディークマンとの共著『それはどのようにして起きたのか』を二〇二〇年に出版し、リトアニアのホロコーストの実態をより正確に伝えようと努めている。

本書『同胞』には、確かに、正確さに欠く引用が少なくない。そのため、日本語への訳出にあたっては、引用元の資料や関連資料などをできる限り参照するよう心がけた。そして、例えば日付の誤記といったような明らかな誤りについては、原著者の了承を得て修正した。また、本書では、当時ホロコーストの様子を目撃した人などのインタビューも引用されており、原著者は、これらを引用するにあたって、元のインタビューを大幅に再構成している。そのため、日本語に訳出する際には、引用元のインタビュー音源や映像をすべて参照した。そして、元のインタビューに従って構成し直し、原著から記述を改めた箇所もある。

　本書のもう一つの問題として、ホロコーストに関与した人びとの氏名がそのまま記述されている点が挙げられる。彼らのほとんどはすでに死去しているものの、氏名が公開されたことで、その家族や親族などに影響を及ぼした可能性は十分考えられる。本書で引用されている資料はすべて一般に広く公開されているものであり、誰でも当該資料にあたればその氏名を知ることはできるため、本書にそのまま掲載しても問題がないと原著者は判断したのかもしれない。しかし、わざわざ文書館などに足を運んで一次資料を閲覧したりインタビューを見聞きしたりする人の数と、書店で本書を手にとる人の数は、比較にならないほど違う。ゆえに、彼らの氏名を本書に掲載することで生じる影響についても考慮し、場合によっては仮名やイニシャルに改めるなどの配慮が必要だったかもしれない。なお、この日本語版の出版にあたっては、彼らの氏名が掲載された原著がすでにリトアニアで出版されており、日本語版に氏名が記載されたところでこれ以上影響を拡大させることはないだろうと判断し、原著のままとしている。なお、引用元の資料では本名と思われる名前が書かれていたにもかかわらず、本書では別の名前が用いられている箇所も一部見られた。これについては、原著者がインタビューの音声にあたった際に聞き間違えた可能性が高いが、原著者がなんらかの事情からあえて氏名を改めた可能性もあるため、この日本語版でも、引用元に合わせるのではなく原著に記載された氏名のままとした。

　以上のような問題もあって、本書は出版後に多くの批判にさらされることとなったのだが、なによりも、自民族の加害の歴史の問題について、外国人ではなく「同胞」によって指摘されたという点が、リトアニアの人びとの神経を逆撫でした。知識人のなかには、本書に問題点があることは認めつつも、問題を提起するものとして意義を認める者もいたが、多くのリトアニア人は本書を受け入れることすらできなかったのである。

これは、日本に住む私たちにとっても他人事ではない。自分たちにとって不都合な歴史に向き合おうとする人たちが「裏切り者」扱いされる事例は枚挙に暇がない。歴史のなかの一部の断片のみが都合よく切りとられ、ＳＮＳなどで拡散される昨今、私たちは自分たちの歴史にどう向き合うべきなのか。「同胞」の過去に向き合おうとする原著者の姿勢から私たちが学ぶべき点は少なくないだろう。

最後に、本書の翻訳に際して、東京大学大学院人文社会系研究科の犬塚悠太さんにヘブライ語文献の確認などでご協力いただいた。感謝申し上げたい。そして、本書の出版に至るまで、東洋書店新社の岩田悟さんには大変お世話になった。この場を借りてお礼を述べたい。

なお、本書の出版にあたっては、科研費（２０Ｋ２０７２２、研究代表者：門間卓也）の助成を受けている。

出典

以下、〔　〕で括っている箇所は、訳者による追加や補足である。

エピグラフ

1 〔„Mūsų dviratininkai VIII Pasaulinėj Olimpiadoj,“ *Sportas*, 18–20 (1924 m. gruodžio 25 d.), 150.〕

2 〔Arūnas Bubnys, *Vokiečių saugumo policijos ir SD Vilniaus ypatingasis būrys 1941–1944 m.* (Vilnius: Lietuvos gyventojų genocido ir rezistencijos tyrimo centras, 2019), 71–72.〕

3 Giedrė Geniušienė ir Elena Kadzevičienė sud., *Švenčionių krašto žydai* (Švenčionys: Firidas, 2004), 6.

第１部

第１章　またユダヤ人の話？

1 〔シュトロマスによる原文は以下。 Alexander Shtromas [Aleksandras Štromas], *Totalitarianism and the Prospects for World Order: Closing the Door on the Twentieth Century*, eds. Robert Faulkner and Daniel J. Mahoney (Lanham: Lexington Books, 2003), 35.〕

2 Nerijus Šepetys, „‚Būti žydu‘ Lietuvoje: Šoa atminimo stiprinimas, pilietinio sąmoningumo ugdymas, o gal... naudingų idiotų šou?,“ *15min. lt*, 2015 m. balandžio 30 d. https://www.15min.lt/naujiena/aktualu/istorija/buti-zydu-lietuvoje-soa-atminimo-stiprinimas-pilietinio-samoningumo-ugdymas-o-gal-naudingu-idiotu-sou-582-506253 (žiūrėta 2022 m. vasario 11 d.).

第２章　私たちの同胞——目撃した子どもたち

1 〔“Oral History Interview with Laimonas Noreika,” The United States Holocaust Memorial Museum, https://collections.ushmm.org/search/catalog/irn518271 (accessed February 11, 2022).〕

2 〔“Oral History Interview with Julius Šmulkštys,” The United States Holocaust Memorial Museum, https://collections.ushmm.org/search/catalog/irn509509 (accessed February 11, 2022).〕

3 〔“Oral History Interview with Antanas Kmieliauska[s],” The United States Holocaust Memorial Museum, https://collections.ushmm.org/search/catalog/irn508574 (accessed February 11, 2022).〕

4 〔“Oral History Interview with Marcelijus Martinaitis,” The United States Holocaust Memorial Museum, https://collections.ushmm.org/search/catalog/irn508610 (accessed February 11, 2022).〕

第 3 章　私たちの同胞——政治家たち

1 Liudas Truska, „Holokausto prielaidos Lietuvoje: Kodėl Lietuvoje toks gajus žydų kaltės 1940–1941 metais mitas?,“ iš *Šoa (Holokaustas) Lietuvoje*, 2 dalis, sud. Josifas Levinsonas (Vilnius: Valstybinis Vilniaus Gaono žydų muziejus, 2004), 137–138.

2 Alfonsas Eidintas, „Žydai, holokaustas ir dabartinė Lietuva,“ iš *Lietuvos žydų žudynių byla: Dokumentų ir straipsnių rinkinys*, sud. Alfonsas Eidintas (Vilnius: Vaga, 2001), 137.

3 Eidintas, „Žydai, holokaustas ir dabartinė Lietuva,“ 74.

4 Aleksandras Štromas, „Holokaustas. Žydų ir nežydų patirtis: Asmeninis požiūris,“ iš *Šoa (Holokaustas) Lietuvoje*, 2 dalis, 189.

5 Liudas Truska, *Lietuviai ir žydai nuo XIX a. pabaigos iki 1941 m. birželio: Antisemitizmo Lietuvoje raida* (Vilnius: Vilniaus pedagoginis institutas, 2005), 222.

6 Liudas Truska, Arvydas Anušauskas, ir Inga Petravičiūtė, *Sovietinis saugumas Lietuvoje 1940–1953 metais* (Vilnius: Lietuvos gyventojų genocido ir rezistencijos tyrimo centras, 1999), 93.

7 Arvydas Anušauskas ir Teresė Birutė Burauskaitė par., *Rainių tragedija: 1941 m. birželio 24–25 d.* (Vilnius: Lietuvos gyventojų genocido ir rezistencijos tyrimo centras, 2000), 6–7.

8 Truska, Anušauskas, ir Petravičiūtė, *Sovietinis saugumas Lietuvoje 1940–1953 metais*, 71.

9 Eidintas, „Žydai, holokaustas ir dabartinė Lietuva,“ 81.

10 Lietuvos ypatingasis archyvas〔リトアニア特別文書館，以下 LYA〕, f. K-1, ap. 58, b. 12949/3, l. 64-16.

11 „1941 metų sukilimo baltosios dėmės: Pokalbis su Sauliumi Sužiedėliu,“ iš *Šoa (Holokaustas) Lietuvoje*, 2 dalis, 163.

12 〔Eugenijus Vilkas red., *Prasmė ir proga: Mykolas Naujokaitis: 1940–1941 m. rezistencijoje* (Los Angeles, CA: Akademinis skautų sąjūdis, 1996).〕

13 LYA, f. K-1, ap. 58, b. 12949/3, l. 63-16.

14 LYA, f. K-1, ap. 58, b. 12949/3, l. 63-14.

15 LYA, f. K-1, ap. 58, b. 12949/3, l. 69-15.

16 Kazys Škirpa, *Sukilimas Lietuvos suverenumui atstatyti: Dokumentinė apžvalga* (Vašingtonas [Washington, D.C.]: [Franciscan Fathers Press?], 1973), 367.

17 LYA, f. K-1, ap. 58, b. 12949/3, t. 1, l. 64-17 – 64-18.
18 Eidintas, „Žydai, holokaustas ir dabartinė Lietuva,“ 129.
19 Книга учёта арестованных, Lietuvos centrinis valstybės archyvas〔リトアニア国立中央文書館、以下 LCVA〕, f. R-730, ap. 2, b. 35.
20 Eidintas, „Žydai, holokaustas ir dabartinė Lietuva,“ 110.
21 Eidintas, „Žydai, holokaustas ir dabartinė Lietuva,“ 117.
22 Robert van Voren, *Neįsisavinta praeitis: Holokaustas Lietuvoje*, ver. Linas Venclauskas (Kaunas: Vytauto Didžiojo universitetas, 2012), 142–143.〔Robert van Voren, *Undigested Past: The Holocaust in Lithuania* (Amsterdam: Rodopi, 2011), 142.〕
23 Eidintas, „Žydai, holokaustas ir dabartinė Lietuva,“ 129.
24 Škirpa, *Sukilimas Lietuvos suverenumui atstatyti*, 349.
25 Vytautas Vaitiekūnas, *Vidurnakčio dokumentai*, 3 knyga (Vilnius: Katalikų pasaulis, 1996), 633–634.
26 Vidmantas Valiušaitis, *Kalbėkime patys, girdėkime kitus* (Vilnius: Petro ofsetas, 2013), 124.
27〔„Bloznelis Mindaugas Julius,“ *Lietuvos istorija: Enciklopedinis žinynas*, t. 1 (Vilnius: Mokslo ir enciklopedijų leidybos centras, 2011).〕
28 Valiušaitis, *Kalbėkime patys, girdėkime kitus*, 92.
29 Eidintas, „Žydai, holokaustas ir dabartinė Lietuva,“ 112.
30 Škirpa, *Sukilimas Lietuvos suverenumui atstatyti*, 351.
31 Škirpa, *Sukilimas Lietuvos suverenumui atstatyti*, 364.
32 Vytautas Landsbergis sud., *Rezistencijos pradžia: 1941-ųjų Birželis: Dokumentai apie šešių savaičių laikinąją Lietuvos vyriausybę* (Vilnius: Jungtinės spaudos paslaugos, 2012), 26–27.
33〔原著では出典が示されていない。出典は次のとおり。*Lietuvos laikinosios vyriausybės posėdžių protokolai*, par. Arvydas Anušauskas (Vilnius: Lietuvos gyventojų genocido ir rezistencijos tyrimo centras, 2001), 18.〕
34〔原著の出典は誤り。正しい出典は次のとおり。Landsbergis sud., *Rezistencijos pradžia*, 26.〕
35 Valiušaitis, *Kalbėkime patys, girdėkime kitus*, 267.
36 Valiušaitis, *Kalbėkime patys, girdėkime kitus*, 293–294.
37 „1941 metų sukilimo baltosios dėmės,“ iš *Šoa (Holokaustas) Lietuvoje*, 2 dalis, 169.
38 Arvydas Anušauskas par., *Lietuvos laikinosios vyriausybės posėdžių protokolai* (Vilnius: Lietuvos gyventojų genocido ir rezistencijos tyrimo centras, 2001), 135–137.

39 Valiušaitis, *Kalbėkime patys, girdėkime kitus*, 204.

40 Eidintas, „Žydai, holokaustas ir dabartinė Lietuva,“ 118.

41 〔同センターについて、詳しくは以下を参照。梶さやか「リトアニア――ジェノサイド・センターと国際委員会」橋本伸也編著『せめぎあう中東欧・ロシアの歴史認識問題――ナチズムと社会主義の過去をめぐる葛藤』ミネルヴァ書房、二〇一七年、四一～五四ページ。〕

42 Teresė Birutė Burauskaitė, „Dėl Kazio Škirpos veiklos Antrojo pasaulinio karo metais,“ Lietuvos gyventojų genocido ir rezistencijos tyrimo centras, http://genocid.lt/UserFiles/File/Pazymos/201510_skirpa_pazyma01.pdf (žiūrėta 2022 m. vasario 12 d.).

43 Eidintas, „Žydai, holokaustas ir dabartinė Lietuva,“ 125.

44 Arūnas Bubnys, *Vokiečių okupuota Lietuva (1941–1944)* (Vilnius: Lietuvos gyventojų genocido ir rezistencijos tyrimo centras, 1998), 164.

45 LYA, f. 3377, ap. 55, b. 235, l. 103–104.

46 LYA, f. 3377, ap. 55, b. 235, l. 105.

47 LYA, f. 3377, ap. 55, b. 235, l. 116–117.

48 LYA, f. 3377, ap. 55, b. 235, l. 121.

49 LYA, f. 3377, ap. 55, b. 235, l. 136–137.

50 LYA, f. 3377, ap. 55, b. 235, l. 136.

51 LYA, f. 3377, ap. 55, b. 235, l. 156.

52 LYA, f. 3377, ap. 55, b. 235, l. 171.

53 LYA, f. 3377, ap. 55, b. 235, l. 178.

54 LYA, f. 3377, ap. 55, b. 235, l. 218.

55 LYA, f. 3377, ap. 55, b. 235, l. 195–196.

56 LYA, f. 3377, ap. 55, b. 235, l. 205–206.

57 LYA, f. 3377, ap. 55, b. 235, l. 226.

58 LYA, f. 3377, ap. 55, b. 235, l. 226.

59 LYA, f. 3377, ap. 55, b. 235, l. 228.

60 LYA, f. 3377, ap. 55, b. 235, l. 228.

1 Valiušaitis, *Kalbėkime patys, girdėkime kitus*, 290–291.

2 Arūnas Bubnys, „Lietuvių policijos 1(13)-asis batalionas ir žydų žudynės 1941 m.,“ *Genocidas ir rezistencija* 20 (2006), 35.〔Arūnas Bubnys, „Lietuvių policijos 1(13)-asis batalionas ir žydų žudynės 1941 m.,“ iš *Holokaustas Lietuvoje 1941–1944 m.*, sud. Arūnas Bubnys (Vilnius: Lietuvos gyventojų genocido ir rezistencijos tyrimo centras), 385.〕

3 „K. Jagerio raportas,“ iš *Lietuvos žydų žudynių byla*, 293.

4 „P. Matiuko apklausos protokolai,“ LYA, f. K-1, ap. 58, b. 47337/3, l. 139.

5 Alfredas Rukšėnas, „Kauno savisaugos batalionų karių dalyvavimo žydų ir kitų asmenų grupių žudynėse vokiečių okupacijos laikotarpiu (1941–1944 m.) motyvai,“ *Genocidas ir rezistencija* 30 (2011), 30.

6 LYA, f. K-1, ap. 58, b. 47337/3, t. 1, l. 141.

7 Štromas, „Holokaustas. Žydų ir nežydų patirtis,“ 188.

8 LYA, f. K-1, ap. 58, b. 47337/3, t. 1, l. 208.

9〔原著では出典が示されていない。著者によれば、出典は次のとおりとのこと（ページ番号不明）。LYK, f. K-1, ap. 58, b. 47337/3.〕

10 LYA, f. K-1, ap. 58, b. 47337/3, t. 1, l. 40.

11 LYA, f. K-1, ap. 58, b. 47337/3, t. 12, l. 142.

12 LYA, f. K-1, ap. 58, b. 47337/3, t. 12, l. 142.

13 LYA, f. K-1, ap. 58, b. 47337/3, t. 12, l. 145.

14 LYA, f. K-1, ap. 58, b. 47337/3, t. 12, l. 254.

15 LYA, f. K-1, ap. 58, b. 47337/3, t. 12, l. 145.

16 LYA, f. K-1, ap. 58, b. 47337/3, t. 12, l. 150.

17 LYA, f. K-1, ap. 58, b. 47337/3, t. 12, l. 140.

18 LYA, f. K-1, ap. 58, b. 47337/3, t. 12, l. 264.

19 Alfredas Rukšėnas, „Lietuvos gyventojų stojimo į Kauno savisaugos batalionus 1941 m. vasarą ir rudenį motyvai,“ *Genocidas ir rezistencija* 32 (2012), 7–26.

20 LYA, f. K-1, ap. 58, b. 47337/3, t. 12, l. 154.

21 LYA, f. K-1, ap. 58, b. 47337/3, t. 12, l. 160.

22 LYA, f. K-1, ap. 58, b. 47337/3, t. 12, l. 166.

23 Bubnys, *Vokiečių okupuota Lietuva (1941–1944)*, 203.

24 Bubnys, *Vokiečių okupuota Lietuva (1941–1944)*, 203.

25 Bubnys, „Lietuvių policijos 1(13)-asis batalionas ir žydų žudynės 1941 m.,“ 392.

26 Alfonsas Eidintas, *Žydai, lietuviai ir holokaustas* (Vilnius: Vaga, 2002), 262. [Alfonsas Eidintas, *Jews, Lithuanians and the Holocaust* (Vilnius: Versus Aureus, 2003), 283.]

27 LCVA, f. R-683, ap. 2, b. 2, l. 1.

28 Arūnas Bubnys. „Žydų žudynės Kauno apskrityje 1941 m.,“ iš *Holokaustas Lietuvoje 1941–1944 m.*, 184.

29 Arūnas Bubnys, „Lietuvos žydų mažieji getai ir laikinosios izoliavimo vietos,“ iš *Holokaustas Lietuvoje 1941–1944 m.*, 150.

30 Saliamonas Vaintraubas sud., *Garažas: Aukos, budeliai, stebėtojai* (Vilnius: Lietuvos žydų bendruomenė, 2002), 401.

31 Arūnas Bubnys, „Lietuvos mažieji getai ir laikinosios izoliavimo stovyklos,“ iš *Holokaustas Lietuvoje 1941–1944 m.*, 136.

32 LYA, f. K-1, ap. 46, b. 4914, l. 126.

33 LYA, f. K-1, ap. 46, b. 4914, l. 133.

34 LYA, f. K-1, ap. 46, b. 4914, l. 161.

35 LYA, f. K-1, ap. 58, b. 47746/3, t. 2, l. 18.

36 LYA, f. K-1, ap. 58, b. 47746/3, t. 2, l. 20.

37 LYA, f. K-1, ap. 58, b. 47746/3, t. 3, l. 202.

38 LYA, f. K-1, ap. 58, b. 47746/3, t. 3, l. 246.

39 LYA, f. K-1, ap. 45, b. 1353, t. 14, p. 151–152.

40 Kazimierz Sakowicz, *Panerių dienoraštis 1941–1943 m.*, ver. Magistrai (Vilnius: Lietuvos gyventojų genocido ir rezistencijos tyrimo centras, 2012), 87. [Kazimierz Sakowicz, Ponary Diary 1941–1943: *A Bystanders Account of a Mass Murder*, ed. Itzhak Arad (New Haven, CT: Yale University Press, 2005), 70.]

41 Sakowicz, *Panerių dienoraštis 1941–1943 m.*, 92–95. [Sakowicz, *Ponary Diary 1941–1943*, 70–78.]

42 Sakowicz, *Panerių dienoraštis 1941–1943 m.*, 117. [Sakowicz, *Ponary Diary 1941–1943*, 91.]

43 Sakowicz, *Ponary Diary 1941–1943*, 97.

44 Sakowicz, *Ponary Diary 1941–1943*, 100–101.

45 LYA, f. K-1, ap. 58, b. 20046/3, l. 64–65.

46 LYA, f. K-1, ap. 58, b. 47746/3, t. 2, l. 9.
47 LYA, f. K-1, ap. 46, b. 4914, l. 83.
48 LYA, f. K-1, ap. 58, b. 47746/3, t. 2, l. 177–188.
49 LYA, f. K-1, ap. 58, b. 47746/3, t. 4, l. 330.
50 LYA, f. K-1, ap. 58, b. 47746/3, t. 4, l. 330.
51 LYA, f. K-1, ap. 58, b. 47746/3, t. 2, l. 76.
52 LYA, f. K-1, ap. 58, b. 47746/3, t. 2, l. 159.
53 LYA, f. K-1, ap. 58, b. 47746/3, t. 2, l. 350.
54 LYA, f. K-1, ap. 58, b. 47746/3, t. 2, l. 352–354.
55 LYA, f. K-1, ap. 58, b. 47746/3, t. 4, l. 98-57.
56 LYA, f. K-1, ap. 58, b. 47746/3, t. 4, l. 98-57.
57 Juozas Baltramonaitis, „Dienoraštis (1942–1944): Vilniaus S.D.K. [Sunkiųjų darbų kalėjimo] kronika,“ *Lietuvių katalikų mokslo akademijos metraštis* 22 (2003), 558–561.
58 LYA, f. K-1, ap. 58, b. 47746/3, t. 4, l. 177–250.
59 Arūnas Bubnys, „Mirties konvejeris Paneriuose: Budeliai ir aukos,“ iš *Panerių dienoraštis 1941–1943 m.*, Kazimierz Sakowicz, 17–18.
60 „Nr. 140 A.[braomo] Bliazerio parodymų Ypatingajai valstybinei komisijai, 1944 m. rugpjūčio 15 d.,“ iš *Masinės žudynės Lietuvoje (1941–1944): Dokumentų rinkinys*, 1 dalis (Vilnius: Mintis, 1965), 167.
61 LYA, f. K-1, ap. 58, b. 41081/3, l. 172.
62 LYA, f. K-1, ap. 58, b. 47746/3, t. 3, l. 147.
63 LYA, f. K-1, ap. 58, b. 41081/3, l. 227-2.
64 LYA, f. K-1, ap. 58, b. 47746/3, t. 3, l. 226.
65 Rukšėnas, „Kauno savisaugos batalionų karių dalyvavimo žydų ir kitų asmenų grupių žudynėse vokiečių okupacijos laikotarpiu (1941–1944) motyvai,“ 47–48.
66 LCVA, f. 1444, ap. 1, b. 3, l. 159.
67 Van Voren, *Neįsisavinta praeitis*. 〔Van Voren, *Undigested Past*, 84–85.〕
68 〔“Oral History Interview with Leonas Stonkus,” The United States Holocaust Memorial Museum, https://collections.ushmm.org/search/catalog/

irn508577 (accessed February 13, 2022).〕

69 〔"Oral History Interview with Juozas Aleksynas," The United States Holocaust Memorial Museum, https://collections.ushmm.org/search/catalog/irn508564 (accessed February 13, 2022).〕

70 〔"Oral History Interview with Stasys Velicka," The United States Holocaust Memorial Museum, https://collections.ushmm.org/search/catalog/irn508573 (accessed February 13, 2022).〕

71 „Nr. 237 Mūsų gyvenimas," iš *Masinės žudynės Lietuvoje (1941–1944)*, 1 dalis, 319–320.〔„Mūsų gyvenimas," *Karys*, 12 (1942 m. kovo 14 d.), 7.〕

72 Rimantas Zizas, „Lietuvos kariai savisaugos batalionuose," *Lietuvos archyvai* 11 (1998), 62.

73 Rūta Puišytė, „Masinės žudynės Lietuvos provincijoje," iš *Žydų muziejus: Almanachas* (Vilnius: Valstybinis Vilniaus Gaono žydų muziejus, 2001), 175.

74 Puišytė, „Masinės žudynės Lietuvos provincijoje," 199–200.

75 Rimantas Zagreckas, „Holokausto dalyvio socialinis portretas," *Genocidas ir rezistencija* 31 (2012), 63–64.

76 Zagreckas, „Holokausto dalyvio socialinis portretas," 84.

77 Rukšėnas, „Kauno savisaugos batalionų karių dalyvavimo žydų ir kitų asmenų grupių žudynėse vokiečių okupacijos laikotarpiu (1941–1944) motyvai," 42.

78 „Savaitės pokalbis. Alfredas Rukšėnas: ‚Jie pakluso įsakymui, o ne sąžinei,'" *Bernardinai.lt*, 2012 m. sausio 17 d. https://www.bernardinai.lt/2012-01-17-savaites-pokalbis-alfredas-ruksenas-jie-pakluso-isakymui-o-ne-sazinei/ (žiūrėta 2022 m. vasario 11 d.).

79 Erich Fromm, *The Anatomy of Human Destructiveness* (London: Penguin books, 1977), 278–280.〔翻訳は、以下の訳書に従った。ただし、仮名遣いなどは一部改めた。エーリッヒ・フロム『破壊——人間性の解剖』上巻、紀伊国屋書店、一九七五年、三二七～三二八ページ。〕

80 Fromm, Anatomy of Human Destructiveness, 275–276.〔翻訳は、以下の訳書に従った。ただし、仮名遣いなどは一部改めた。フロム『破壊』上巻、三二二ページ。〕

第５章　得をしたリトアニア

1 Valentinas Brandišauskas, „Lietuvos žydų turto likimas Antrojo pasaulinio karo metais," iš *Holokaustas Lietuvoje 1941–1944 m.*, 478.

2 LCVA, f. R-1099, ap. 1, b. 1, l. 239.

3 Brandišauskas, „Lietuvos žydų turto likimas Antrojo pasaulinio karo metais," 484.

4 Brandišauskas, „Lietuvos žydų turto likimas Antrojo pasaulinio karo metais," 480.

5 Brandišauskas, „Lietuvos žydų turto likimas Antrojo pasaulinio karo metais,“ 475, 480.
6 Brandišauskas, „Žydų nuosavybės bei turto konfiskavimas ir naikinimas Lietuvoje Antrojo pasaulinio karo metais,“ iš *Holokaustas Lietuvoje 1941–1944 m.*, 501.
7 〔“Oral History Interview with Regina Prudnikova,” The United States Holocaust Memorial Museum, https://collections.ushmm.org/search/catalog/irn508545 (accessed February 13, 2022).〕

第６章　私たちの同胞——ユダヤ人を救った人たち

1 *Gyvybę ir duoną nešančios rankos*, 4 knyga (Vilnius: Vilniaus valstybinis Gaono žydų muziejus, 2009), 198.
2 *Gyvybę ir duoną nešančios rankos*, 4 knyga, 200.
3 *Gyvybę ir duoną nešančios rankos*, 4 knyga, 204.

第７章　現在の視点から——歴史家へのインタビュー

1 〔国際委員会について、詳しくは以下を参照。梶さやか「リトアニア」。〕
2 〔日本語訳は、『増補 普通の人びと——ホロコーストと第一〇一警察予備大隊』ちくま学芸文庫、二〇二〇年。〕

第１部あとがき

1 Rukšėnas, „Lietuvos gyventojų stojimo į Kauno savisaugos batalionus 1941 m. vasarą ir rudenį motyvai,“ 40.

第２部　敵との旅

1 第２部各節の冒頭で示したユダヤ人人口に関するデータは、以下の地図による。Tarptautinės komisijos nacių ir sovietinio okupacinių režimų nusikaltimams Lietuvoje įvertinti par., „Lietuvos žydų gyvenami miestai ir miesteliai XIX a. pabaigoje,“ 2003.
2 LYA, f. K-1, ap. 58, b. 46360/3, t. 2, l. 213–215.
3 LYA, f. K-1, ap. 58, b. 46360/3, t. 2, l. 230.
4 LYA, f. K-1, ap. 58, b. 46360/3, t. 2, l. 235.
5 LYA, f. K-1, ap. 58, b. 46360/3, t. 2, l. 210–212.
6 LYA, f. K-1, ap. 58, b. 47746/3, t. 3, l. 115–116.

7 LYA, f. K-1, ap. 58, b. 47746/3, t. 3, l. 115–116.

8 LYA, f. K-1, ap. 58, b. 47746/3, t. 3, l. 110.

9 LYA, f. K-1, ap. 58, b. 47397/3, t. 3, l. 170–176.

10 〔Jan Tomasz Gross, *Sąsiedzi: Historia zagłady żydowskiego miasteczka* (Sejny: Pogranicze, 2000); Jan Tomasz Gross, *Neighbors: The Destruction of the Jewish Community in Jedwabne, Poland* (New York, NY: Penguin Books, 2002).〕

11 LYA, f. K-1, ap. 58, b. 47397/3, t. 3, l. 277–282.

12 „Nr. 115 Suvestinės žinios apie operatyvinio būrio 3 teritorijoje iki 1941 m. gruodžio 1 d. įvykdytas egzekucijas, 1941 m. gruodžio 1 d.," iš *Masinės žudynės Lietuvoje (1941–1944)*, 1 dalis, 134.

13 〔原著では出典が示されていない。著者に確認したところ、出典はわからなくなってしまったとのこと。〕

14 LYA, f. K-1, ap. 46, b. 1276, l. 37-2.

15 "Telz," in *Sefer Yahadut Lita*, vol. 4 (Tel Aviv: Hitza'at Igud Yotzei Lita B'Yisrael, 5744=1984), 290.

16 Anušauskas ir Burauskaitė par., Rainių tragedija, 6–7.

17 Anušauskas ir Burauskaitė par., Rainių tragedija, 68–69.

18 Anušauskas ir Burauskaitė par., Rainių tragedija, 78.

19 Anušauskas ir Burauskaitė par., Rainių tragedija, 85–86.

20 "Telz," in *Sefer Yahadut Lita*, vol. 4, 291.

21 Puišytė, „Masinės žudynės Lietuvos provincijoje," 182–183.

22 LYA, f. K-1, ap. 58, b. 43767/3, l. 5–6.

23 LYA, f. 3337, ap. 55, b. 153, l. 4–7.

24 Arūnas Bubnys, „Holokaustas Alytaus apskrityje 1941 m.," *Genocidas ir rezistencija* 32 (2012), 37–38.

25 Bubnys, „Holokaustas Alytaus apskrityje 1941 m.," 39.

26 Bubnys, „Holokaustas Alytaus apskrityje 1941 m.," 40.

27 "Ponevitch," in *Sefer Yahadut Lita*, vol. 4, 330.

28 "Ponevitch," in *Sefer Yahadut Lita*, vol. 4, 330.

29 Kęstutis Gudas sud. ir moksl. red., *Panevėžys nuo XVI a. iki 1990 m.* (Panevėžys: Nevėžio spaustuvė, 2003), 459.

30 Gudas sud. ir moksl. red., *Panevėžys nuo XVI a. iki 1990 m.*, 471.

31 LYA, f. K-1, ap. 58, b. 4774/6, t. 4, l. 160–161.
32 Gudas sud. ir moksl. red., *Panevėžys nuo XVI a. iki 1990 m.*, 486.
33 Rimantas Zagreckas, „Holokausto dalyvio socialinis portretas,“ *Genocidas ir rezistencija* 31 (2012), 75.
34 Henrikas Žemelis, „Juodasis Lietuvos istorijos lapas,“ iš *Lietuvos žydų žudynių byla*, 598–599.
35 Nerijus Povilaitis, „Nesutariama, kaip laidoti nužudytų žydų kaulus,“ *lrytas.lt*, 2014 m. spalio 3 d. https://www.lrytas.lt/lietuvosdiena/aktualijos/2014/10/03/news/nesutariama-kaip-laidoti-nuzudytu-zydu-kaulus-4427881 (žiūrėta 2022 m. vasario 12 d.).
36 Vaintraubas sud., *Garažas: Aukos, budeliai, stebėtojai*, 112.
37 Alfredas Rukšėnas, „Kauno 2-asis pagalbinės policijos batalionas ir gyventojų žudynės Baltarusijoje 1941–1943 m.,“ *Genocidas ir rezistencija*, 22 (2007), 30.
38 Rukšėnas, „Kauno 2-asis pagalbinės policijos batalionas ir gyventojų žudynės Baltarusijoje 1941–1943 m.,“ 32.
39 Rukšėnas, „Kauno 2-asis pagalbinės policijos batalionas ir gyventojų žudynės Baltarusijoje 1941–1943 m.,“ 33.

訳者解説

1 〔Efraim Zuroff, “Introduction: Lithuania and the Holocaust,” in *Our People: Discovering Lithuania’s Hidden Holocaust*, Rūta Vanagaitė and Efraim Zuroff (Lanham: Rowman & Littlefield, 2020), 1–13.〕
2 〔Gross, *Sąsiedzi*; Gross, *Neighbors*.〕
3 〔„F. Kukliansky: niekada nevadinome lietuvių žydšaudžių tauta,“ *Delfi*, 2016 m. vasario 1 d., https://www.delfi.lt/news/daily/lithuania/f-kukliansky-niekada-nevadinome-lietuviu-zydsaudziu-tauta.d?id=70278052 (žiūrėta 2022 m. vasario 1 d.).〕
4 〔„Žydų bendruomenė smerkia Kinijos atstovų pareiškimus dėl mažumos padėties Lietuvoje,“ *15min.lt*, 2021 m. gruodžio 3 d., https://www.15min.lt/naujiena/aktualu/lietuva/zydu-bendruomene-smerkia-kinijos-atstovu-pareiskimus-del-mazumos-padeties-lietuvoje-56-1608072 (žiūrėta 2022 m. vasario 2 d.).〕

ら行

さ行

た行

な、は行

ま、や行

事項索引

地名索引

あ行

か行

た、な行

は行

ま、や行

ら行

人名索引

あ行

か行

さ行

［著者］
ルータ・ヴァナガイテ（Rūta Vanagaitė）

1955年、リトアニア生まれ。舞台芸術学者で作家。モスクワで舞台芸術学を専攻したのち、1977年からリトアニアで文芸誌の編集に携わる。1991年から98年まで演劇祭LIFEの実行委員長。2011年から15年までヴィルニュス市議会議員。2014年から執筆業に従事。ホロコーストに関連する著作としては、本書のほかに『それはどのようにして起きたのか』（共著、2020年）がある。

エフライム・ズロフ（Efraim Zuroff）

1948年、米国生まれ。イスラエル在住の歴史家で、サイモン・ヴィーゼンタール・センターのイェルサレム事務所長を務める。ナチによる犯罪を追及する活動を続けており、「ナチ・ハンター」との異名をもつ。ソ連が解体したのち、バルト諸国などで対ナチ協力者の訴追を求める活動を行った。

［訳者］
重松 尚（しげまつ・ひさし）

1985年生まれ、滋賀県出身。東京大学大学院総合文化研究科助教。著書として『せめぎあう中東欧・ロシアの歴史認識問題――ナチズムと社会主義の過去をめぐる葛藤』（分担執筆、橋本伸也編著、ミネルヴァ書房、2017年）など、訳書として『バルト三国の歴史――エストニア・ラトヴィア・リトアニア 石器時代から現代まで』（共訳、アンドレス・カセカンプ著、明石書店、2014年）、『リトアニアの歴史』（共訳、アルフォンサス・エイディンタスほか著、明石書店、2018年）などがある。

同胞

リトアニアのホロコースト　伏せられた歴史

著　　者　ルータ・ヴァナガイテ
　　　　　エフライム・ズロフ

訳　　者　重松 尚

2022年3月31日　初版第1刷発行

発 行 人　揖斐 憲
発　　行　東洋書店新社
〒150-0043 東京都渋谷区道玄坂1-22-7 道玄坂ピアビル4階
電話 03-6416-0170　FAX 03-3461-7141

発　　売　垣内出版株式会社
〒158-0098 東京都世田谷区上用賀6-16-17
電話 03-3428-7623　FAX 03-3428-7625

装　　丁　伊藤拓希（cyzo inc.）
印刷・製本　中央精版印刷株式会社

落丁・乱丁本の際はお取り替えいたします。
定価はカバーに表示してあります。

ISBN978-4-7734-2047-0